만화로 보는
야구 이야기

THE COMIC BOOK STORY OF BASEBALL
: THE HEROES, HUSTLERS, AND HISTORY-MAKING SWINGS (AND MISSES) OF AMERICA'S NATIONAL PASTIME
by Alex Irvine, illustrated by Tomm Coker, C.P. Smith

Copyright © 2018 by Alex Irvine
Illustrations copyright © 2018 by Tomm Coker and C.P. Smith
All rights reserved.

This Korean edition was published by Kungree Press in 2022 by arrangement with Alex Irvine d/b/a Crooked House Fictions, Thomas L. Coker and Christopher-Paul Smith c/o Jason Yarn Literary Agency through KCC(Korea Copyright Center Inc.), Seoul.

이 책은 (주)한국저작권센터(KCC)를 통한 저작권자와의 독점계약으로 궁리출판에서 출간되었습니다.
저작권법에 의해 한국 내에서 보호를 받는 저작물이므로 무단전재와 복제를 금합니다.

THE
COMIC BOOK
STORY OF

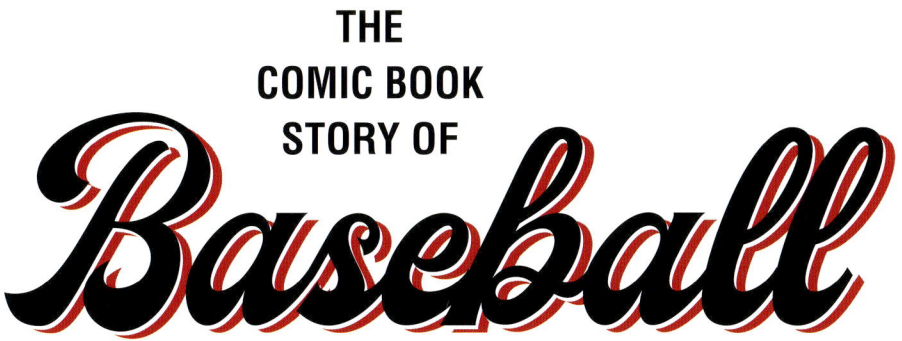

만화로 보는
야구 이야기

알고 보면 더 재미있는 흥미진진한 야구의 세계

앨릭스 어빈 글 | 톰 코커, C. P. 스미스 그림 | 신기수 옮김

| 일러두기 |

• 본문의 *표시는 글쓴이 주이며, 1, 2, 3…은 옮긴이 주입니다. 옮긴이 주는 173~183쪽에 정리되어 있습니다.

차례

야구 이야기 7

용어 설명 168

옮긴이의 말 173

옮긴이 주 184

찾아보기 186

야구는 다른 스포츠와 차별성이 있다.

시간제한이 없으며, 공은 수비하는 측에서 소유하는데, 공격자는 이를 뺏을 수 없다.

운동장은 특별히 규격을 정해놓은 곳 외에는 자유로이 크기를 조정할 수 있다.

득점의 기준 역시 공이 아닌 사람이다.

자유로이 공방을 주고받는 다른 스포츠와 달리 공격은 홈에서 시작하여 홈으로 끝나야 한다.

또한 야구는 미신 성향이 강하다: 타구방향을 예측한 베이브 루스의 예고홈런(Called Shot.)

시카고 컵스를 수십 년간 고통에 몰아넣었던 염소의 저주.

보스턴 레드삭스를 괴롭힌 베이브 루스의 저주는 2004년에나 풀렸다.

그리고 1839년 뉴욕 쿠퍼스타운의 엘리휴 피니의 농장에서 야구가 탄생했다는 애브너 더블데이의 설까지

한 번쯤 들어봤을 것이다.

하지만 사실 아무 일도 없었다.

막대기와 공을 사용하는 운동에 대해서는 더블데이 이전에도 이미 수백여 년 간 각종 기록물에 등장한다. 심지어 제인 오스틴의 소설에도 'Baseball'이라는 단어가 언급된다.

베이스를 밟지 않고 지나갔잖아. 정신 차려!

청교도 이주민들도 스툴볼이라는 운동을 즐겼는데, 이는 둠스데이 북*에도 기록될 만큼 오래된 놀이였다.

* 11세기 잉글랜드의 도시와 인구조사서.

18세기에도 다양한 영문 기록물에서 'Base' 혹은 'Baseball'이라는 표현을 볼 수 있다. 심지어 미국 독립전쟁 당시 밸리포지에서 훈련 중이던 군인들이 '베이스'를 즐겼고, 그 밖에도 라운더스와 타운 볼 등이 있었다.

1806년 태평양 연안을 여행하던 탐험가 루이스와 클라크는 자투리 시간을 이용해 네즈퍼스족 인디언들에게 야구를 가르치곤 했다.

야구와 비슷한 것들로는 미국에서 만들어진 올드캣 혹은 원올드캣 등이 있었는데, 이들은 야구의 미국 기원설을 뒷받침하는 증거로 활용되었다.

공교롭게도 비슷한 시기에, 훗날 명예의 전당이 들어서며 야구의 메카로 자리매김하는, 뉴욕의 쿠퍼스타운에서는 길거리 야구를 금지했고, 이를 어길 시에는 벌금 1달러를 물어야 했다.

1800년대 초반 미 동부지역에 크리켓 구단이 생겨 첫 경기를 선보였다.

1달러나요?

1839년 뉴욕시는 이 판결을 받아들였다. 하지만 이미 최소 두 개의 야구단이 활동중이었는데, 그중 하나가 바로 니커보커[1]였다. 이들은 은행원이던 알렉산더 카트라이트의 안을 바탕으로 제정한 야구규칙을 명문화했다.

따라서 현대야구의 창시자는 바로 카트라이트라 할 수 있다.

니커보커 규칙

현대야구 규칙의 기원이 바로 니커보커 규칙인데, 뉴욕 규칙으로 불리기도 한다.

당시 보스턴 규칙이나 그 외의 잡다한 규칙들을 기준으로 야구를 즐기던 이들에게는 충격이었으리라…

아래 내용들이 (많은 것들이 카트라이트 이전에 정립된 개념들) 포함되었다.
- 스트라이크가 3번이면(배트를 3번 휘두르면) 아웃으로 한다.
- 3번째 휘두른 공을 잡지 못할 경우 타자는 1루로 뛸 수 있다.
- 주자와 야수는 상호간에 수비와 주루 행위를 방해해서는 안 된다.
- 한 이닝은 3개의 아웃카운트로 이뤄진다. 주자들은 태그아웃 혹은 포스아웃이 가능하나 공으로 맞춰 아웃시킬 수 없다.
- 모든 분쟁은 오직 심판만이 결정할 권한을 가진다.

니커보커 규칙의 중요한 성과 중 하나는 홈에서 1, 3루로 이어지는 선의 외곽을 파울 지역으로 규정한 것이다. 이 결과 야구장의 모양이 결정되었고 관중석도 마련되었다.

1850년경에는 니커보커 규칙이 정식으로 도입되었다. 규칙제정 당시 야구광이었던 미국의 시인 월트 휘트먼은 다음과 같이 썼다.

'나는 야구에서 위대함을 보았다. 이것은 우리의 경기이고, 미국의 스포츠이다.'

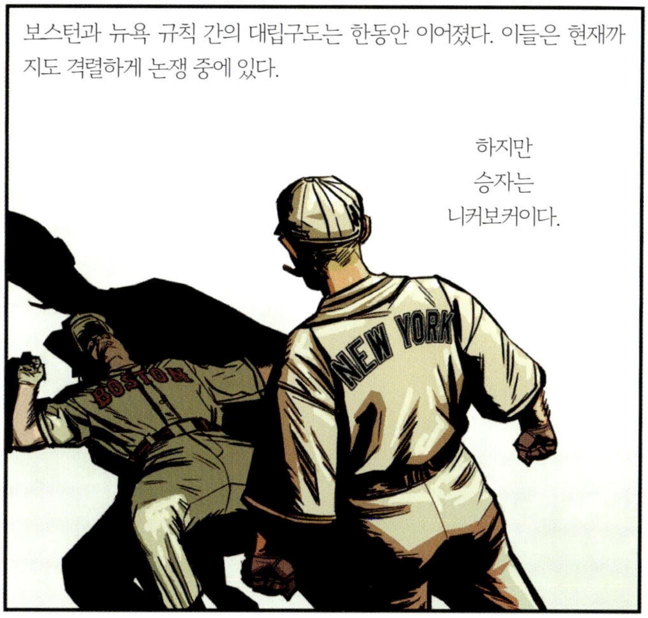

보스턴과 뉴욕 규칙 간의 대립구도는 한동안 이어졌다. 이들은 현재까지도 격렬하게 논쟁 중에 있다.

하지만 승자는 니커보커이다.

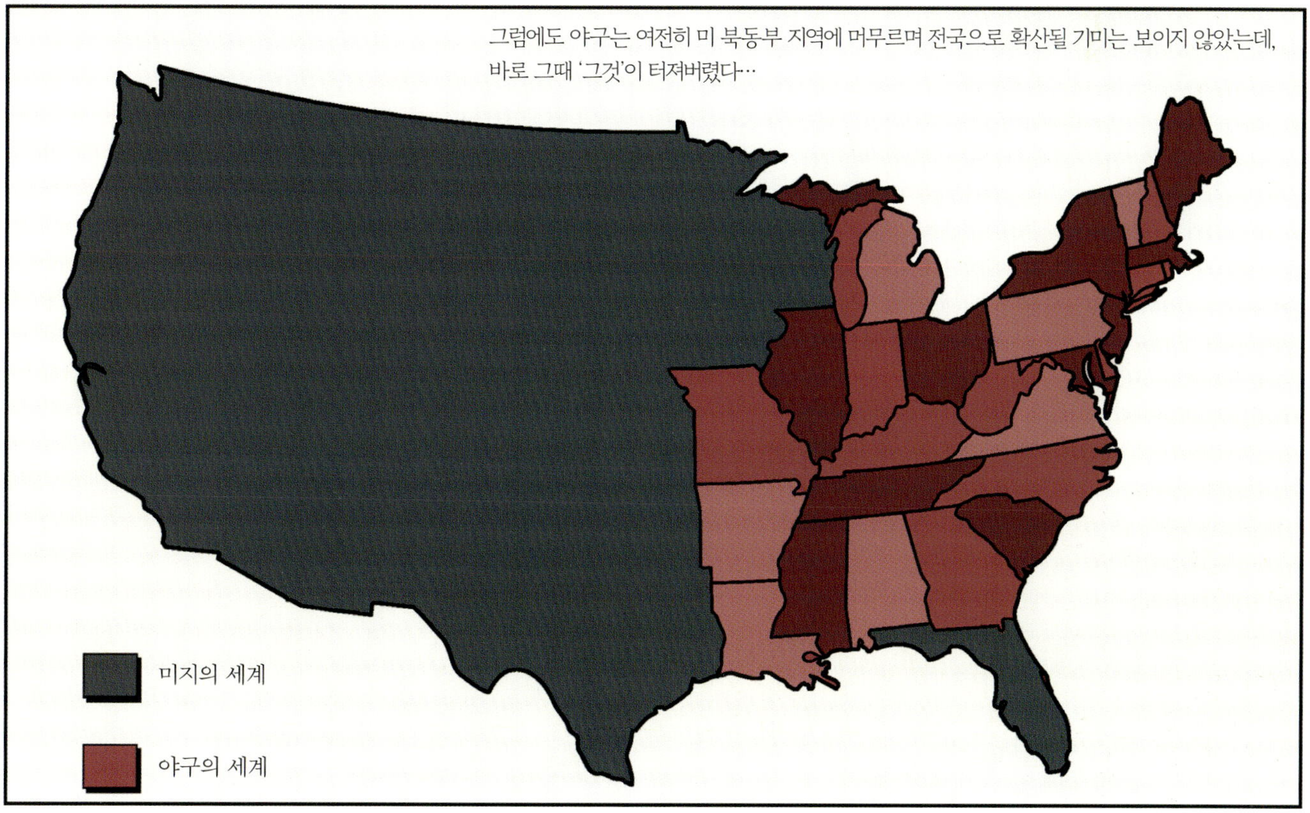

그럼에도 야구는 여전히 미 북동부 지역에 머무르며 전국으로 확산될 기미는 보이지 않았는데, 바로 그때 '그것'이 터져버렸다…

미지의 세계

야구의 세계

야구는 아프리카계 미국인과 여성들에게도 인기였는데, 1969년까지 여자대학이었던 바싸대학이 1866년 여성 야구단을 창단했다.

1875년 일리노이주 스프링필드에서 최초로 여성 야구단 간의 공식경기가 펼쳐졌다.

최초의 커브볼

최초의 커브볼 창시자는 1867년 브루클린 익셀시어스 소속의 윌리엄 아서 '캔디' 커밍스로 알려져 있다. 당시 커브볼은 타자는 물론이고 포수에게도 혼란을 주었다. 지금과 달리 당시 포수의 위치는 타자 뒤쪽으로 약 20피트(6미터) 정도 떨어져 있었기 때문이다. 커밍스는 1870년 브루클린 스타스에서 새 포수를 만나 비로소 마음껏 커브를 던질 수 있게 되었는데, 포수 냇 힉스는 당시로서는 파격적으로 타자 바로 뒤에 쭈그려 앉았고, 덕분에 커밍스의 커브볼을 받아낼 수 있었다. 이후 모든 포수들이 그를 따라하여 냇 힉스는 야구를 변화시킨 '무명(無名)의' 혁명가 반열에 오르게 된다.

흑인으로만 구성된 최초의 야구단은 1867년 필라델피아에서 창단된 피시언 구단이다.

피시언은 1869년 백인 구단인 필라델피아 올림픽스와 시합을 펼쳤는데, 아마 야구사상 최초의 흑백 대결일 것이다.

커브볼의 창시자로 거론되는 또 한 명의 후보는 프레드 골드스미스이다. 그는 1870년 8월 16일 전설적인 스포츠 기자이자 야구 역사가인 헨리 채드윅 앞에서 커브볼을 시연해 보였다고 알려진다. 당시 골드스미스는 14세에 불과했다. 하지만 채드윅은 훗날 커밍스가 커브볼 창시자임을 밝혔다.

뛰어난 내야수이자 피시언 구단 창립자인 옥테이비어스 V. 카토는 남북전쟁 참전용사 출신의 초기 민권운동가였다.

그는 1871년 선거 당일 아프리카계 미국인 유권자들을 독려하며 투표장으로 향하던 중 총격으로 사망했다.

내셔널리그

1876년 시카고 화이트스타킹스의 윌리엄 헐버트를 위시한 몇몇 주요 구단주들이 모여 프로리그인 내셔널리그를 창설했다.

소속 구단은 다음과 같다.

보스턴 레드스타킹스 · 시카고 화이트스타킹스 · 신시내티 레드스타킹스 · 하트퍼드 다크블루스

루이빌 그레이스 · 뉴욕 뮤추얼스 · 필라델피아 애슬레틱스 · 세인트루이스 브라운스타킹스[2]

내셔널리그 전문위원회 구성은 시카고 화이트스타킹스 경영진에 편중되었다. 사실상 리그를 좌지우지하는 것은 헐버트가 아닌 에이브러햄 G. 밀스와 앨버트 G. 스폴딩이었다. (좀더 자세한 내용은 18쪽 참조)

내셔널리그 초기 몇 년간은 혼돈의 연속이었다. 다른 리그들과의 패권다툼이 한창이었고 재정상의 문제로 몇몇 구단이 탈퇴했다.

아메리칸 어소시에이션[3]은 꽤나 위협적인 존재였다. 경기 중 맥주를 판매하고 저렴한 입장료로 노동계층에게 인기를 끌었다.

하지만 1890년대 들어 내셔널리그가 주도권을 쥐게 되었다.

초창기 내셔널리그 소속 구단

초창기 8개 구단

1876년 합류한 보스턴 레드스타킹스는 1912년 명칭을 브레이브스로 바꾸었고, 1953년 밀워키, 그리고 1966년에는 애틀란타로 연고지를 이전했다.

1883년 합류한 뉴욕 고담스는 1888년 명칭을 자이언츠로 바꾸었고, 1958년 샌프란시스코로 연고지를 이전했다.

1890년 합류한 브루클린 그레이스는 1895년 명칭을 트롤리 다저스로 바꾸었고, 1958년 로스앤젤레스로 연고지를 이전했다.

  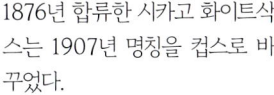

1876년 합류한 시카고 화이트삭스는 1907년 명칭을 컵스로 바꾸었다.

1877년 해체된 브라운스타킹스를 이어받아 1892년 세인트루이스 퍼펙터스가 창단되었으며 1900년 카디널스로 명칭을 바꾸었다.

1883년 합류한 필라델피아 퀘이커스는 1890년 명칭을 필리스로 바꾸었다.

신시내티 레즈는 1890년 합류했다.

1887년 합류한 피츠버그 앨러게니스는 1891년 명칭을 파이러츠로 바꾸었다.

1882년 헐버트가 밀스와 스폴딩에게 내셔널리그의 운명을 맡긴 채 숨을 거둔다. 밀스는 남북전쟁 당시 그 유명한 힐턴헤드 경기의 일원이었는데, 전쟁 내내 배트와 공을 지니고 다녔다고 한다.

스폴딩은 남북전쟁에 참전하기에는 나이가 어렸다. 1870년대 당대 최고의 투수였던 그는 이적료를 받고 시카고에서 보스턴으로 이적했다.

나이가 들자 경영에 뛰어들어 시카고로 돌아와 내셔널리그 창설에 크게 기여한다.

무엇보다 그는 글러브 개발(과 후원계약 분야)의 개척자이기도 하다.

스폴딩은 각 구단에 납품할 목적으로 스포츠용품사를 설립하여 자신이 직접 글러브를 끼고 경기에 나섰다.

스폴딩스포츠사(社)는 지금도 건재하다.

그가 이룩한 혁신 중 또 다른 하나가 바로 스프링캠프이다. 1886년 그가 화이트스타킹스를 이끌고 아칸소주의 핫스프링스에 스프링 캠프를 차리자 뒤를 이어 다른 구단들이 몰려들었다.

또한 스폴딩사의 공만을 공인구로 사용한다는 내용이 포함된 최초의 야구규정집을 발간했다.

스폴딩의 신의 한수는 1883년 시즌 휴식기에 노스웨스턴리그와 아메리칸 어소시에이션 책임자들과의 회동이었다. '화합의 장'이라 불리는 이 모임은 보류조항이라는 미국프로 스포츠 역사상 가장 고약한 규정 중 하나를 탄생시켰다.

더 이상 내셔널리그로부터 선수들을 빼내기가 불가능하자 얼마 못 가 노스웨스턴리그와 아메리칸 어소시에이션은 파산하여 역사 속으로 사라지고 만다.

노스웨스턴 리그

아메리칸 어소시에이션

글러브의 도입

1877년 스폴딩이 글러브를 끼고 마운드에 올랐을 당시 그 외에 몇몇 선수들도 이를 착용하고 있었다. 하지만 연습 때 글러브 착용은 종종 놀림거리가 되곤 했다. 1870년대 최고의 투수였던 그는 자신의 유명세를 무기로 분위기를 바꿔나갔다. 이에 맞춰 1877년 스포츠 용품사를 설립했고, 본인은 물론 마이클 조지프 '킹' 켈리 등 당대 최고의 선수들이 스폴딩의 글러브를 홍보해주었다.

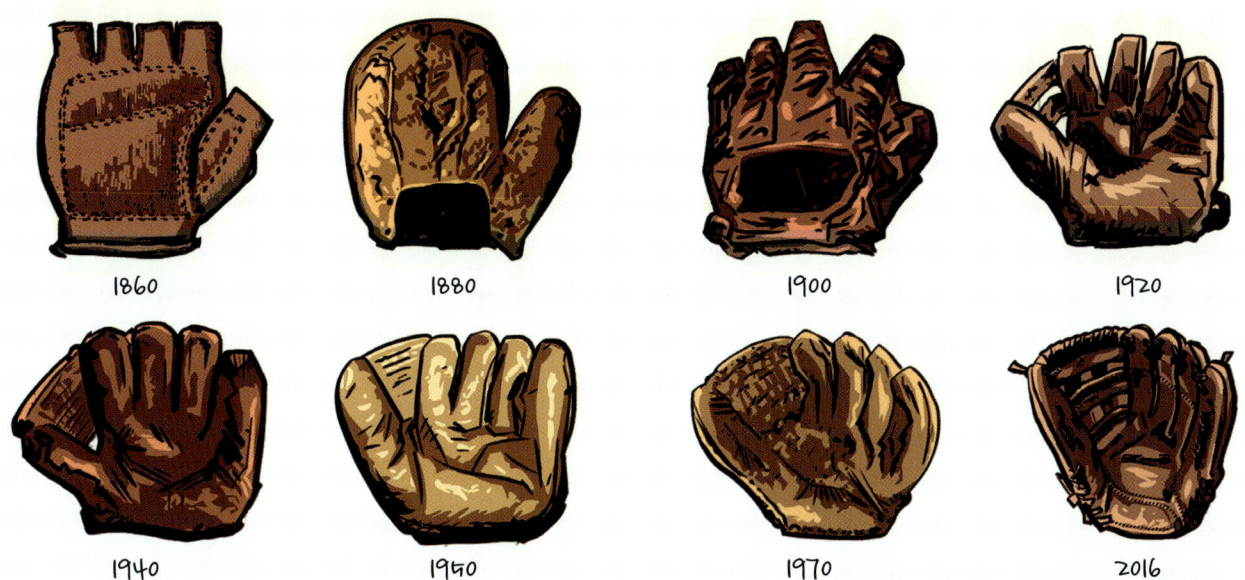

1890년대에 접어들자 거의 모든 선수들이 글러브를 착용했고, 1895년에는 스폴딩사의 견해를 정리한 새로운 규정집이 나왔다. 물론 출처는 스폴딩에서 출간한 야구잡지였다. 1920년에는 획기적인 혁신이 일어나는데, 세인트루이스의 투수 빌 도크가 글러브에 가죽줄을 덧대어 특허를 획득한 것이다. 덕분에 현재의 주머니와 같은 공간이 생겼다. 이즈음 A. G. 스폴딩사의 가치는 수백만 달러에 이르렀고 그는 선수로서뿐 아니라 경영에 있어서도 출중한 능력을 보였다.

보류조항

보류조항이란 각 구단이 매 시즌 11명의 선수들을 소유할 수 있는 권한을 말한다. 선수들은 그 어느 구단으로도 이적이 불가능했고 협상의 여지조차 없었다. 필연적으로 그들은 구단에 종속될 수밖에 없었는데, 이후 수십 년간 이 조항의 개선을 위해 부단히 노력했으나 허사였다. 1975년 세인트루이스의 외야수 커트 플러드가 소송을 벌여 대법원까지 끌고 가서야 비로소 FA제도가 탄생했다.(134쪽 참조)

1888

야구계는 그야말로 최초의 황금기를 누리고 있었다. 대체로 안정적이었고, 선수들에게 약간의 자금이 들긴 했지만 구단주들은 돈을 다발로 쓸어담았다. 국제사회에서 미국의 입김이 강해지자 각 구단은 시장확대의 기회를 엿보기 시작했다.

그리고 1888년 최초의 세계순회경기가 펼쳐졌다.

에이드리언 콘스턴틴 '캡' 앤슨을 포함한 대표선수들이 이집트 피라미드를 비롯하여 하와이와 아시아를 방문했다.

이후 야구를 통하여 미국의 정신을 심어줄 심산으로 유럽대륙에 선을 보였으나 결과는 폭망이었다.

《랭커셔 이브닝포스트》지가 야구에 대한 영국인의 인식을 잘 보여주고 있다.

전체적으로 영국과는 맞지 않는 운동이다. 마치 하원의사당 앞에서 노니는 아이들을 보는 듯하다.

그럼에도 불구하고 성과는 있었다. 이듬해 영국과 아일랜드의 통합야구리그가 결성된 것이다. 그리고 초기 우승 구단 중 하나가 바로 더비 카운티이다.

더비 카운티가 야구를 접고 축구로 전향하자 야구장도 자연스레 축구장으로 바뀌었고, 2003년 허물 때까지 더비 카운티 홈구장으로 사용되었다.

'캡' 앤슨, 모지스 플리트우드 워커, 그리고 인종차별

최초로 3천 안타를 달성한 대선수인 에이드리언 콘스턴틴 '캡' 앤슨은 반면 야구계의 인종차별 분위기 조성에 책임이 크다. 그는 선발명단에 흑인이 포함된 구단과의 시합을 거부한 것으로 악명이 높은데, 이 여파로 각 구단들은 앤슨의 화이트삭스와 붙을 때면 흑인 선수들의 출장을 금지시켰고, 자연스레 흑인은 한동안 메이저리그에서 자취를 감추게 된다. 사실 앤슨만이 인종차별을 한 것은 아니었다. 다만 야구를 백인들만의 스포츠로 정착시키려는 다수의 평범한 인종차별주의 선수들이 앤슨의 인기와 영향력에 가려졌을 뿐이었다.

어느 규정에도 흑인 선수들의 메이저리그 참여를 금지한 조항은 없었다. 하지만 시합을 앞두고 불필요한 논란이 야기되는 것을 원하지 않았던 구단들간의 소위 신사협정으로 인해 이러한 차별적인 관행은 계속되었다. 더불어 백인 팬들이 관중석에서 흑인들과 뒤섞여 앉는 불상사를 사전에 차단할 목적도 있었다.

모지스 플리트우드 워커는 내셔널리그에서 활약한 마지막 흑인 선수였다. 그는 1884년 시즌 후반 동생 웰데이와 털리도 블루스타킹스에서 방출된다. 방출 전 앤슨이 워커가 속한 털리도와의 시합을 거부하여 시카고 구단이 입장료를 몰수당할 상황에 이르자 이를 철회했다. 워커는 흑인 선수들의 출전금지를 마이너리그까지 확대하는 투표가 있던 1887년 인터내셔널리그의 뉴어크 리틀스타스에 입단했다. 2년 후 앤슨이 시러큐스 스타스 소속의 워커와 시합을 또다시 거부하자 스타스 구단은 이를 받아들여 워커를 경기에서 제외시켰다. 1889년 후반 내셔널리그와 (조만간 아메리칸리그로 바뀔 운명인) 아메리칸 어소시에이션을 분리유지하는 비공식협정이 이뤄지고, 야구에서의 인종차별정책[5]은 1947년까지 지속된다.

한 가지 흥미로운 사실은 최초의 흑인 프로야구 선수인 버드 파울러(본명 존 잭슨)가 뉴욕 쿠퍼스타운 출신이다. 이로서 메이저리그 명예의 전당 위치는 야구의 기원지로 주장할 만한 여러 경쟁 지역에 비해 이곳에 유리한 근거가 생겼다.

1890년대에 접어들면서 야구는 체계적인 틀을 갖추어갔다. 투수는 사이드가 아닌 팔을 어깨 위로 올려 공을 오버헤드로 강하게 뿌릴 수 있도록 허용되었다. 볼이 4개면 1루로 걸어나갔다. 이제 원바운드로 잡힌 공은 아웃처리에서 제외되었다.

알렉산더 카트라이트 시대에 비해 경기는 더욱 빨라지고 강해졌다.

비록 내셔널리그만의 독점체제였지만 야구의 인기는 각 계층으로 빠르게 확산되었다. 점차 야구는 바쁘고 찌든 일상에 원기를 북돋는 일종의 균형추 역할을 했다.

여성들도 꽤 많은 수가 야구를 즐겼고, 전국적으로 다양한 지역별 세미프로구단이 생겨났다.

남자선수들이 종종 가발과 치마를 착용하고 여성들 사이에 섞여 시합에 나서곤 했는데, 훗날 명예의 전당에 오른 로저스 혼스비와 하워드 엘즈워스 '스모키 조' 우드 등이 그랬다.

1890년대의 주요한 변화로, 1893년 홈에서 마운드까지의 거리가 60피트 6인치(18.4404미터)로 고정되었다. 이를 계기로 강속구가 주무기인 새로운 유형의 투수가 탄생했다. 덴턴 트루 '사이'[6] 영은 워낙 공이 빠르고 강해 전담포수는 종종 글러브에 스테이크 조각을 넣곤 했다.

이런 상황에서 야구 역사상 기념비적인 타격기록이 탄생했다. 1894년 시즌에 무려 6명의 타자가 타율 4할을 넘긴 것이다. 특히 보스턴 비니터스[*]의 휴 더피는 타율 4할4푼에 안타와 2루타, 홈런, 총루타, 그리고 타점부문 1위라는 어마무시한 기록을 세웠다.

* 훗날 보스턴 브레이브스로 현재의 애틀랜타 브레이브스이다.

1894년 배트 제조사 힐러릭 & 브래즈비에서 루이빌 슬러거[7]를 위해 배트에 최초로 고유마크를 새겨넣었다.

1890년대는 1세대 영웅들의 시대로, 야구의 인기는 미국 전역으로 퍼져나갔다. 유명 선수들은 전국적으로 인기몰이를 하며 어디를 가든 관중들이 몰려들었다.

A. G. 스폴딩은 야구의 사업성에 주목했다. 하지만 단일 독점 리그에 도전자가 등장하는 것은 자연스러운 일이다.

소프트볼

일설에 의하면, 야구가 생겨난 지 얼마 되지 않은 1887년 어느날, 시카고의 한 요트 클럽에서 하버드와 예일 간의 미식축구 경기 결과(하버드가 18-7로 이겼다.)를 송신기를 통해 듣고 있던 아이비리그 졸업생들 중 하나가 누군가에게 권투장갑을 던지자 다른 하나가 방망이를 집어들고 이를 받아쳤다. 새로운 종목이 탄생한 것이다. 이후 인도어-아웃도어, 키튼볼, 펌킨볼, 그리고 머쉬볼 등으로 불리며 중서부를 가로질러 빠르게 산업현장에서 자리를 잡아갔고, 근로자들은 휴식시간에 실내에서 간단히 즐길 수 있었다. 특히 여성들 사이에서 인기가 많았는데, 지금은 주로 여성 스포츠로 알려져 있다. 1930년 '소프트볼'이라 명명된 후 빠르게 틀이 잡혀갔고, 공은 지금처럼 더 크고 연해졌다.

규정의 변화
1877-95

아래 표는 1876년 내셔널리그 창설 이후 근대로 접어드는 1901년까지 수많은 야구규정의 변천사를 정리한 것이다.

- 1879 볼이 9개면 1루로 걸어나갔다.

- 1880 볼이 8개면 1루로 걸어나갔다. 주자는 타자가 친 타구에 맞으면 아웃처리되었다.

- 1883 원바운드로 잡힌 파울볼은 아웃 대상에서 제외되었다.

- 1884 볼이 6개면 1루로 걸어나갔다. 투수는 발을 내딛으며 오버헤드로 공을 던질 수 있었다.

- 1885 배트 한쪽 면은 평평하게 만들 수 있었다.

- 1887 볼이 5개면 1루로 걸어나갔다. 타자는 더 이상 투수에게 던지는 공의 높낮이를 요구할 수 없었다. 타자는 몸에 공을 맞을 경우 1루로 걸어나갔다.

- 1889 볼이 4개(포볼)면 1루로 걸어나갔다. 희생번트가 허용되었다.

- 1893 투수 마운드의 거리가 홈에서부터 60피트 6인치(18.44미터) 조정되었다. 투수는 한 발을 반드시 투수판 위에 두도록 했다. 배트는 둥근 모양의 단단한 목재로 제작해야만 했다.

- 1894 번트파울은 스트라이크로 간주했다.

- 1895 배트의 크기를 규격화했다. 파울팁을 잡을 경우 스트라이크로 간주했다.

- 인필드 플라이(용어설명 참조) 규정이 적용되었다.

아메리칸리그에는 누가 있었을까

아메리칸리그 창설구단

내셔널리그와 마찬가지로 아메리칸리그 역시 지난 수십 년간 구단들의 연고지 이전과 명칭변경이 잦았다. 디트로이트 타이거즈만이 1901년 리그에 합류할 당시 연고지와 명칭을 유지하고 있을 뿐이다.

밀워키 브루어스는 1902년 세인트루이스로 옮겨 브라운스로 명칭을 바꾸었다.

클리블랜드 블루버즈는 1902년 브롱코스를 거쳐, 1903년 냅스, 그리고 1915년 루이스 소칼렉시스[8]를 기념하여 인디언스로 명칭을 바꾸었다.

볼티모어 오리올스는 1903년 뉴욕으로 이전하여 하이랜더스를 거쳐 1913년 양키스[9]로 명칭을 바꾸었다.

시카고 화이트스타킹스는 1903년 화이트삭스로 명칭을 바꾸었다.

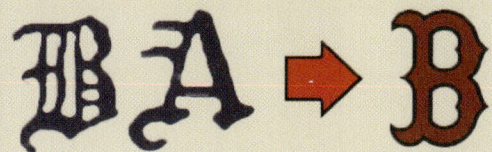

보스턴 아메리칸스는 1908년 레드삭스로 명칭을 바꾸었다.

세인트루이스 브라운스는 1954년 볼티모어로 이전하여 새로운 오리올스로 명칭을 바꾸었다.

필라델피아 애슬레틱스는 명칭은 유지한 채 1955년 캔자스시티를 거쳐 1968년 캘리포니아 오클랜드로 연고지만 이전했다.

신입격인 아메리칸리그의 월드시리즈 우승은 리그간 경쟁구도에 불을 지폈고, 팬들에게는 새로운 흥밋거리였다.

뉴욕과 보스턴, 필라델피아, 시카고, 그리고 세인트루이스까지 같은 도시에서 경쟁 구단이 생겨났다.

새로운 연고지는 유명선수들을 보러 오는 새로운 관중들의 탄생을 의미했고, 야구의 인기는 1903년 이후 급속도로 성장했다.

1894년 한해 동안 뉴욕 자이언츠의 홈구장인 폴로 그라운즈를 찾은 관중은 총 38만 7천 명이었는데, 1908년에는 무려 91만 명으로 증가했다.

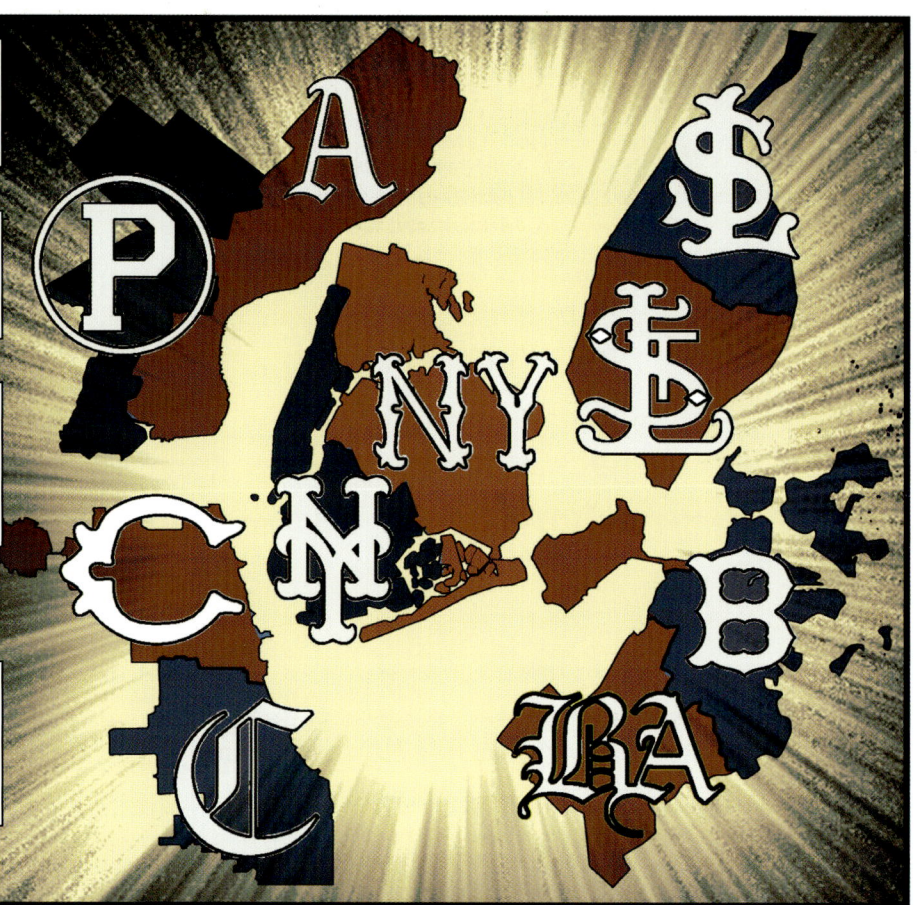

1904년 5월 5일 사이 영이 위대한 투수였던 루브 워델을 상대로 메이저리그 최초의 퍼펙트게임*을 기록하자 야구흥행에 가속도가 붙었다.

상대투수 워델이 마지막 타석에서 아웃되자 영이 그를 보고 외쳤다.

기분이 어떠냐, 이 촌놈아!

워델이 무슨 말로 대응하는지 알려진 바는 없다.

한편 피츠버그에서는 호너스 와그너가 1903년부터 11년까지 9년간 총 7차례 타격왕을 거머쥐며 메이저리그 최고의 선수 중 하나로 자리잡았다.

* 용어설명 참조

뉴욕 자이언츠는 1904년 월드시리즈에서 아메리칸리그의 보스턴 아메리칸스와 맞붙을 예정이었다. 하지만 자이언츠의 구단주 존 브러시가 이를 거부했다.

"자이언츠는 이미 챔피언이다. 왜냐하면 내셔널리그만이 유일한 메이저리그이기 때문이다."

이듬해 관계회복 후 개최된 월드시리즈에서 워델의 애슬레틱스가 뉴욕 자이언츠에 무릎을 꿇는다.

하지만 뉴욕이 축배를 드는 동안 장외에서는 해묵은 논쟁이 재개되었다. 어떻든 간에 야구의 원조가 어디인지는 결론이 나야 할 판이었다.

기인 루브 워델[10]

야구 역사에서 부적응자와 기인들의 이야기는 차고 넘친다. 하지만 그 모두를 압살하는 전설적인 인물이 있으니 바로 조지 에드워드 '루브' 워델이다. 당시는 대부분의 투수들이 타자를 땅볼이나 뜬공 등으로 맞춰 잡는 시대였다. 하지만 차곡차곡 삼진을 쌓아간 워델은 2시즌 연속 300삼진을 달성했고, 이 기록은 1965-66시즌이 되어서야 샌디 코팩스가 갈아치운다. 삼진의 달인이었던 워델은 시범경기 중 종종 야수 전원을 구장 밖으로 내보내 상대를 삼진으로 처리하는 모습을 자랑하기도 했다.

그의 유명세는 투수로서가 아닌 독특한 기행으로 더욱 높아졌는데 경기 중 마운드를 내려와 낚시를 간다거나 화재진압을 돕기 위해 소방차를 뒤쫓기도 했다. 상대 팬들은 그를 방해하기 위해 관중석에서 강아지를 흔들어대기도 했다.

스포츠기자 리 앨런은 1903년 워델에 대해 이런 글을 썼다. "뉴저지주 캠던의 한 소방서에서 잠을 자며 한해를 시작한 그는 웨스트버지니아주 힐링의 술집 바에서 그 해를 마감했다. 그 와중에 필라델피아 애슬레틱스에서 22승을 거두었다. 멜로극 <죄악의 냄새(The Stain of Guilt)>에 출연하며 전국순회를 하던 중 재혼하여 메사추세츠주 린 출신의 전(前)부인 메이 윈 스키너와 이혼했다. 이 밖에도 물에 빠진 여자를 구조하고, 실수로 친구의 손을 쏘기도 했으며, 사자에게 물리기도 했다."

결국 감독들도 두손두발 다 들었다. 1910년 메이저리그에서 쫓겨난 워델은 마이너를 떠돌다가 1912년 봄 켄터키주 히크먼에서 홍수 피난민을 돕던 중 폐렴에 걸려 2년 후 숨을 거두었다.

쿠퍼스타운의 신화

야구는 위대한 작가들과도 관계가 깊은데, 그 첫 세대 중 하나가 헨리 채드윅이다.

그는 미국이 야구의 원조임을 증명하는 데 혼신을 기울이던 앨버트 스폴딩의 신경을 건드렸다.

1903년 채드윅은 스폴딩이 출간한 잡지에서 야구가 영국의 라운더스에서 유래했음을 주장했다.

채드윅의 글에 분노한 스폴딩은 야구계 유력 인사들을 모아 야구의 기원을 연구하는 위원회를 결성하여 오랜 친구였던 에이브러햄 밀스를 위원장으로 추대했다.

위원회는 야구가 미국인의 이상을 대변하는 미국의 운동이어야 하며, 외국에서 기원했다는 그 어떤 의견도 받아들일 마음이 없었다.

영국이라…

우리 오랜 벗인 야구에 반드시 미국인 창시자가 필요합니다.*

*1905년 스폴딩이 스포츠기자 팀 머낸에게 보낸 편지의 내용이다.

밀스 위원회는 1905-07년간 활동하며 야구가 역사적으로 방망이와 공을 사용하는 여타의 스포츠로부터 유래했음을 증명하는 모든 증거물들을 고의적으로 배제했다.

어딜 감히!

대신 덴버의 광산기술자인 애브너 그레이브스가 1839년 뉴욕 쿠퍼스타운에서 당시 10대였던 애브너 더블데이가 야구 규칙을 제정한 것을 목격했다고 주장하는 편지를 받아 이를 활용했다.

이는 밀스와 위원회가 정확히 원하던 이야기였다. 그들은 그 편지에 주목한 반면 이와 관련된 신빙성 있는 모순들은 깡그리 무시했다.

첫째, 애브너 더블데이는 1839년 당시 미 육군사관학교에 재학 중인 생도 신분이었다.

둘째, 그레이브스는 목격 당시를 매우 세부적인 내용까지 기억하고 있었다. 불과 5세였는데 말이다.

셋째, 더블데이의 서신이나 기록물 그 어디에도 전혀 야구에 대한 언급이 없다.

하지만 이는 문제가 되지 않았다. 밀스 위원회는 원하던 미국인 창시자를 찾았고, 이제 밀고 나가면 그만이었다.

"야구의 창시자는 바로 애브너 더블데이입니다."

하지만 위원회 보고서는 그레이브스가 부인을 살해했고, 정신병원에서 세상을 떴다는 사실은 쏙 빼놓았다.

더블데이에 관한 또 다른 흥밋거리는 앨버트 스폴딩과 마찬가지로 마담 헬레나 블라바츠키의 초자연적 신지학협회의 열렬한 추종자였다는 것이다. 어쩌면 정말 마담이 예지력을 가졌을 수도.

"그래, 보여… 쿠퍼스타운… 소가 풀을 뜯고 있는…"

1893년, 사실관계를 바로잡지 않은 채 더블데이가 사망하자 미국인이 야구의 창시자라는 밀스 위원회의 주장은 정설로 굳어졌다… 그리고 명예의 전당은 당연히 쿠퍼스타운에 자리를 잡는다.

헨리 채드윅 역시 보고서가 출간되고 몇 개월 뒤 세상을 떴다.[11]

1906년 시카고 컵스

1906년 밀스 위원회가 열심히 전설을 쥐어 짜내고 있을 즈음 리그의 관심은 온통 시카고 컵스에 쏠려 있었다.

당시 컵스는 야구사상 최고의 구단 중 하나로 불릴 만했다. 무려 116승이라는 경이적인 기록을 세웠는데, 그 어느 구단도 컵스와의 상대전적에서 우위를 점하지 못했다.*

* 2001년 시애틀 매리너스가 116승 동률을 기록했지만 시즌 162경기로 컵스 때보다 10경기가 많았다.

중심 선수들로는 전설의 내야수들로 최고의 호흡을 자랑한 조지프(조) 버트 팅커와 존(조니) 조지프 에버스, 그리고 프랭크 리로이 챈스였다. 이들 모두 명예의 전당에 헌액되었다.

'팅커에서 에버스를 거쳐 챈스에게'는 환상적인 더블플레이(타자가 친 공으로 내야수 간의 송구를 통해 2명의 주자를 잡아내는 것)의 대명사가 되었다.

컵스 최고의 투수는 역시 명예의 전당에 오른 모데카이 '스리 핑거' 브라운이었다. 1906년 기록한 1.04의 평균자책점(용어설명 참조)은 현재까지 내셔널리그 기록으로 남아 있다.

브라운은 어렸을 적 농장에서 손가락을 잃었지만 특유의 강력한 커브볼을 구사할 수 있었다. 은퇴 후 여성 야구단에 이어 유명한 다윗의 장막 순회구단 중 한 곳에서 감독을 역임[12]했다.

이 위대한 기록에도 불구하고 그해 월드시리즈에서, 같은 시카고에 연고를 둔 경쟁구단이자, 형편 없는 공격력으로 '솜방망이의 기적'이라 불린 화이트삭스에게 패하고 만다. 이 시리즈는 역대 가장 기이한 시리즈 중 하나로 기록된다.

삭스의 타율은 1할9푼8리에 불과했고 무려 15개의 에러를 범했음에도 불구하고 4승 2패로 컵스를 눌렀다.

1906년의 월드시리즈는 역사상 최고의 이변으로 기억될 것이다.

하지만 컵스는 이후 2년 연속으로 젊은 유망주 타이 콥이 버틴 디트로이트 타이거스를 상대로 월드시리즈 우승을 거머쥐었다.

타이거스의 찰스 '보스' 슈밋은 두 시리즈 모두 마지막 타석에 섰다.

1908년은 컵스의 팬들에게 마법 같은 해로 기억될 것이다. 이후 108년간 월드시리즈 우승과는 연을 끊었기 때문이다.

1945년 월드시리즈 4차전이 열리던 날, 빌리 고트 식당주인인 빌리 시애니스가 자신의 염소 머피를 끌고 입장하려다 제지당한 염소의 저주 사건으로 컵스는 월드시리즈에서 헛발질을 계속했다.

시애니스는 컵스에게 저주를 퍼붓는다.

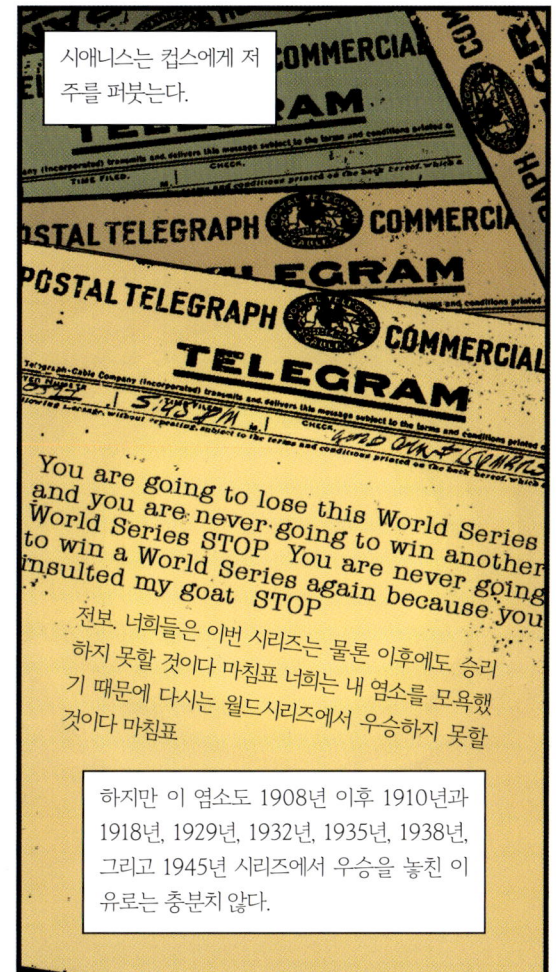

전보. 너희들은 이번 시리즈는 물론 이후에도 승리하지 못할 것이다 마침표 너희는 내 염소를 모욕했기 때문에 다시는 월드시리즈에서 우승하지 못할 것이다 마침표

하지만 이 염소도 1908년 이후 1910년과 1918년, 1929년, 1932년, 1935년, 1938년, 그리고 1945년 시리즈에서 우승을 놓친 이유로는 충분치 않다.

1909년의 파이러츠 역시 역대급 중 하나로 꼽힌다. 파이러츠는 전설의 호너스 와그너를 주축으로 신축 홈구장 포브스 필드에서 110승을 기록하고 98승의 타이거즈와 월드시리즈에서 만난다. 타이거즈는 지난 2년간의 실패로 칼을 갈고 있었다.

1909년 시리즈는 일명 데드볼 시대를 빛낸 2명의 거물급 타자가 맞붙은 유일한 해였다.

22세의 타이 콥은 막 떠오르는 유망주였고, 35세의 와그너는 전성기 막바지에 접어들고 있었다.

파이러츠의 선수 겸 감독인 프레드 클라크는 감을 믿었다. 그리고 신인 찰스 벤저민 '베이브' 애덤스를 1, 5, 7차전에 걸쳐 선발로 내세웠다.

개막전 선발을 통보받은 애덤스의 표정을 잊을 수가 없다.

하지만 애덤스는 개막전을 포함 이어진 2번의 등판에서 모두 승리했다. 그를 상대로 콥은 11타수 1안타에 그쳤고, 타이거즈는 또다시 패했다.

시리즈 중 콥이 2할3푼1리에 그친 반면 와그너는 3할3푼3리를 기록했다. 역전노장이 한수 위의 기량을 선보이며 후계자를 눌렀다.

1907-09년의 디트로이트 타이거즈는 월드시리즈에서 내리 3년을 패한 최초의 구단으로 기록되었다.

공교롭게도 3차례 모두 홈에서 패하며 시리즈를 마감했다.

필라델피아 애슬레틱스는 1910년과 11년, 그리고 13년 우승하며 최초로 월드시리즈 3회 우승을 달성하였다.

1909년 시즌 중 주목할 만한 점은 클리블랜드 냅스의 닐 볼이 메이저리그 사상 최초의 단독 트리플플레이*를 기록한 것이다.

* 야수가 혼자 3명의 주자를 모두 아웃시키는 것으로, 상당히 드문 경우이다.

불멸의 기록 : 데드볼 시대

데드볼 시대에 4가지 불멸의 기록이 쏟아졌다 : 사이 영의 통산 511승과 잭 체스브로의 시즌 41승, 1901년 냅 래저웨이[13]의 4할2푼6리 타율, 그리고 1912년 존 오언 '치프' 윌슨의 36개 3루타 기록이다.

사이 영은 1890년부터 1911년까지 구원투수의 역할이 거의 전무하던 시절 매년 50회 이상 선발로 등판했다. 기껏해야 35회 정도 선발로 나서는 오늘날 구원투수가 가져가는 승패까지 당시에는 모두 선발에게 돌아갔다. 덕분에 영의 511승이라는 경이로운 기록이 가능했다. 보통 명예의 전당에 헌액되는 투수의 기준승수를 300승 정도로 보는데, 영과 월터 존슨 두 선수만이 400승을 넘겼고, 500승 이상은 영이 유일하다.

마찬가지로 1904년 잭 체스브로의 시즌 41승 역시 기념비적이다. 당시 48경기에서 완투했는데, 마운드 높이가 낮아진 1969년 이후에는 최다 27승에 그쳤다.

역대 단일 시즌 최고타율 기록은 1901년 아메리칸리그 냅 라조이의 4할2푼6리이다. 1901년부터 30년 사이 4할 타자를 배출한 시즌은 총 13회로, 이후에는 1941년 테드 윌리엄스의 4할6리가 유일하다(83쪽 참조). 근래에는 파업으로 중단된 1994년 시즌 아버지 토니 그윈[14]이 기록한 3할9푼4리와 1980년 조지 브렛의 3할9푼이 그나마 4할에 근접해 있다. 현역 선수 중 메이저리그 통산타율 상위 100위 안에 들어 있는 선수는 전무하다. 2004년 스즈키 이치로의 3할7푼2리가 최고인 129위에 올라 있다.[15] 시대가 변했다. 학자들은 왜 글러브가 커졌는지에 대해 논쟁 중이다. 야수들의 수비범위를 넓히기 위해? 번트에 대비하여? 투수를 위해서? 하지만 그 결과만큼은 명확하다. 1901-30년 시즌 중 4할 이상을 기록한 시즌이 1970-2000년 시즌 중 3할7푼 이상을 배출한 시즌보다 더 많다.

피츠버그 파이러츠의 외야수 '치프' 윌슨의 3루타 36개 기록은 비교적 평가절하되는 면이 있는데, 그 외에 30개 이상의 3루타를 기록한 선수는 타자가 강세를 보이던 1894년 볼티모어의 헨리 피터 '하이니' 라이츠뿐이다. 근래로 돌아오면 윌슨의 기록은 가공할 만하다. 리그가 확대된 1961년 이후로도 겨우 6번의 20개 3루타를 기록했다. 이렇게 된 데에는 야구장 구조의 변화가 한몫했다. 윌슨이 활약한 피츠버그 홈구장 포브스 필드의 외야중앙까지 거리는 462피트(141미터)에 달했다. 오늘날로 치면 윌슨의 3루타 중 많은 부분이 담장에 맞는 2루타가 되거나 아예 넘겨버렸을 것이다.

호너스 와그너

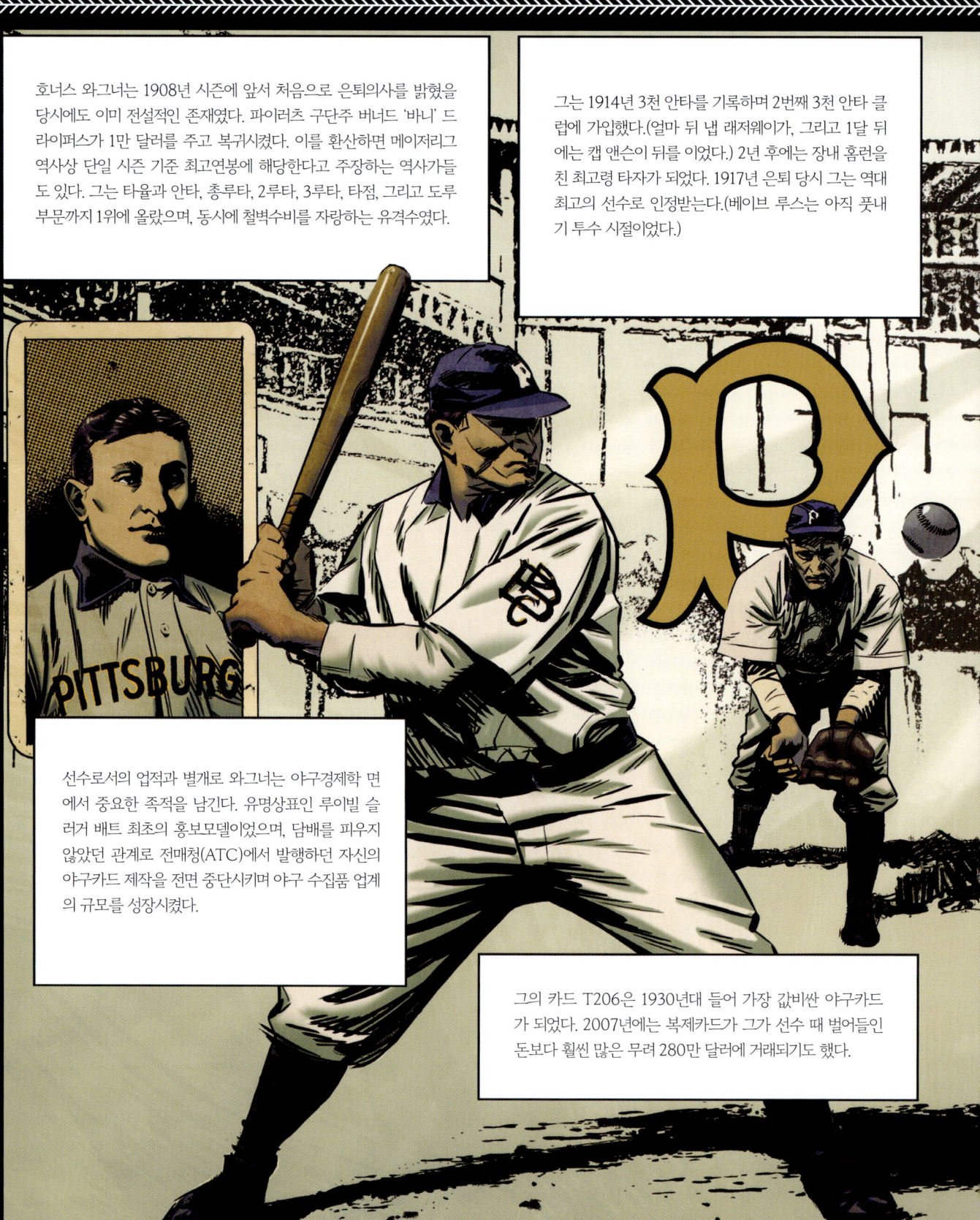

호너스 와그너는 1908년 시즌에 앞서 처음으로 은퇴의사를 밝혔을 당시에도 이미 전설적인 존재였다. 파이러츠 구단주 버너드 '바니' 드라이퍼스가 1만 달러를 주고 복귀시켰다. 이를 환산하면 메이저리그 역사상 단일 시즌 기준 최고연봉에 해당한다고 주장하는 역사가들도 있다. 그는 타율과 안타, 총루타, 2루타, 3루타, 타점, 그리고 도루 부문까지 1위에 올랐으며, 동시에 철벽수비를 자랑하는 유격수였다.

그는 1914년 3천 안타를 기록하며 2번째 3천 안타 클럽에 가입했다.(얼마 뒤 냅 래저웨이가, 그리고 1달 뒤에는 캡 앤슨이 뒤를 이었다.) 2년 후에는 장내 홈런을 친 최고령 타자가 되었다. 1917년 은퇴 당시 그는 역대 최고의 선수로 인정받는다.(베이브 루스는 아직 풋내기 투수 시절이었다.)

선수로서의 업적과 별개로 와그너는 야구경제학 면에서 중요한 족적을 남긴다. 유명상표인 루이빌 슬러거 배트 최초의 홍보모델이었으며, 담배를 피우지 않았던 관계로 전매청(ATC)에서 발행하던 자신의 야구카드 제작을 전면 중단시키며 야구 수집품 업계의 규모를 성장시켰다.

그의 카드 T206은 1930년대 들어 가장 값비싼 야구카드가 되었다. 2007년에는 복제카드가 그가 선수 때 벌어들인 돈보다 훨씬 많은 무려 280만 달러에 거래되기도 했다.

빅 식스

크리스티 매슈슨은 17시즌 동안 총 373승을 거두며 역대 5위권 이내를 기록했다. 뉴욕 자이언츠의 매슈슨은 건드릴 수도 없는 '사라지는 공' 혹은 스크루볼(니그로 리그의 명투수 루브 포스터에게서 배웠다는 얘기가 있는데 믿거나 말거나)을 주무기로 1905년 월드시리즈 우승을 거의 혼자 이끌었다. 하지만 이후 시리즈에서는 빛을 못 봤다.

1911년 시리즈에서 어느 선수에게 걸맞지 않는 별명을 안겨준 것에 절반의 책임이 있다. 필라델피아 애슬레틱스의 프랭크 베이커[16]는, 그의 힘이 어느 정도인지는 알 수 없으나, 2경기 연속으로 루브 마쿼드와 매슈슨에게서 홈런을 기록하며 '홈런 베이커'라는 별명을 얻게 된다.

'위대한 6일'[17]로 유명한 매슈슨은 일요일에는 절대 등판하지 않았던 독실한 종교인이었다. 1916년 은퇴하여 신시내티 레즈에서 감독을 역임하던 중 1차대전을 맞아 육군에 입대했고, 독가스전에 대비한 훈련을 지원하던 중 실수로 가스에 노출되어 폐결핵으로 1925년 숨을 거두었다. 그는 명예의 전당에 헌액된 최초의 5인 명단에 올랐다.

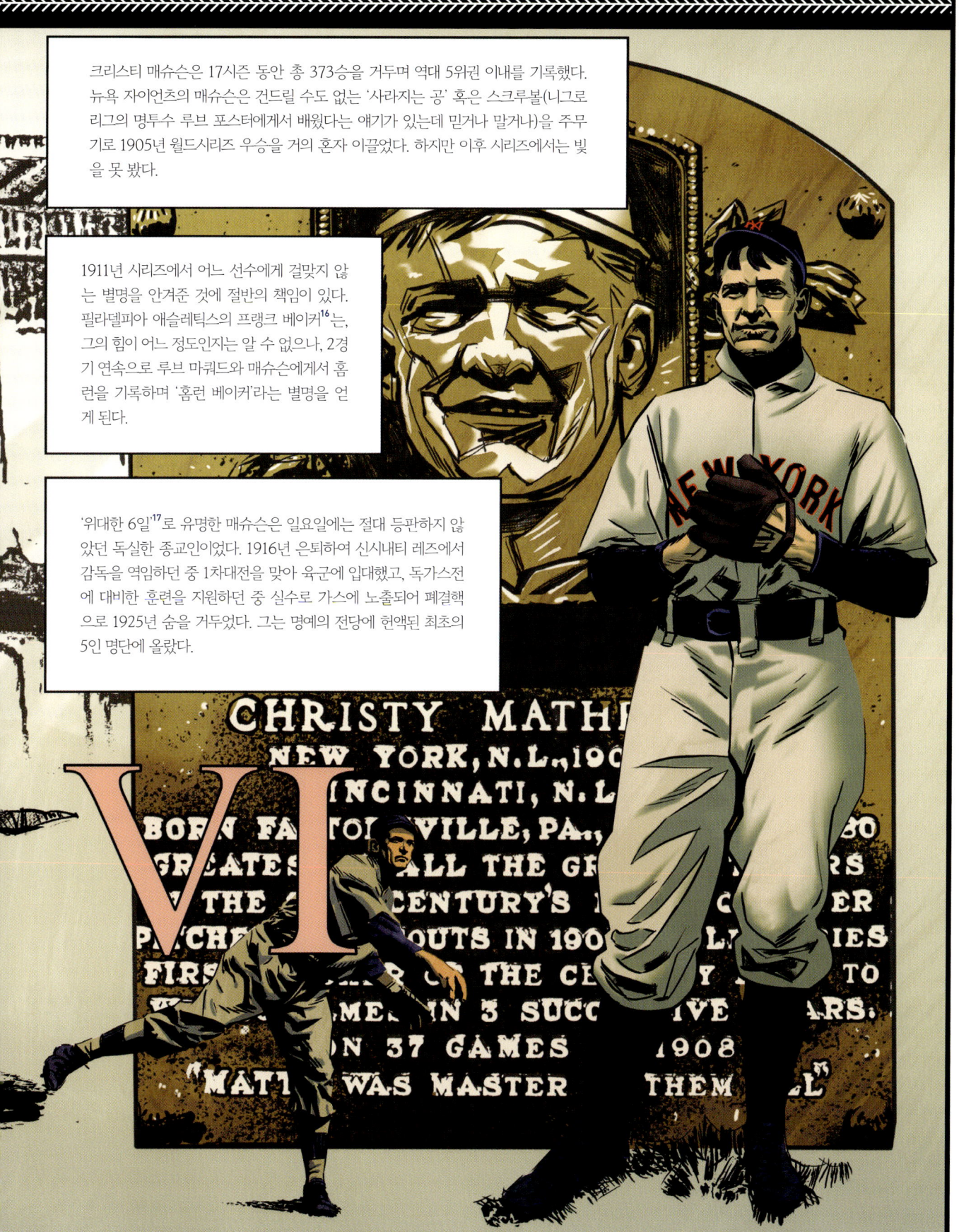

메이저리그의 명성에는 미치지 못하지만, 초기의 유명 흑인 선수들 역시 야구 역사에 큰 족적을 남겼다.

쿠반 자이언츠를 이은 필라델피아 쿠반 X-자이언츠는 소위 '검은 공'이라 불린 초기의 유명 구단 중 하나였다. 그리고 이곳에 가장 위대한 투수 중 하나인 루브 포스터가 있었다.

아프리카계 미국인으로 구성된 최초의 프로구단은 1885년의 쿠반 자이언츠였는데, '쿠반(Cuban)'이라는 이름은 이국적인 느낌을 주기 위해 지은 전략의 일환이었다.

앤드류 포스터가 본명인 그는 1903년 시범경기에서 루브 워델을 상대로 승리하며 '루브'라는 별명을 얻게 된다.

이듬해 뉴욕 자이언츠 감독 존 맥그로에게 부탁을 받아 젊은 크리스티 매슈슨에게 스크루볼을 전수했다는 일화가 전해진다.

1913년 시카고 아메리칸 자이언츠의 감독이던 포스터는 새로 지은 코미스키 파크로 홈구장을 이전한 화이트삭스와 옛 홈구장인 사우스 사이드 파크 사용 건을 두고 담판을 지었다.

경영가로서 그는 흑인 야구를 성공적이며 조직적으로 성장시키기 시작했다.

포스터의 사업감각, 즉 흑인 야구를 위한 흑인 경영자의 지원은 1920년 니그로 내셔널리그가 탄생하는 기폭제가 되었다.

(앨버트 스폴딩이 떠오른다면 제대로 읽고 있는 것이다.)

누가 알겠는가, 그가 정말 크리스티 매슈슨에게 사라지는 공을 전수했을지.

노련한 중재자

세간의 평에 따르면 심판의 아버지라 불리는 빌 클렘은 야구인생에서 결코 단 한 번의 실수도 없었다고 자신하는 엄청난 자부심의 소유자였다. 실제로 그는 훌륭한 심판으로 평가되며 경력이 이를 뒷받침한다. 실크 올로클린 심판을 만난 후 데뷔하여 1905-41년간 총 18번 월드시리즈에 나섰다. 클렘의 주요 유산으로는 선수들의 플레이를 더욱 가까이에서 보기 위해 홈플레이트 바로 뒤에 자리를 잡은 것과, 수신호를 표준화한 것,[18] 그리고 페어와 파울 여부를 정확히 판독하기 위해 파울선 양 옆에 다리를 걸친 점 등이 꼽힌다. 또한 홈플레이트를 더욱 잘 바라보기 위해 포수 옆으로 비켜선 최초의 심판일 것이다.

초창기 시절 성질이 고약했던 그는 자그마한 잘못에도 선수와 감독들을 가차 없이 퇴장시키기 일쑤였다. 한번은 자신을 그가 싫어했던 별명인 '메기'라고 불렀다는 이유로 선수를 퇴장시키기도 했다.

그럼에도 선수들은 그를 자극할 만한 일이라면 무엇이든 시도했다. 한번은 포수인 알 로페즈가 클렘이 판정을 외치고 있는 신문기사를 홈플레이트에 오려 붙인 후 그 위를 어질러놓자 클렘은 솔로 홈플레이트를 정리한 후 로페즈를 퇴장시켰다.

세월이 흐르면서 클렘도 꽤나 유순해졌다. 후반기에는 퇴장 선수가 거의 없었고, 젊은 심판의 조언자 역할에 집중했다. 1941년 은퇴할 당시 그는 심판의 역할 정립과 시합에서 존중받는 존재로 만드는 데에 크게 기여한 인물로 인정받았다.

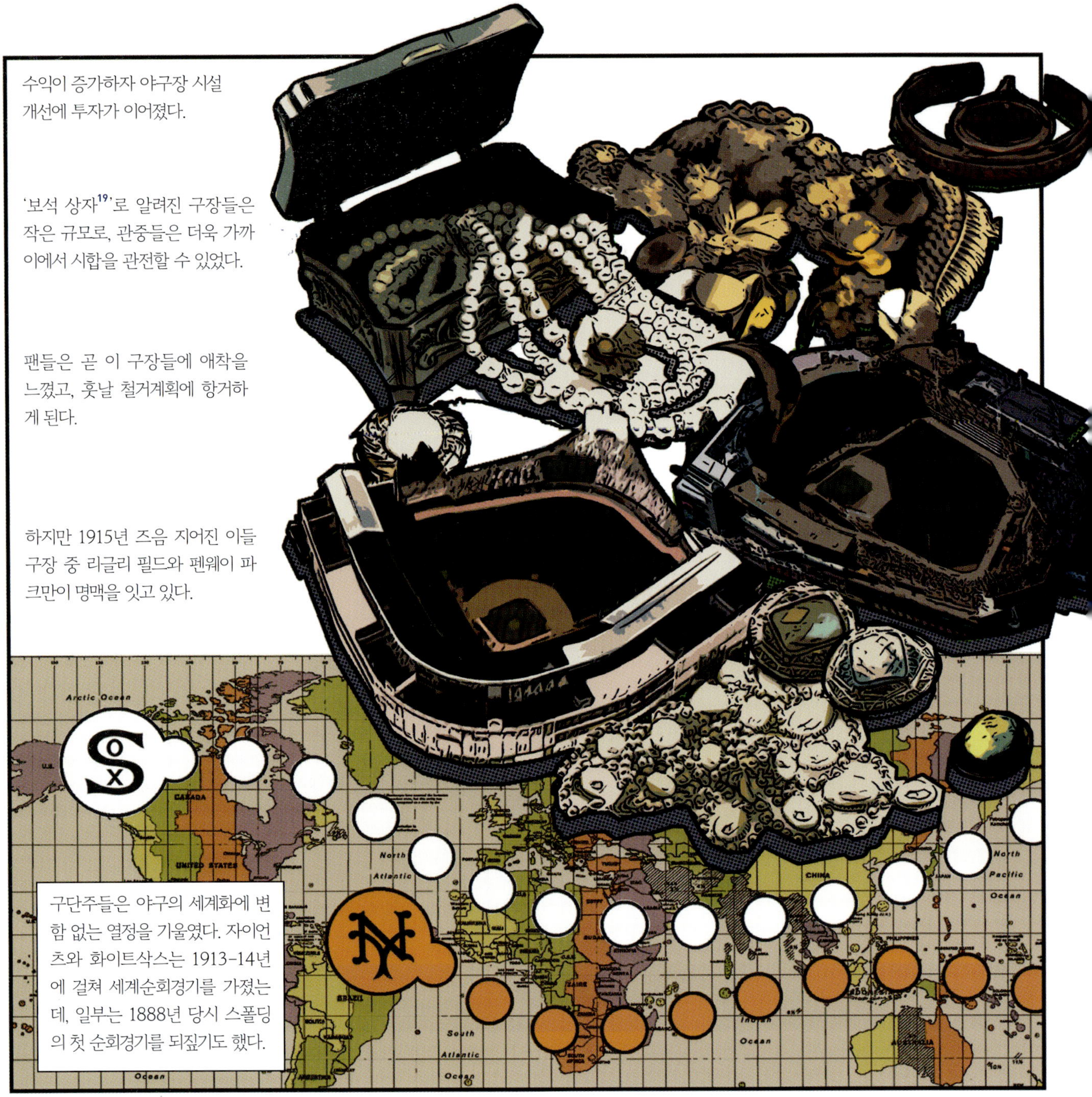

수익이 증가하자 야구장 시설 개선에 투자가 이어졌다.

'보석 상자[19]'로 알려진 구장들은 작은 규모로, 관중들은 더욱 가까이에서 시합을 관전할 수 있었다.

팬들은 곧 이 구장들에 애착을 느꼈고, 훗날 철거계획에 항거하게 된다.

하지만 1915년 즈음 지어진 이들 구장 중 리글리 필드와 펜웨이 파크만이 명맥을 잇고 있다.

구단주들은 야구의 세계화에 변함 없는 열정을 기울였다. 자이언츠와 화이트삭스는 1913-14년에 걸쳐 세계순회경기를 가졌는데, 일부는 1888년 당시 스폴딩의 첫 순회경기를 되짚기도 했다.

궂은 날씨에 쉽지 않은 일정이었음에도 메이저리그 사상 최초의 일본 방문을 포함하여 총 46경기를 치렀다.

선수단이 귀국할 때 승선한 배는 그 유명한 여객선 루시타니아호였는데, 1916년 독일의 공격으로 침몰하며 미국의 1차대전 참전을 촉발시켰다.

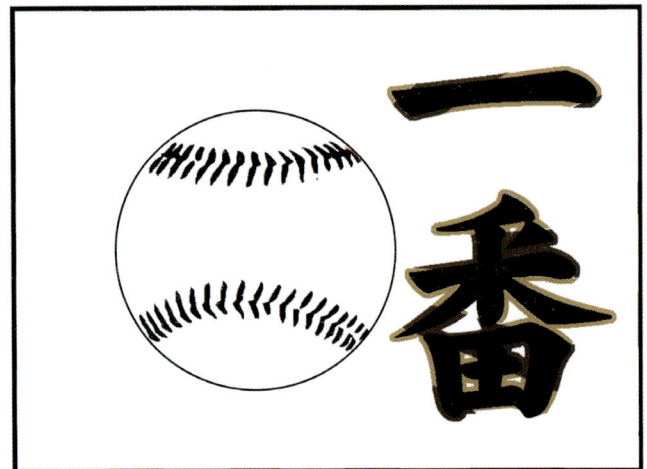

한편 리그에서는 보스턴 레드삭스의 조지 허먼 '베이브' 루스 주니어라는 왼손잡이 신인이 드디어 클리블랜드 냅스와의 첫 경기에 모습을 드러냈다.

같은 구단의 허버트 '더치' 레너드는 평균자책점 0.96이라는 아직도 깨지지 않은 불멸의 대기록을 세웠다.

하지만 보스턴에서는 브레이브스가 한창 역사에 남을 만한 기적적인 전설을 써나가던 중이어서[20] 이 대기록은 관심을 끌지 못했다.

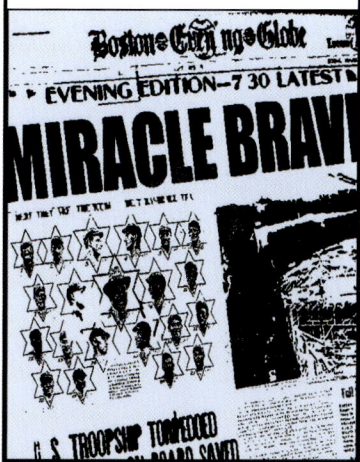

1914년 월드시리즈에서 브레이브스에게 패한 뒤 필라델피아 애슬레틱스의 감독 코니 맥은 대대적인 물갈이에 들어가 에디 플랭크와 '치프' 벤더 등을 포함한 핵심 선수들까지 시장에 내놓았다.[21]

이는 이듬해 연봉의 삭감을 의미하기 때문에 열이 받은 그들은 미리 선수칠 방안을 강구하고 있었다. 그리고 페더럴리그[22]로 이적했다.

레드 머리

'대포 같은 팔'이라 불리며 화려한 수비 솜씨를 자랑하던 뉴욕 자이언츠의 실력 있는 외야수 존 조지프 '레드' 머리는 1914년 7월 17일, 연장 21회 마지막 아웃카운트를 잡는 순간 번개에 맞으며 야구 역사상 화젯거리 하나를 추가했다.

1917년까지 선수로 뛴 그는 은퇴 후 고향인 뉴욕주 엘마이라에서 타이어 상점을 운영했다.

저머니 섀퍼

'야구계의 괴짜왕자'로 알려진(아마 이런 별명은 그가 최초일 것이다.) 윌리엄 허먼 '저머니' 섀퍼는 평범한 선수였지만 구장 안팎에서 상당한 관심을 끌었다. 한번은 더블스틸 작전으로 2루를 훔칠 때 포수가 미처 공을 뿌리지 못하자 다음 투구 때 별안간 1루로 역도루를 감행했다. 그리고 다시 더블스틸을 시도하여 2루를 훔쳐, 같은 베이스에 두 번 도루한 유일한 선수로 기록되었다.(1920년 역도루는 공식적으로 금지되었다.)

섀퍼의 무용담은 무궁무진하다. 1906년에는 관중에게 홈런을 예고한 뒤 정확히 그 지점으로 공을 넘겼다. 그리고는 자신이 뛰는 과정을 경마중계하듯 해설하며 베이스를 돌았다.

그는 진 켈리와 프랭크 시나트라 주연의 뮤지컬영화 <나를 야구경기에 데려가줘요 (Take Me Out to the Ball Game)> 제작에 영감을 주었다.

페더럴리그와 제1차 세계대전

야구가 거대산업으로 성장하자 경쟁 리그가 생겨나기 시작했다. 니그로리그와 같은 마이너리그[23]가 확산되자 메이저리그 구단주들은 합의를 통해 이들을 통합시키고자 노력했다.

1913년 야구기획자인 존 파워스가 중서부 도시들을 중심으로 하는 페더럴리그 창설을 주장했다.

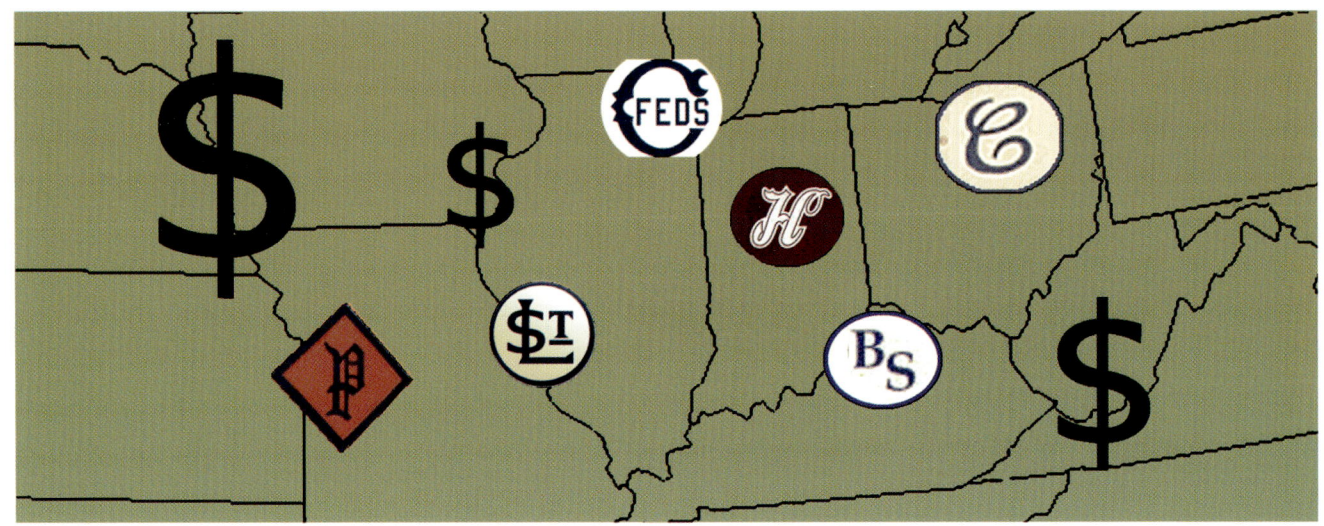

1914년 파워스는 재차 보류조항의 철폐를 약속하며 양대 리그에서 선수들을 모집했다.

다시 말해 두둑한 연봉을 약속한 것이다.

페더럴리그의 최대 관심사는 월터 존슨이었다. 하지만 소속구단인 워싱턴 세너터스가 더 나은 조건을 제시한 통에 영입은 무산되었다.

하지만 스리 핑거 브라운과 치프 벤더, 에드 로시, 그리고 에디 플랭크(세인트루이스 테리어스 소속으로 통산 300승을 달성했다.) 등 메이저리그 주요 선수들을 여럿 확보했다.

브라운과 여러 페더럴리그 이적 선수들은 1914년 3월 세계순회경기에서 돌아와 화이트삭스, 자이언츠 등과 접촉하기도 했다.

레드삭스 구단주 제임스 개프니—연관되어 있었을 것이다—는 무장한 태머니 홀[26] 폭력배들을 동원하여 선수들을 감시하기도 했다.

1915년 시즌종료 후 메이저리그 구단주들은 경영난에 빠진 페더럴리그의 절반에 해당하는 4개 구단을 인수함으로써 실용적인 해결책을 택했다. 반면 페더럴리그 측에서는 메이저리그의 세인트루이스 브라운스와 시카고 컵스 등 2개 구단을 인수했다.

페더럴리그의 마지막 유산은 오랜 소송 건인데, 결과적으로 셔먼 반독점법[27]에서 야구를 예외로 하는 판결이 났다.

케네소 마운틴 랜디스 연방판사는 소송전을 허무하게 마무리했다. 그의 무책임한 판결로 페더럴리그는 서서히 쇠퇴한 반면, 기존 메이저리그는 그들만의 상관습 혹은 보류조항에 대하여 간섭받지 않고 생존할 수 있는 길이 열렸다.

랜디스 판사에 대한 이야기는 앞으로 종종 듣게 될 것이다.

리글리 필드

한세기가 넘도록 월드시리즈 우승과 인연이 없었던 시카고 컵스 오욕의 역사[28]를 보여주는 리글리 필드는 애초에 위그먼 필드라는 이름으로 페더럴리그 시카고 웨일스 홈구장으로 건립되었다. 페더럴리그가 사라지자 컵스가 이를 인수하며 컵스 필드로 불렸고, 1926년 추잉껌계의 거물인 윌리엄 리글리 주니어[29]가 자신의 이름을 따서 개명했다.

무엇보다 리글리 필드는 버티고 버티다가 야구장 중 가장 늦은 1988년이 되서야 야간 조명을 설치했다. 또한 위그먼 필드로 건립될 당시 일반적인 양식이었던 담쟁이넝쿨의 외야 벽돌담도 유명하지만, 현재는 컵스의 전설적인 유격수이자 1루수였던 어니 뱅크스가 이름 붙인 '친숙한 울타리(Friendly Confines)'로 더욱 유명하다.

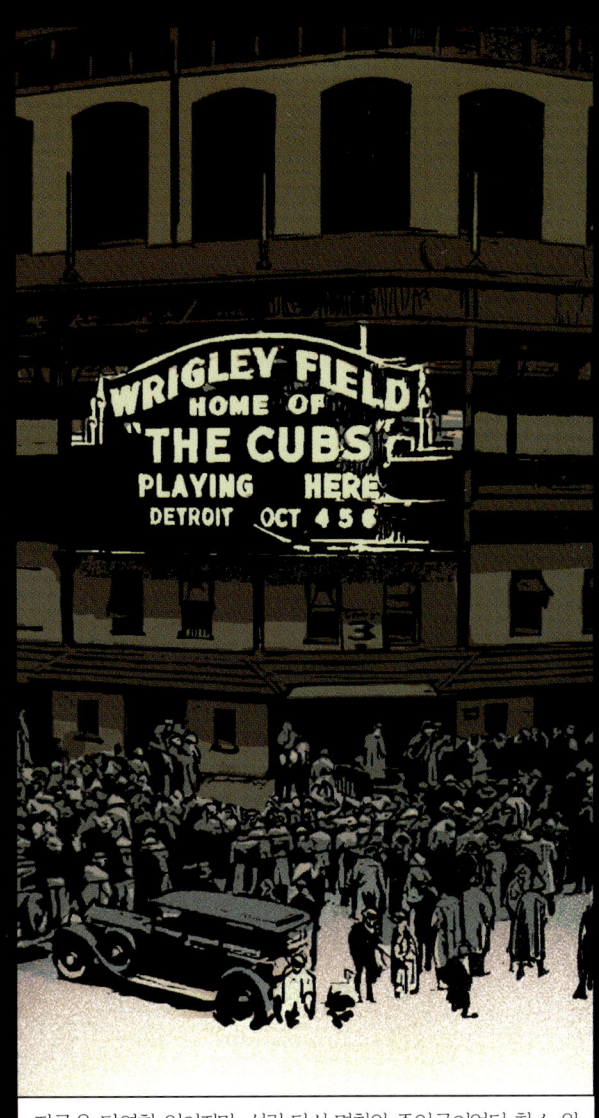

지금은 당연한 일이지만, 설립 당시 명칭의 주인공이었던 찰스 위그햄은 관중석으로 날아간 야구공을 팬이 소지할 수 있도록 허락한 최초의 인물이었다. 반면 리글리 필드는 상대팀의 홈런공은 팬이 다시 되돌려주는 전통을 처음으로 선보인 곳이다.

1915년은 전반적으로 평범한 시즌이었다.

타이러스 레이먼드 '타이' 콥은 전년도과 마찬가지로 타격왕을 차지했다.

그로버 클리블랜드 알렉산더도 전년도에 이어 내셔널리그 다승왕과 삼진왕에 올랐다.

월터 존슨 역시 2년 연속 아메리칸리그 다승왕을 차지했다.

월드시리즈에서 보스턴 레드삭스와 필라델피아 필리스가 만나면서 두 도시는 2년 연속 맞붙었다.

브레이브스가 애슬레틱스에 승리한 1914년에 이어 1915년 역시 레드삭스가 필리스를 꺾었다.

반면 전년도 월드시리즈 준우승 구단 애슬레틱스는 야구 역사상 기록에 남을 시즌을 보냈는데, 43승 109패의 성적으로 선두에 58.5게임을 뒤진 채 시즌을 마감했다.

1915년 5월 6일, 여전히 투수로 활약 중이던 베이브 루스가 뉴욕 양키스의 잭 워홉을 상대로 생애 최초의 홈런을 기록했다.

(그렇다. 베이브 루스는 최초의 홈런을 양키스로부터 뽑아냈다.)

다음 날 아일랜드 해안에서 독일 유보트가 루시타니아호를 향해 어뢰를 발사했고, 1,200명 가까이 사망했다.

1915년의 또 하나 특기할 만한 사건은 앨버트 스폴딩의 죽음이다. 말년의 그는 야구계를 떠나 캘리포니아주에서 로마랜드라는 신지학회공동체의 발전에 온 힘을 쏟았다.

그는 1939년 쿠퍼스타운에 설립된 명예의 전당에 헌액되었는데, 장소 선정은 당연히 더블데이의 신화를 근거로 추진한 그의 힘이 컸다.

영광의 추장들

1914년 시즌 후 냅 래저웨이가 클리블랜드 냅스를 떠나자 구단주는 새로운 구단명을 공모하여 논란 끝에 인디언스로 결정되었다.(하지만 불행히도 와후 추장이 인종차별적인 디자인 로고로 제작되었다.) 사실은 메이저리그 최초의 아메리칸 원주민계 선수인 루이스 소칼렉시스를 기념한 것인데, 메인주 인디언 아일랜드의 페놉스코트족 출신으로 일약 스타로 떠오른 그는 1897-99년간 클리블랜드 스파이더스[30]에서 활약했다. 당시는 그가 사망한 지 얼마 되지 않은 때였고, 클리블랜드에서의 인기 역시 여전했다.(다른 주장으로는, 1914년 월드시리즈 우승까지 기적과 같은 행보를 보여준 보스턴 브레이브스[31]에게 영감을 받은 것이라고도 한다.)

소칼렉시스의 명성을 이어받은 수많은 아메리칸 원주민 출신 선수들이 데드볼 시대에 명성을 떨쳤다. 하지만 유감스럽게도 그들 대부분은 '추장(Chief)'이라는 별명으로 불리며(치프 벤더, 치프 메이어스, 치프 존슨, 치프 옐로 호스, 치프 영블러드 등…) 소칼렉시스와 마찬가지로 팬들로부터 인종차별과 온갖 멸시를 당해야 했다.

1944년까지 현역으로 뛰었던 앨런 체스터 '치프' 호그셋은 거의 공식과 같은 이 별명으로 불린 마지막 아메리칸 원주민계 선수이다.(여담으로 모지스 J. 옐로 호스[32]와 <딕 트레이시>[33]로 유명한 만화가 체스터 굴드 모두 오클라호마주의 포니 인디언 보호구역 출신이다. 굴드는 옐로 호스로부터 작중 인물 옐로 포니를 창조해냈다.)

2차대전 이후 아메리칸 원주민 선수들은 메이저리그에서 거의 자취를 감추었고, 치프 벤더와 잭 휘트만이 명예의 전당에 헌액되었다.

그 밖의 유명한 아메리칸 원주민계 선수로는 올림픽 영웅 짐 소프를 비롯하여 루디 요크와 조니 레너드 루스벨트 '페퍼' 마틴, 앨리 레이놀즈, 그리고 캘빈 쿨리지 율리우스 시저 터스카호마 맥리시라는 야구 역사상 가장 위대한 이름 중 하나로 꼽히는 칼 맥리시[34] 등이 있다.

현재는 양키스 소속의 저코비 엘즈버리가 활약하고 있다. 레드삭스 소속으로 월드시리즈에서 2차례 우승을 차지한 뒤 2014년 양키스로 이적했다.

필라델피아 애슬레틱스에게 1915년이 악몽이었다면 1916년은 지옥이었다. 역대 최저인 36승 117패의 성적에 시즌 중 선수들이 은퇴하는 등 재앙에 가까웠다. 심지어 배트보이마저 정신을 못 차려 해고되기도 했다.

이 와중에도 홀로 빛나는 기록이 있었으니, 그해 이미 24패를 당하고 있던 레슬리 앰브로즈 '불릿 조' 부시가 8월 26일 기록한 노히터(용어설명 참조)였다.

포수 월터 헨리 '왈리' 섕은 최초로 한 경기에서 좌우 양타석 홈런을 기록했다.

지금 같으면 감독이 구단을 2년간 그 지경으로 만들었다면 진즉에 잘렸겠지만 당시 코니 맥 감독은 감히 건드릴 수 없었다.

심지어 맥은 2년 연속 우승으로 최근 5년간 3번이나 월드시리즈 정상에 오른 보스턴 레드삭스로부터 감독직을 제안받기까지 했다.

아, 그리고 월터 존슨이 4년 연속 리그 다승왕과 탈삼진왕에 올랐다.

빅 트레인[35]

월터 존슨은 워싱턴 세너터스에서만 21년간 몸담았으며, 초창기 메이저리그 시절 지독히도 운이 없었던 간판 선수들 중 하나이다. 팀 성적이 변변치 않았음에도 417승으로 역대 메이저리그 다승 2위에 이름을 올렸다. 사이 영과 존슨만이 400승 이상을 기록했다. 1907년 입단하여 1924년이 되어서야 비로소 월드시리즈 우승을 맛본다. 이듬해에는 메이저리그 최초로 탈삼진 3천 개를 달성했다. 은퇴 당시 탈삼진 기록은 3,508개였는데, 이는 1983년까지 깨지지 않던 엄청난 대기록이었다. 1974년에 들어서야 세인트루이스 카디널스의 밥 깁슨[36]이 3천 개를 돌파했다. 월터 존슨이 은퇴할 당시 겨우 2명만이 탈삼진 1천 개에 근접해 있었다.

그는 경기 중에도 멋진 모습을 보였는데, 승부에 크게 지장을 주지 않는 선에서 친한 선수들에게 치기 쉬운 공을 던져주곤 했다. 특히 절친했던 디트로이트 타이거스의 샘 크로퍼드에게는 종종 느린 공을 던져 그의 안타기록을 늘려주곤 했는데, 크로퍼드의 구단동료이자 경쟁관계였던 타이 콥은 이때마다 의아해했다고 한다.

명예의 전당에 헌액된 최초의 5인 중 하나인 그는 세너터스와 클리블랜드 감독을 거쳐 야구계에서 은퇴한 후 정계에 투신했다. 1936년에는 한 홍보성 행사에 참석했는데, 예전에 조지 워싱턴이 버지니아주 프레더릭스버그의 라파하녹강에서 건너편으로 은화를 던진 일화가 신빙성이 있는지 지역주민들이 궁금해했고, 이들의 청원으로 참여한 것이다. 그가 던진 거리는 386피트(118미터)로 마운드를 떠난 지 10년 가까이 지난 48세의 노장 치고는 꽤 괜찮은 기록이었다.

루시타니아호 침몰 전까지 대다수 미국인들은 참전에 부정적이었다.

하지만 이 사고로 128명의 미국인이 사망했고, 영국은 이듬해까지는 참전해줄 것을 강하게 요구하고 있었다.

우드로 윌슨 대통령은 거부 입장이었지만 상황은 변하고 있었다.

1917년 4월 6일, 결국 윌슨은 영국의 요구에 답했다. 그리고 대 독일 선전포고안에 대해 의회에 동의를 구했다.

5일 후 베이브 루스는 양키스에게 1 : 0 승리를 거두며 시즌을 시작했다.

루스는 야구 역사상 매우 기이한 기록에 관여했는데, 6월 23일 세너터스전에서 첫 타자에 포볼을 내주자 심판 클래런스 버나드 '벽돌' 오언스와 설전을 벌인 후 퇴장을 당했다.

이어서 어니 쇼어가 구원투수로 등장했는데, 주자가 도루에 실패하였고, 쇼어는 이후 26명의 타자를 모조리 아웃시켰다.

수십 년간 쇼어의 기록은 퍼펙트로 기록되었으나 현재는 합작 노히터로 인정되고 있다.

한편 미국인들에게 전쟁은 현실이 되어가고 있었다.

7월 15일 보스턴 브레이브스의 행크 가디가 최초로 입대했고, 훗날 명예의 전당 헌액자들인 에디 콜린스 시니어와 해리 힐먼, 그리고 그로버 클리블랜드 알렉산더 등이 뒤를 이었다.

앞서 언급한 어니 쇼어 역시 1918년 초 입대했다.

미군이 프랑스에 막 진주했을 무렵 펼쳐진 월드시리즈에서 시카고 화이트삭스가 뉴욕 자이언츠를 눌렀다. 이는 2005년까지 시카고 남부 친구들[37]이 월드시리즈와 맺은 마지막 인연이었다.

한편 쿠퍼스타운에서는

"우리는 그것을 더블데이 기념재단이라 부를 것입니다."

1907년 밀스 위원회에서 애브너 더블데이가 야구의 창시자임을 선언하자 쿠퍼스타운 주민들은 이 위대한 인물을 기념하기 위한 어떤 의무감에 휩싸였다. 하지만 실행까지는 시일이 걸려, 1917년 겨울이 되어서야 하디 리처드슨과 조지 프레더릭 '데크' 화이트 등 2명의 메이저리그 출신을 포함한 5명이 갹출하여 더블데이 기념재단을 설립했다.

그해 여름, 그들은 스포츠 기자 샘 크레인을 만나 더블데이의 신화가 재단설립까지 이어질 수 있도록 지원을 약속받았다. 오래지 않아 그들은 엘리휴 피니의 소 목초지를 구입할 만큼 충분한 자금을 모았다.

1919년경 쿠퍼스타운이 목초지를 갈아 엎어 야구장을 만들어 더블데이 필드라 명명했고, 1920년 9월 6일 첫 경기가 열렸다.

현재 더블데이 필드는 매년 명예의 전당 경기를 주관하고 있는데, 그전에 명예의 전당이 자리를 잡아가던 1930년대로 돌아가 볼 필요가 있다.

전쟁이 끝나자 야구 역시 여타 부문처럼 회복세로 접어들었다.

베이브 루스는 29개의 홈런을 때리며 역대기록을 갈아치웠고, 한 시즌에 모든 아메리칸리그 구장에서 홈런을 기록한 최초의 타자가 되었다.

또한 본인의 첫 만루홈런과 함께 1919년 시즌 총 4개의 만루홈런으로 1955년까지 1위를 지켰다.

8월 24일 필라델피아를 상대로 마운드에 오른 인디언스의 레이 콜드웰이 9회 투아웃을 잡은 상태에서 번개에 맞았다.

하지만 정신이 돌아오자 기어이 마지막 아웃카운트를 잡아냈고, 2주 후에는 노히터를 기록했다.

"이런 젠장, 공이나 내놔. 그리고 홈플레이트가 어느 쪽인지만 알려줘!"

야큐(野球)

1870년대 들어 일본에 거주 중인 미국인들을 중심으로 야구단이 생겨나기 시작했다. 1896년에는 일본인과 미국인의 시합이 최초로 펼쳐졌다.

일본야구는 1920년 최초의 프로구단인 일본운동협회의 창설을 계기로 큰 발전을 이룬다.

같은 해 허브 헌터가 퍼시픽리그[38] 선수들을 주축으로 일본 순회경기를 갖는다. 이후 1922년과 31년에 재방문하는데, 31년에는 미키 코크런과 루 게릭, 그리고 레프티 그로브 등 쟁쟁한 선수들이 포함되었다.

1922년 순회 당시 미국 올스타가 일본의 미타 구단에게 9:3으로 지며 일본에 최초의 패배를 기록한다.

흑인 선수들로 구성된 구단 역시 1920-30년대에 걸쳐 일본 순회경기를 가졌는데,
제임스 보너의 경우 훗날 다저스를 통해 데뷔한 재키 로빈슨보다 10여 년 앞서 일본 프로야구에서 선수생활을 영위했다.

하지만 이 모든 일들이 조만간 닥칠 사건으로 빛을 잃는데…

블랙삭스 스캔들

음모는 1919년 초 화이트삭스 선수들이 구단주 찰스 코미스키의 행위에 불만[39]을 품으며 시작되었다.

도박꾼 조지프 J. '스포트' 설리번은 잽싸게 이러한 선수들의 불만을 이용했다.

이 친구야, 떼돈을 벌 수 있는 기회라고, 자네는 그저…

잔인하기로 유명한 갱스터 아널드 로스슈타인이 설리번의 뒤를 봐주고 있었다.

1919년 월드시리즈가 시작되기도 전에 조작에 관한 소문이 나돌기 시작했다.

전국적으로 투기꾼들이 신시내티 레즈에 돈을 걸면 엄청난 수익을 낼 수 있다고 떠벌리고 다녔다.

레즈에 걸어봐. 한번 해볼래? 난 이미 걸어놨다고.

선수들이 승부조작을 약속하는 사전신호는 에디 시콧이 신시내티의 선두타자 모리 래스에게 사구를 내주는 것이었다.

이미 1만 달러를 받아챙긴 시콧은 4회까지 5점을 헌납했다.

하지만 나머지 공모자들이 약속한 대금을 받지 못하자 계획이 뒤틀렸다. 소문에 의하면 도박사들이 향후 경기에 돈을 모두 걸어 자금줄이 말라버렸다.

7차전에서 화이트삭스가 승리하자 열이 받을 대로 받은 로스슈타인은 8차전 선발투수인 클로드 프레스턴 '레프티' 윌리엄스에게 사람을 보내 확실하게 다짐을 받아놓았다. 그가 이번 시리즈에 거액을 투자했으며, 만일 화이트삭스가 이긴다면 언짢은 일이 생길 수도 있다는 것을.

"윌리엄스에게 가서 전해. 부인의 안전이 걱정된다고."

윌리엄스는 8차전에서 패하며 시리즈 총 3패, 평균자책점 6.63을 기록했는데, 그의 시즌기록은 23승 11패, 평균자책점은 2.64였다.

사람들은 그토록 막강했던 팀이 갑자기 형편 없는 경기력을 보인 이유를 믿을 수 없었다. 화이트삭스가 시리즈를 허무하게 날려버리자 의혹이 불거졌다.

기자 휴 풀러턴이 즉각 의혹을 파헤치기 시작했다. 오래지 않아 모든 음모가 백일하에 드러났고, 화이트삭스의 부패를 의미하는 '블랙삭스 스캔들'이 터져나왔다.

"뭔가 이상해…"

총재

블랙삭스 스캔들로 충격을 받은 구단주들은 경기의 투명성을 위해 과감한 결단을 내려야 했고, 해결책으로 연방판사 출신인 케네소 마운틴 랜디스를 초대 메이저리그 총재로 선임했다. 구단주들은 1915년 그의 페더럴리그 관련 판결[40]을 떠올리며 야구계를 구할 인물은 그밖에 없음을 확신했다.

랜디스는 결정권에 있어 독점적인 권한을 부여받는다는 조건을 내걸었다. 구단주들이 동의하자 그는 곧 연루된 8명의 화이트삭스 선수들을 영구 제명시켰다. 또한 베이브 루스가 자신을 금지시킨 순회경기를 지속하며 권위에 도전하자, 1922년 6주간 출장정지 처분을 내렸다.

1920-30년대에 걸쳐 그는 철권을 휘둘렀다. 때로는 불공정한 적도 있었지만 야구계의 진심에 대한 대중들의 신뢰를 회복시켰다는 점에 있어 존경을 받았다. 또한 수백 개의 개별 구단들이 선수의 통합육성체계를 공유하는 오늘날의 2군합동운영체계(Farm System) 구축을 추진했다.

케네소 마운틴 랜디스. 초대 메이저리그 총재. 1920년 선출 — 1944년 사무실에서 사망. 진실성과 통솔력을 바탕으로 야구를 국민들의 존경과 존중, 그리고 애정 어린 존재로 만들었다.

모두 알다시피 불행히도 랜디스가 인종차별을 타파하는 데에 있어서는 소극적이었다. 1942년 야구의 백인순혈주의와 관련하여 충돌을 빚었던 다저스의 리오 더로셔 감독이 자신을 고소하자 위 사실을 부정하는 성명을 발표했다. 하지만 그는 빌 빅 주니어가 필라델피아 필리스와 니그로리그 구단을 인수하여 필리스에 흑인 선수들을 영입하려던 계획을 방해했다. 진심이 무엇이든 간에 1944년 그가 사망할 때까지 인종 간의 화합은 이뤄지지 못했다.

아니라고 말해줘요, 조[41]

맨발의 조 잭슨은 아마 타격왕에 오르지 못한 이들 중 가장 위대한 타자일 것이다. 데뷔 초기인 1911–13년 3년간 타이 콥에 이어 2위에 머물렀다. 1911년 타율 0.48은 역대 신인 최고타율로 남아 있는데, 하필 이 해에 타이 콥이 0.42를 쳐버렸다. 잭슨의 통산타율은 0.356으로, 0.366의 콥과 0.358의 로저스 혼스비에 이은 통산 3위에 해당한다. 콥은 '야구 역사상 가장 천부적인 재능을 타고난 타자'라며 조를 회상했다.

소작농의 아들로 태어난 조는 6세 되던 해에 학교 대신 섬유 공장에 다녀야 했다. 문맹이었던 그는 평생 이 사실을 부끄러워했다. 1900년부터 공장 야구단에서 활동하다가 타고난 운동신경으로 11년 후 시카고 화이트삭스에 영입되었다.

1919년 월드시리즈에서 3할7푼5리의 타율에 실책 하나 없는 수비를 선보였음에도 잭슨은 음모가담을 인정한 여타의 선수들과 함께 영구제명을 당했다. 이후 몇 년간 세미 프로에서 익명으로 활약했으나, 그를 알아본 팬들이 야유를 퍼붓는 일이 계속되자, 결국 은퇴하여 사우스캐롤라이나주에서 주류매장을 운영했다.

말년에 접어든 1940년대 어느날 타이 콥이 우연히 장점에 들렀다.

나를 기억하겠나, 조?

당연하지. 하지만 다른 이들처럼 자네도 나와 말을 섞기 꺼려하는 줄 알았지.

끝까지 자신의 결백을 주장하던 잭슨은 1951년 숨을 거두었다.

베이브 루스와 데드볼 시대의 종식

블랙삭스 스캔들이 한 시대의 마무리를 장식했다. 1920년 이전에는 컵스와 화이트삭스, 그리고 레드삭스의 전성기였다.

하지만 이들 모두 20세기가 저물 때까지 단 한 번도 월드시리즈에서 우승하지 못했다.

데드볼 시대의 종식에 대한 많은 의견들이 있지만, 원인 중 하나로 모두 주저 없이 1920년 8월 16일 레이 채프먼[42]의 죽음을 꼽는다.

헤드헌터* 라는 별명으로 유명한 투수 칼 메이스는 대부분 꺼려하는 선수였다. 다음 날 아침 채프먼이 사망하자 메이스는 주위로부터 따돌림 당하게 된다.

그는 말년까지 당시 그 볼은 스트라이크였으며, 채프먼이 홈플레이트 너머로 몸을 기울인 것이었다고 주장했다.

채프먼이 사망하자 즉시 2가지 규정이 신설되었다. 첫째, 1920년 시즌부터 공을 더럽히는 행위(스핏볼)가 금지되었다*

* 타자 머리를 향해 공을 던져 붙여진 별명이다.

* 몇몇 투수[43]는 이 규정에서 제외되어 사용허가를 받았다.

둘째, 경기 중 새 공으로 더욱 자주 교체되었다. 1920년까지는 손상되거나 분실하지 않는 한 경기당 한 개의 공을 사용했다. 때문에 경기 후반으로 갈수록 공이 더러워지고, 투수들이 씹는 담배로 더러워진 침을 계속 발라대는 통에 공을 제대로 보기도 힘들었다.

이 사건을 기점으로 인디언스는 리그 막판 선전을 거듭하며 역사상 총 4차례 있었던 9차전 월드시리즈에 올라 다저스를 5승 2패로 누르고 우승을 차지했다.

시리즈 5차전에는 월드시리즈 최초의 기록들이 쏟아졌다. 모두 클리블랜드 선수들인데, 엘머 스미스의 만루홈런과 빌 웜스갠스의 단독 트리플플레이, 그리고 투수 짐 백비 시니어의 홈런 등이다.

데드볼 시대의 종식에는 다른 요인도 있었다. 1919년 시즌 후 레드삭스가 베이브 루스를 양키스에 팔아넘기는데, 이후 그는 데드볼 시대의 종식과 메이저리그에서 양키스 왕국의 건설을 거의 홀로 해냈다.

데드볼? 라이브볼?

야구 초창기 시절 선수들은 자신이 사용할 공을 직접 만들어 쓰고는 했다. 그리고 구단들은 자신들이 유리한 공을 선택할 수 있었는데, 타격이 좋은 구단은 반발력이 좋은 공을, 투수와 수비가 강한 구단은 '데드볼'이라 불린 반발력이 적은 공을 택했다. 1850년대 들어 표준화가 시작되었고, 1876년부터 스폴딩이 내셔널리그용 공인구 제작에 들어갔다.

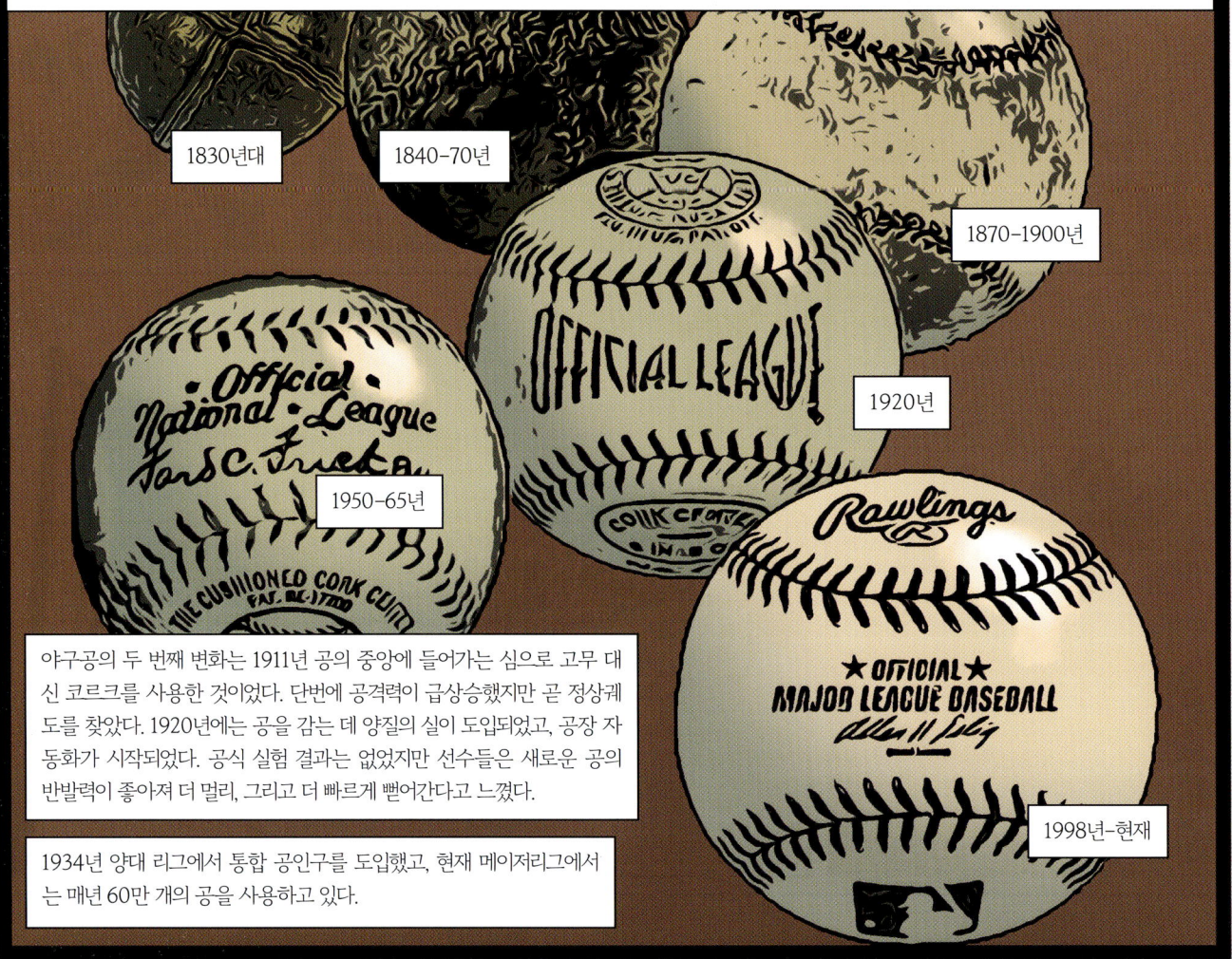

1830년대
1840-70년
1870-1900년
1950-65년
1920년
1998년-현재

야구공의 두 번째 변화는 1911년 공의 중앙에 들어가는 심으로 고무 대신 코르크를 사용한 것이었다. 단번에 공격력이 급상승했지만 곧 정상궤도를 찾았다. 1920년에는 공을 감는 데 양질의 실이 도입되었고, 공장 자동화가 시작되었다. 공식 실험 결과는 없었지만 선수들은 새로운 공의 반발력이 좋아져 더 멀리, 그리고 더 빠르게 뻗어간다고 느꼈다.

1934년 양대 리그에서 통합 공인구를 도입했고, 현재 메이저리그에서는 매년 60만 개의 공을 사용하고 있다.

아니야, 나네트는 안 돼

베이브 루스가 양키스로 팔려간 이유를 대부분 레드삭스 구단주 해리 프레이지가 뮤지컬 〈노, 노, 나네트(No, No, Nanette)〉에 투자할 자금 마련을 위한 것으로 알고 있다. 하지만 이 작품은 1925년에야 대중에게 선보였다. 어찌 되었든, 프레이지는 1916년 레드삭스를 인수하는 과정에서 거액의 부채를 지게 되어 자금 압박이 매우 심한 상태였다.(게다가 루스가 계약 재협상을 희망하던 터였다.)

양키스 구단주 제이컵 루퍼트 주니어 역시 재정 때문에 골치였다. 주류 유통업자였던 그는 1920년 새해 벽두부터 실시된 금주법으로 엄청난 손해가 예상되었고, 전용 구장 신축도 필요한 때였다. 스타급 선수를 확보할 경우 신축자금을 충당할 만큼 관중몰이가 가능할 것이라는 계산에 루스의 영입을 적극 추진했고, 이후의 일은 모두가 알다시피 전설로 남았다.

보스턴 팬들은 뉴욕 출신인 프레이지를 그다지 신뢰하지 않았는데 그도 그럴 것이, 이후 몇 년간 핵심 선수들을 양키스에 넘긴 불공정 거래 덕에 레드삭스는 고전을 면치 못한 반면 양키스는 이들의 활약으로 1921-23년 간 리그우승을 거머쥐었다. 레드삭스는 1935년까지 매년 승률 5할을 넘기지 못했다.

1920년 시즌이 시작하자마자 베이브 루스의 양키스 이적은 엄청난 화젯거리로 떠올랐다.

양키스의 밀러 허긴스 감독은 루스가 레드삭스 시절 에드 배로 감독하에 시도했던 타자로의 전환을 허용했다. 루스는 거포로 활약하며 단숨에 역대 최고 선수의 반열에 올랐다.

1920년 홈런 54개로 본인의 기록[44]을 갈아치웠는데 이는 웬만한 구단의 홈런수보다 많았다.

양키스는 그해 100만 관중을 끌어모으며 최고 인기구단으로 떠올랐다. 뉴욕시민들은 베이브 루스를 보기 위해 폴로 그라운즈[45]에 구름처럼 몰려들었다.

베이브 루스는 블랙삭스 스캔들로 맨발의 조 잭슨을 비롯한 8명의 선수들이 기소될 당시, 팬들에게 야구 선수에 대한 신뢰를 심어주었다.

"아니라고 말해줘요, 조!*"

* 이 이야기는 사실이 아니다.(야구의 모든 일들은 신화화된다)

1921년 루스는 59개의 홈런을 기록하고 이듬해에는 주춤했지만[46] 다시 심기일전하여 1923년 타율 0.398에 41개의 홈런을 기록하며 재기에 성공했다. 1922년의 경우 비시즌 기간 동안 순회경기*를 다녔다는 이유로 6주간 출장정지를 당한 여파가 컸다.

* 비시즌 기간 동안 선수들은 지역 순회시범경기를 통해 출전 수당을 벌어들이곤 했다. 현재와 같이 수십억 원이 넘는 연봉을 받기 전 얘기이다.

새로운 홈구장 양키 스타디움에서…

1923년 신축구장에서 벌어진 월드시리즈에서 양키스는 첫 우승을 차지한다.

루스는 힘과 인기를 바탕으로 경기의 양상을 완전히 바꾸어나갔다. 반면 데드볼 시대에 활약한 다른 선수들은 적응이 쉽지 않았다.

또 다른 변화들이 야구의 지평을 넓혀가고 있었다. 루브 포스터가 시카고의 성공을 발판으로 1920년 니그로 내셔널리그를 출범시켰다. 초기 참가 구단으로는 시카고 아메리칸 자이언츠를 비롯하여 시카고 자이언츠, 쿠반 스타스, 데이턴 마코스, 디트로이트 스타스, 인디애나폴리스 ABCs, 캔자스시티 모나크스, 그리고 세인트루이스 자이언츠 등이다.

이후 3년간 또 다른 니그로리그인 이스턴 컬러드리그와 서던 니그로리그가 창설되면서 니그로 내셔널리그와 경쟁구도를 형성했고, 1924년 최초의 니그로 월드시리즈가 개최되었다.

캔자스시티 모나크스가 펜실베이니아주의 힐데일을 5승 4패로 누르고 우승을 차지했다.

메이저리그로부터 소외된 실력 있는 1세대 아프리카계 미국인 선수들이 1920년대 리그를 이끌었는데, 이들 중 몇몇은 훗날 명예의 전당에 헌액되었다.

제임스 토머스 '쿨 파파' 벨은 빠른 발로 수많은 전설을 만들어냈다.

통산타율 0.354의 오스카 찰스턴은 1930년대의 피츠버그 크로퍼즈의 전설적인 선수 겸 감독으로 유명하다. 메이저리그 선수들은 피부색을 떠나 그를 역사상 최고의 선수 중 하나로 꼽곤 한다.

니그로리그 역사상 최고의 유격수였던 존 헨리 '팝' 로이드는 호너스 와그너와 자주 비교되는데, 베이브 루스는 그를 최고의 선수라고 언급했다.

윌리엄 줄리어스 '루디' 존슨은 힐데일 클럽과 홈스테드 그레이스에서 뛰었던 영리한 3루수였다.

야구는 세상의 모든 것을 담고 있다. 승리하기 위해서는 다방면으로 공부해야 한다.

니그로리그 선수들은 스프링 캠프나 비시즌 기간 때면 백인 구단과 비공식 경기를 치렀다.
특히 베이브 루스는 시합을 잡을 때면 항상 니그로 구단과의 시합을 포함시켰다.

1925년 가스 누출 사고로 인한 뇌손상으로 고통 받던 루브 포스터가 편집증과 변덕이 심해져 보호시설에 수감되었고, 1930년 사망하자 이듬해 니그로 내셔널리그는 해체되었다.

메이저리그 선수들은 비록 두 리그 간의 통합을 희망하지 않았을지는 몰라도 흑인 선수들의 능력만은 인정하고 존중했다.

그는 1981년 명예의 전당에 헌액되었다.

라디오 그리고 격동의 20세기

양키스가 수십 년에 걸친 왕좌를 이어갈 준비를 할 동안, 몇몇 구단은 좋은 시절을 보내고 있었다.

1924년 월터 존슨이 마침내 월드시리즈를 품었다.(이것이 월터와 세너터스의 유일한 월드시리즈 우승이었다.)

이로써 명예의 전당 헌액자 최초의 5인* 중 타이 콥만이 유일하게 월드시리즈 우승 경험이 없었다.

워싱턴 세너터스가 월드시리즈에서 첫 우승을…

* 78쪽 참조

1926년, 세인트루이스 카디널스는 홈에서 첫 월드시리즈 우승을 거머쥐었다.

준우승을 기록한 양키스의 베이브 루스는 월드시리즈 최초로 한 경기 3홈런을 때려냈다.

하지만 2루 도루에 실패[47]하면서 월드시리즈 마지막 아웃을 장식했다.

루스, 호스비

43년이 지난 1969년, '기적의' 메츠가 첫 월드시리즈 우승을 차지한다.(132쪽 참조)

1925년 6월 2일, 잘 알려지진 않았지만 야구 역사에서 또 하나의 전설이 탄생했다. 양키스의 1루수 월리 핍이 어린 시절부터 앓아온 전염병에 의한 두통으로 경기출전이 불투명해졌다.

월리, 하루 푹 쉬게나. 대신 내일은 신인[48] 한 놈 데뷔시켜 줄까 해.

그 신인(루 게릭)은 그날 이후 2,130경기를 빠짐 없이 출장했다.(81쪽 참조)

반면 핍은 시즌 후 신시내티로 이적했다.

한편 선수들의 순회경기나 도박에 대하여 단호했던 랜디스 총재는 마이너리그에 관심을 집중했다.

랜디스는 마이너리그 구단들이 메이저리그 구단과의 협상용으로 선수들을 묶어두는 행위를 금지했다.

마이너리그의 투명성을 확대하여 야구만의 고유문화를 만드는 데 기여했고, 덕분에 팬들은 자신들이 응원하는 선수가 메이저리그로 승격하는 과정을 지켜볼 수 있었다.

이봐, 저 친구 한번 밀어보라니까.

올드 피트

데드볼과 라이브볼 시대의 과도기를 빛낸 위대한 선수 중 하나이며, 올드 피트(이유는 불분명하다.)라 불리는 그로버 클리블랜드 알렉산더는 크리스티 매슈슨과 같은 승수[49]를 기록하며 다승 부문 역대 3위에 올라 있다. 그는 1914-17년간 내셔널리그에서 승리와 삼진을 쌓아가다 1차대전 참전으로 1918년의 대부분은 프랑스에서 보냈다. 전쟁 중 입은 부상으로 여생을 간질과 알코올 중독의 고통 속에서 보냈는데, 카디널스 소속으로 참가한 1926년 월드시리즈에서 2차전과 6차전을 승리로 이끌었으며, 전날의 승리축하연으로 숙취가 심했음에도 7차전에서 마무리를 장식했다.

6명의 주전 선수가 명예의 전당에 오를 만큼 1927년의 양키스는 야구 역사상 최강의 팀으로 알려져 있는데, 그들의 공격진은 살인타선*이라 불렸다. 거기에 더해 역사를 빛낸 선수 중 하나인 어반 쇼커[51]까지 보유하고 있었다.

* 사실 이 말은 이전에 다른 라인업[52]에 사용된 말이지만 1927년의 양키스가 더 유명하다.

이 해에 양키스는 110승을 거두었는데, 다른 구단에 비해 거의 400점 이상의 득점을 올렸다. 세너터스의 조 저지[53]가 한 말은 타 구단 선수들의 마음을 대변한다.

"그 친구들은 단순히 우리를 이기는 것만이 아니라 우리 가슴을 짓이겨버리지."

양키스는 타율과 도루 부문을 제외한 공격 전 분야에서 1위에 올랐다.(각각 게릭과 밥 뮤젤[54]이 2위를 기록했다.)

양키스는 투수진마저 훌륭했는데, 선발이었던 웨이트 호이트[55]가 말한 바와 같이 그 정도 공격력이면 굳이 투수진까지 화려할 필요가 없었다.

"투수로서의 성공비결은 양키스에서 뛰었다는 것이다."

베이브 루스는 60개의 홈런을 기록했는데, 리그 내에서 통산홈런이 그보다 많은 구단은 없었다.[56]

"60개야! 60개라고! 어떤 놈이 기록을 깨나 보자!"

월드시리즈에서 양키스는 훗날 명예의 전당에 헌액된 파이 트레이노, 그리고 폴 '빅 포이즌'과 로이드 '리틀 포이즌' 웨이너 형제가 버티고 있던 만만치 않은 전력의 파이러츠를 완파했다.

1927년은 투수 폭투로 결승점을 내준 유일한 시리즈였다.

작가들

헨리 채드윅과 그랜틀랜드 라이스, 존 업다이크, 그리고 로저 에인절[57]까지 야구와 관련한 훌륭한 작가들이 많지만 링 라드너[58]가 단연 돋보인다. 특히 『나는 신출내기 투수』는 야구를 다룬 가장 유쾌한 명작으로 꼽힌다.(버지니아 울프마저 존경을 표한 작품이다.)

여타의 유럽인들과 마찬가지로 울프 역시 미국인들의 자아를 결집시키는 데 있어 야구가 상당한 역할을 하고 있음을 인정했다. 이는 1925년에도, 그리고 지금도 여전하다.

> 석양이 지는 저녁, 브루클린 외곽을 거닐어보면 군데군데 공놀이에 열중인 아이들을 볼 수 있다… 잠시라도 밖으로 나가보자. 신선한 공기로 가슴 속을 채워보자… 닫힌 방문을 열고 나가자. 야구는 정말 멋지다.

> 라드너는 형언할 수 없을 만큼 중요한 영향을 끼쳤다.

> 그의 야구에 대한 관심을 함께 나누는 전통도 없고, 방대하고 고립된 대륙의 미국인들을 한데 모을 수 있는 방법을 제시함으로써, 당시 미국 작가들의 가장 난해한 문제 중 하나를 해결해주었다.[59]

1929년 5월, 양키스는 메이저리그 최초로 등번호[60]를 새겨넣기 시작했다.*

이로써 기념품시장의 성장은 물론 구석에 앉은 관중들도 응원하는 선수들을 쉽게 알아볼 수 있었다.

1930년대 초에 접어들자 모든 구단이 등번호를 부착했고, 곧이어 다수의 구단들이 선수이름도 병기했다.

* 양키스는 8번 2명을 포함하여 총 22개의 등번호를 영구결번 처리했다.

1929년 10월 말, 검은 월요일이라 불리는 주식시장 대폭락이 일어났다. 몇 달 뒤 미국 경제는 곤두박질쳤다.

대공황으로 사람들은 표를 구하기조차 쉽지 않아 가끔씩 즐기던 야구마저 볼 수 없었다.

그나마 근래에 라디오가 발명되어 다행이었다.

1928년 당시 약 30%의 가정에서 라디오를 보유하고 있었다.

그런데 1938년이 되자 라디오 보급률은 80%로 뛰어올랐다.

최초의 메이저리그 중계는 피츠버그의 KDKA 방송국이었다*[61].

* 디트로이트의 WWJ[62]는 이를 부정하고 있다.

대부분의 방송국이 원정 경기에는 중계팀을 보내지 않고 전보를 통해 내용을 받은 뒤 스튜디오에서 재구성하여 녹음했다.

조지아 피치[63]

> 무슨 이 따위 리그가 다 있어? 3년간 3할8푼7리, 4할8리, 3할9푼5리를 쳐댔는데 상 하나 받지 못했다고!

특출난 재능과 불 같은 열정으로 존경을 받은 반면, 폭력적인 경기 스타일로 비난을, 그리고 경쟁 선수들로부터는 질투를 한 몸에 받은 디트로이트 타이거스의 외야수 타이 콥은 본인의 25년 메이저리그 경력 속에 90년간의 메이저리그 역사를 모두 담아놓았다. 0.366의 통산타율은 불멸의 기록들 중 하나인데, 이 외의 비교적 덜 알려진 기록들도 있다. 54회의 홈스틸과, 3회 연속 2루에서 홈까지 도루를 성공시키기도 했다. 장내홈런 분야에서도 정상급인데, 1909년의 경우 총 9개[64]를 기록했으며, 23년[65] 연속 3할 이상을 때려내며 1907-19년간의 13년 중 12년 동안 아메리칸리그 타율 1위를 기록했다.(타이 콥이 존경을 표했던 맨발의 조 잭슨은 그 기간 중 3년을 내리 타율 2위에 머물렀다.)

> 앞서 밝혔듯 조 잭슨은 야구 역사상 가장 천부적인 재능을 타고난 타자이다.

하지만 콥의 인간미는 그의 재능에 가려 과소평가 받고 있다. 특히 그가 사망할 당시 작가 겸 스포츠기자였던 알 스텀프는 동료 선수들의 증언을 바탕으로 심하게 과장하여 출간한 전기(傳記)를 통해 콥을 맹렬한 인종차별주의자로 묘사해놓았다. 그 내용은 스텀프의 날조였음에도 불구하고 이미 걷잡을 수 없이 퍼져나갔다. 콥의 증조부는 노예제를 반대했으며, 할아버지 역시 남북전쟁 당시 남군참전을 거부했고, 아버지는 린치를 행하는 무리들을 해산시키는 데 공헌했다. 그리고 콥 역시 흑백간의 메이저리그 통합에 대한 지지를 분명히 밝혔다.

> 흑인 선수들도 메이저리그에 참여할 권리가 있다. 누가 이에 대하여 이의를 다느가?

1952년 콥은 입장료를 지불하고 볼 만한 유일한 선수로 윌리 메이스[66]를 꼽았다.

그는 수많은 걸출한 메이저리그 선수들을 제치고 98%의 득표율을 보이며 명예의 전당에 헌액된 최초의 5인에 선정되었다. 타이 콥은 이제껏 상당히 부당한 대우를 받아왔다. 아마도 스텀프가 슈퍼영웅인 베이브 루스에 견줄 만한 악역이 필요했거나, 콥의 불 같은 성격으로 이러한 터무니 없는 소문이 더욱 설득력 있게 받아들여졌을 수도 있다. 어찌 되었든 훗날 스텀프는 그 전기의 많은 부분에서 오류를 인정했다.

미국 전역이 대공황으로 신음 중일 때 필라델피아 애슬레틱스는 반짝 성공을 거두고 있었다.

1910년대 후반 어이 없는 최악의 시즌[67]을 보낸 후, 애슬레틱스는 심기일전하여 1927-28년 연속으로 거함 양키스에 이어 2위를 기록했다.

그들은 1929-31년간 브롱스 폭격기[68]라 불린 막강 양키스를 따돌리고 3년간 내리 리그 우승과, 1929-30년 연속 월드시리즈 우승을 차지했다.

놀라운 점은 20여 년 전의 1차 전성기 때부터 감독이 같았는데, 바로 코니 맥[69]이다.

맥은 앨 시먼스, 미키 코크런, 지미 폭스, 그리고 레프티 그로브[70] 등 명예의 전당 4인방을 중심으로 팀을 이끌었다.

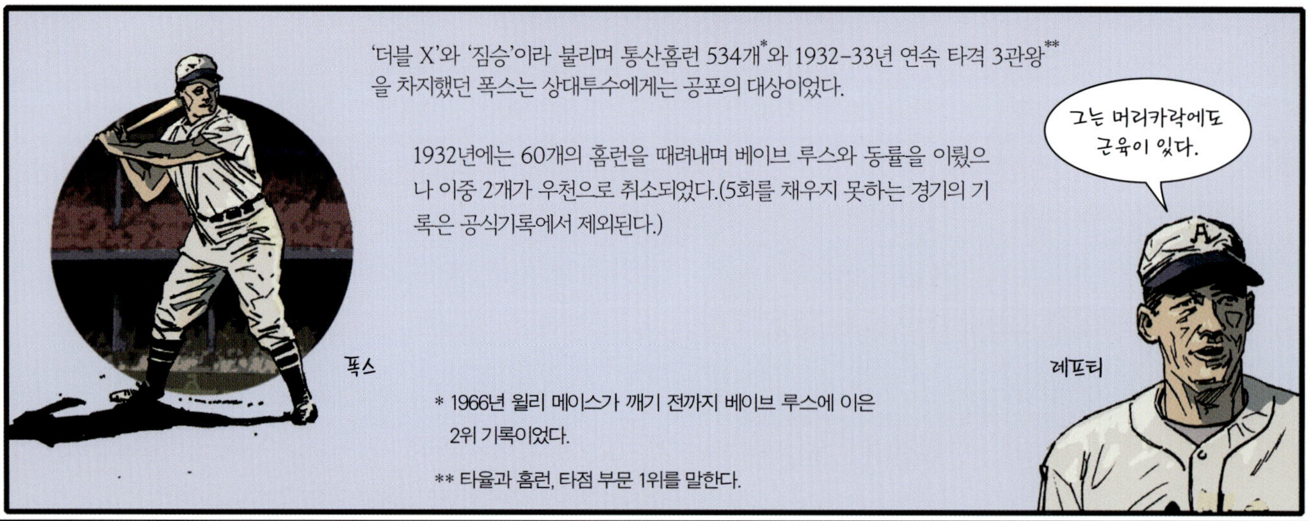

'더블 X'와 '짐승'이라 불리며 통산홈런 534개*와 1932-33년 연속 타격 3관왕**을 차지했던 폭스는 상대투수에게는 공포의 대상이었다.

1932년에는 60개의 홈런을 때려내며 베이브 루스와 동률을 이뤘으나 이중 2개가 우천으로 취소되었다.(5회를 채우지 못하는 경기의 기록은 공식기록에서 제외된다.)

"그는 머리카락에도 근육이 있다."

폭스

레프티

* 1966년 윌리 메이스가 깨기 전까지 베이브 루스에 이은 2위 기록이었다.

** 타율과 홈런, 타점 부문 1위를 말한다.

당시 애슬레틱스는 모든 면에서 전설이었던 양키스와 대등한 수준이었으나 평판에 있어서는 뉴욕 연고의 양키스가 절대적으로 유리했다.

1934년 대공황의 여파로 수익이 급락하자 맥은 핵심 선수들을 모두 팔아넘겼고, 이후 기나긴 암흑기가 시작되었다.

하지만 야구는 이미 거대산업으로 확고하게 자리잡아 지금처럼 유명 선수들은 불황에서 비켜서 있었다. 1932년 베이브 루스는 당시 허버트 후버* 대통령의 7만 5천 달러보다 많은 8만 달러의 연봉을 받는 것에 대해 인터뷰를 했다.

* 야구를 너무도 사랑하여 1928년 3월 '야구 혹은 애플파이처럼 지극히 미국적인'이라는 문구를 최초로 언급했다.

존 맥그로

겁이 없고 호전적인 성격의 선수이자 감독이었던 존 맥그로는 은퇴 전부터 이미 '작은 나폴레옹'이라는 별명을 얻었다. 그의 강철 같은 투지는 어릴 적부터 형성되었는데, 12세 때 학대를 피해 가출하여 마이너리그를 거쳐 1891년 볼티모어 오리올스(현재의 뉴욕 양키스)와 계약했다. 유격수였던 맥그로는 글러브와 변칙행위로 유명했다. 1902년 뉴욕 자이언츠 선수 겸 감독으로 부임한 이후 34년간 2,763승을 거두었는데, 이를 능가하는 감독은 맥그로가 커다란 존경을 표한 코니 맥이 유일했다.

완고한 성격 덕분에 몇몇 선수들에게 비난을 받았지만 (선수들이 덕아웃에서 웃지 못하도록 했다.) 그의 용기에 대해서만은 모두에게 존경을 받았다.

또한 선수들의 재능을 영리하고 공정하게 평가했다. 그는 동료 유격수였던 호너스 와그너를 역사상 가장 위대한 선수로 평가했다.

버지니아 울프가 관심을 보인 스포츠와 미국 문화(65쪽 참조)가 가장 극명하게 드러난 곳이 바로 니그로리그이다. 지역 아프리카계 미국인 공동체 형성에 야구는 중요한 기점이 되었다.

특히 피츠버그에서 극명하게 드러났다.

1930년대 메이저리그의 최대 라이벌 구단은 레드삭스 대 양키스도 자이언츠 대 카디널스도 아니었다.

바로 그레이스와 크로퍼즈였다.

니그로리그 소속으로 피츠버그를 연고로 하는 양 구단은 쟁쟁한 아프리카계 미국인 선수들의 명단에서 알 수 있듯 1931년부터 8년간 강력한 경쟁 구도를 이어갔다.

경기 후 선수들은 번화가의 아지트이자 저녁이 되면 지역유지들이 모여들던 거스 그린리[71]의 크로퍼 그릴을 찾았다…

…조시 깁슨은 힘과 카리스마로 인해 '검은 베이브 루스'로 알려졌다.(몇몇 평론가들은 베이브 루스를 흰둥이 조시 깁슨이라 불러야 한다고 주장한다.)

깁슨이 베이브 루스라면 벅 레너드는 루 게릭과 비교되는 선수이다. 니그로리그 불멸의 스타로, 1952년 메이저리그로부터 영입 제안을 받았지만 나이를 이유로 거절했다.

브루클린과 뉴어크 이글스 최고 투수인 리언 데이[72]는 2차대전에 참전하여 최초의 유럽 야구 선수권인 ETO 월드시리즈에서 활약하기도 했다.[73](90쪽 참조)

넓은 수비 범위를 자랑하던 외야수 터키 스티언스는 통산타율 0.344를 기록했다. 그는 비시즌 기간이면 자신의 이적을 반대했던 디트로이트 타이거스의 구단주 윌리엄 브리그스가 운영하던 자동차 공장에서 일하곤 했다.

영리한 플레이로 수도 없이 언급되는 사첼 페이지는 역사상 가장 많은 구단과 다양한 환경을 경험한 선수일 것이다.

조 디마지오는 페이지를 최고의 투수로 지목했다. 1930년대 페이지와 순회 경기를 다녔던 디지 딘(자세한 소개는 73쪽 참조)의 어록은 유명하다.

만약 사첼과 내가 같은 팀이었다면 분명 독립기념일[74] 즈음에 우승을 확정짓고 월드시리즈 전까지 낚시나 하러 다녔을 것이다.

컴벌랜드 포지와 거스 그린리

컴벌랜드 포지는 펜실베이니아주 피츠버그 외곽 홈스테드의 저명한 아프리카계 미국인 가정에서 태어났다. 하천배 기술자였던 부친은 훗날 다이아몬드 코크 앤 콜 컴퍼니 대표가 된다. NBA 출범 이전 활약했던 뛰어난 농구 선수이기도 했던 포지는 야구에서도 1911년 홈스테드 그레이스와 계약하여 역시 탁월한 능력을 보였다.

10년 후 포시는 구단을 인수하여 1930년대에는 니그로 내셔널리그에서 강력한 행정가로 이름을 날렸다. 1946년 사망한 그는 유일하게 농구와 야구 명예의 전당에 헌액되었다.*

거스 그린리는 1910-20년대 남부의 아프리카계 미국인들이 북부로 대거 이동할 당시 노스캐롤라이나에서 피츠버그로 이주했다. 철공소에서 일하던 그는 도박사업으로 엄청난 돈을 벌어들이며 영향력을 키웠다. 1930년 피츠버그 크로퍼즈를 인수한 뒤 선수들이 포브스 필드 경기장 라커룸 사용을 금지당하자 대노(大怒)하여 전용 구장인 그린리 필드를 건립했다. 직접 자금을 관리하며 유명 선수들을 사들였고, 경기장은 연습용 구장으로 피츠버그 스틸러스 미식축구단에 대여했다. 1938년 시즌 후 크로퍼즈를 팔아넘긴 뒤 구장을 허물어버렸고 1952년 사망했다.

* 또 다른 농구 명예의 전당 헌액자로 야구 역사에서 특이한 이력을 지닌 선수가 있다. 1950년대 보스턴 셀틱스 붙박이 주전이었던 빌 샤먼은 브루클린 다저스 산하 마이너리그에서 뛰던 중 1951년 메이저리그에 합류한다. 하지만 단 한 경기도 뛰지 못한데다 9월 27일 경기에서는 벤치멤버 상태에서 퇴장당하는데,[75] 아마 메이저리그에서 한 경기도 뛰지 못한 채 퇴장당한 유일한 선수일 것이다.

올스타전과 명예의 전당

1933년, 대공황도 끝이 보이고 시카고 국제박람회가 개최되자 《시카고 트리뷴》의 스포츠 편집자 아치 워드[76]가 아이디어를 냈다. 각 구단이 연고를 둔 전국 각지에서 야구팬들을 끌어모으자는 것이었다.

바로 올스타전이었다.

7월 6일 양 리그를 대표하는 선수들간 최초로 경기가 열려 지금까지 계속되고 있다.

가장 주목을 받은 역전의 노장 베이브 루스는 3회에 홈런을 때려 찾아준 팬들에게 보답했다.

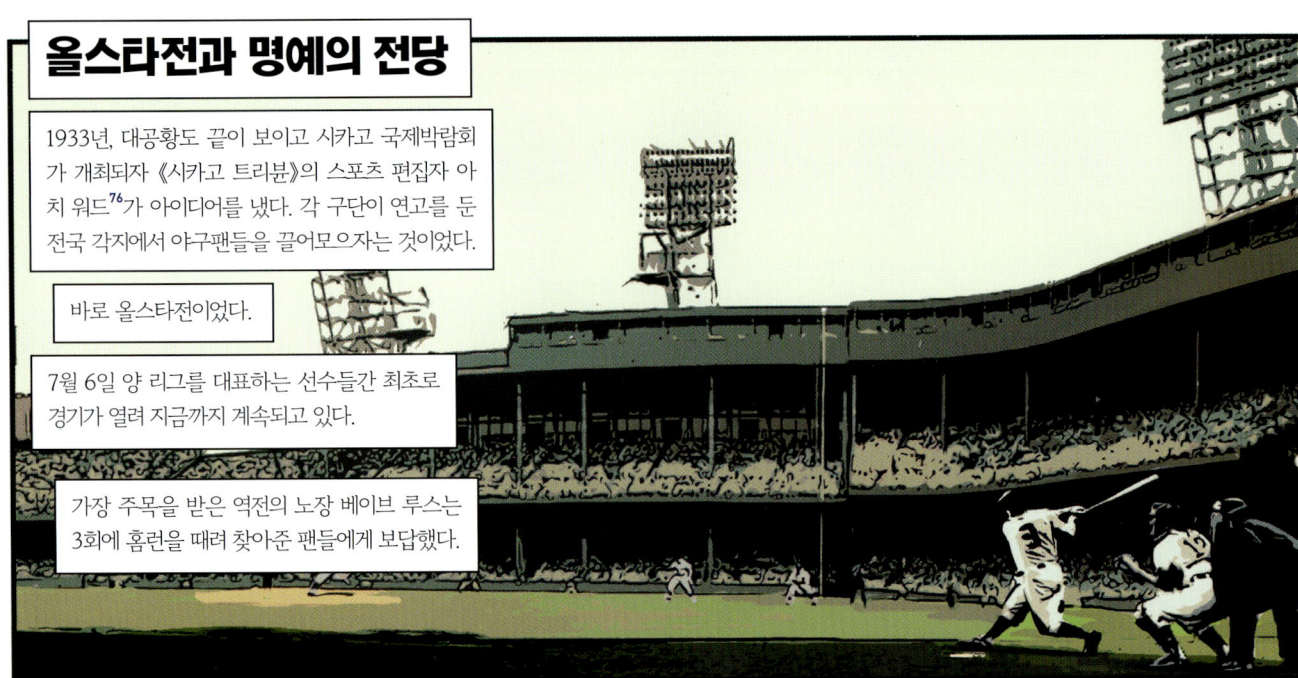

1930년대 중반에 접어들자 리그의 주도권이 애슬레틱스에서 세인트루이스 카디널스로 넘어가며 1931년과 34년 월드시리즈에서 우승을 거둔다.

디지 딘과 폴 딘 형제, 그리고 선수 겸 감독이었던 프랭키 프리시가 이끈 소위 가스공장 녀석들은 경기 스타일이나 외양 모두 거칠었다. 세탁도 하지 않은 유니폼을 입고 경기에 나서며 노동계층을 결집시키는 영웅으로 명성을 쌓아갔다.

카디널스의 별명은 선수들을 대표하여 불만사항을 표출하던 유격수 리오 '더 립' 더로셔로부터 유래했다.

…사람들은 우리를 가스공장* 녀석들로 생각한다.

* 석탄을 취사용 연료로 바꾸는 곳이다. 매우 지저분한 곳으로 악명이 높았고 모두 하층민 주거지역에 있었다.

1935년 타이거즈가 월드시리즈에 복귀하여 컵스와 맞붙었고, 5번의 도전 끝에 결국 우승을 거머쥐었다.

심지어 이 시리즈는 당대 최대거포 중 한 명이자 최초의 유대계 출신 유명 선수(97쪽 참조)였던 행크 그린버그도 없이 치른 것이었다. 2차전 때 허리를 다쳤기 때문이다.

6주 후 30년간 타이거즈를 이끌던 구단주 프랭크 너빈이 사망했다.

골 때리는[77] 디지 딘

"그쪽은 영어나 가르치세요. 나는 야구를 가르칠 테니까."

1930년대 야구계를 유성처럼 스쳐간 제이 해나 '디지' 딘은 1934년 가스공장 녀석들과 함께 뛰며 30승을 기록하는 등 1934-37년간 위대한 4년을 보냈다. 발가락 부상으로 투구폼을 바꿔 던지다가 1938년 결국 팔에 부상을 입기도 했다. 다사다난했던 10년간의 선수생활을 마치고 1941년 야구해설가로 변신한 그는 1968년까지 활기차고 엉뚱한 방송으로 인기를 끌었고, 팬들은 활력 넘치는 특유의 화법에 매료되었다. 한 영어교사가 편지를 보내 이를 비판하자 방송에서 응수한 답변이 유명하다.

1953년 명예의 전당에 헌액되었다.

다윗의 장막

첫 월드시리즈가 열리던 해, 미시건주 벤턴 하버에서 고대 히브리인의 다윗의 장막이라는 종교집단이 설립되었다. 이곳은 많은 규율이 있었지만 특히 면도나 이발을 금지했다. 이들은 미시간호 연안에 동물원을 비롯하여 통조림공장과 놀이공원 등을 건설하며 규모를 확장했다. 1913년, 지도부에서 복음전파를 위해 특이한 방법을 생각해냈는데 바로 순회 야구단이었다.

야구단의 명성이 높아지자 지도부는 수많은 유명선수들을 영입하기 시작했다. 그중에는 그로버 클리블랜드 알렉산더와 스리 핑거 브라운, 치프 벤더, 그리고 사첼 페이지 등도 있었다.(모두 수염을 기른 것은 아니어서, 깔끔한 용모를 원했던 이들에게는 가짜 수염을 제공했다.)

1930년대 선수로 뛰었던 베이브 디드릭슨 자하리아스[78]는 아마 2차대전 이전 최고의 여자 선수일 것이다.

야구가 자리를 잡아가자 세계로 확장하는 움직임이 시작되었는데, 특히 일본에서 성과가 컸다.*

1870년대 미국인 교사들 주도로 최초의 일본인 야구단이 결성되었고, 1896년에는 일본인과 미국인의 첫 시합이 펼쳐졌다.

이를 일본에서는 야큐 혹은 필드볼이라 불렀는데, 영어를 그대로 음차하여 베스보루라고 하기도 했다.

* 라틴아메리카도 마찬가지였다. 118-119쪽 참조

1920년 최초의 프로야구단인 일본운동협회가 창설되자 일본야구는 커다란 진전을 이룬다.

같은 해 허브 헌터가 팀을 이끌고 일본순회경기를 가졌고, 1922년과 31년에도 재방문했는데, 특히 1931년에는 미키 코크런과 루 게릭, 그리고 레프티 그로브 등 쟁쟁한 선수들도 포함되었다.

흑인구단 역시 1920-30년대에 걸쳐 일본 순회경기를 갖는데, 제임스 보너의 경우 훗날 다저스를 통해 데뷔한 재키 로빈슨보다 10여 년 앞서 일본 프로야구에서 활약했다.

1931년 로스앤젤레스 닛폰스라는 일본계 미국인으로 구성된 야구단이 순회경기를 가지기도 했다.

1936년 일본야구 리그가 결성되었고, 1934년 코니 맥의 순회구단과 맞붙은 올스타팀 대일본동경야구단을 모체로 동경거인군(東京巨人軍, 현 요미우리 자이언츠)이 창설되어 곧 최강자로 떠올랐다.

이후 일본정부는 일본문화에 미국의 정신을 주입한다는 이유로 리그 해체를 결정했다.

하지만 전후(戰後)시기까지 베스보루라고 부르지만 못했지, 일본인들은 야구를 계속했다.

1934년 17세의 나이로 코니 맥의 올스타팀에 맞섰던 투수 사와무라 에이지는 단연 돋보였다. 그는 베이브 루스와 루 게릭, 지미 폭스, 그리고 찰리 게링거 모두에게 삼진을 기록했는데, 맥은 그 자리에서 그와 계약을 추진했다.

맥의 제안을 거절한 사와무라는 동경거인군에서 최고의 인기를 누렸고, 2차대전에 참전하여 1944년 전사했다.

일본 야구계에서는 매년 리그 최고투수에게 사와무라상을 수여하고 있다.

1934년 미일 관계가 여전히 우호적일 당시 코니 맥은 메이저리그 주축 선수들(모 버그에 대해서는 87쪽 참조)을 이끌고 일본의 대도시를 순회했다.

베이브 루스는 물론 어디를 가나 최고 인기였다.

야구황제

1920년대 침체기 중 조지 허먼 루스 주니어가 야구 발전에 끼친 영향을 말하자면 입만 아프다. 블랙삭스 스캔들로 추락을 거듭하던 야구의 인기는 베이브 루스 덕에 금세 회복했다. 그는 경기를 어떻게 하고 즐기는지에 대해 완전히 새 판을 짜다시피 했다.

"베이브 루스 덕분에 홈런이 각광을 받았고, 타자들은 얼마나 자주 때려 느냐가 아닌 얼마나 멀리 보내느냐에 대해 고민하게 되었다."[79]

음식과 술, 여자, 그리고 야구 등에 대한 욕구가 엄청났던 그는 모든 면에서 전설이었다. 1920년대의 광기와 열정, 경박함을 대표하는 첫 양키스 왕조의 대표적인 문화영웅이었고, 그 누구보다 월등히 위대했다.

그는 기록 자체로도 대단했지만 그에 관한 전설은 흥미있는 이야깃거리였고, 그중 최고봉은 예고홈런이었다.

1932년 월드시리즈 당시 컵스 벤치의 야유에 화가 치민 루스는 배트에 이어 손가락으로 중견수 방면을 가리켰다. 그리고 공을 받아쳐 리글리 필드에서 불가능할 정도의 어마어마한 거리를 날려보냈다. 이것이 그의 월드시리즈 마지막 홈런이었고, 최고의 전설로 남았다.

예고 홈런 일화의 진위 여부는 의견이 분분하다. 컵스는 그런 일은 없었다고 밝혔지만 대법관 출신의 존 폴 스티븐스를 포함한 당시 경기를 관람했던 사람들은 사실임을 주장했다. 어쨌든 그 이야기는 이미 사람들에게 깊이 각인되었다.

이런 분위기를 틈타 당시 리글리 필드 도로 건너편의 커티스 캔디 사(社)에서는 베이브 루스 바의 옥상광고판[80]을 설치했다. 그 광고판은 월드시리즈와 지독히도 인연이 없던 일부 컵스 팬들에게 불쾌감을 주었고, 결국 1970년대에 철거했다.

1935년 은퇴한 루스는 감독직을 맡기 위해 노력했지만 어느 구단도 눈길을 주지 않았다. 자신도 제어하지 못하는 이에게 선수들을 맡길 수는 없다는 이유였다. 이런 주장은 꽤나 신빙성이 있는 것이 루스는 평소 무절제한 생활로 악명이 높았기 때문이다.

콥은 야구를 배우는 학생들이면 몰라도 사람들에게 환영받기 힘들겠지만 루스는 모두가 좋아한다.

2차대전 기간 동안 루스는 군 지원행사에 빠짐 없이 참가했고, 지속적으로 감독직에 대한 열망을 품고 있었다. 1946년, 암에 걸리자 그의 육체와 열정은 쇠약해져갔다. 1923년 당시 선수들 일부와 양키 스타디움에 마지막으로 모습을 보인 그는 1948년 생을 마감했다.

로저스 혼스비

1922년 타율 0.401에 42개 홈런을 기록한 로저스 혼스비는 1924년 시즌 0.424의 타율로 정점에 올라 야구의 러시모어산에 얼굴을 새겼다.[81] 이제껏 그 누구도 달성하지 못한 대기록이었다. '라자'[82]라는 별명이 나타내듯 그는 황제(자존심이 대단했다.)다운 경기를 펼쳤는데, 1921-25년간 평균 0.402의 타율로 역대 야구 역사상 최고의 5년 중 하나로 기록되었다. 이러한 꾸준하고도 엄청난 기록에 가장 근접한 것으로는 1909-13년 시즌 타이 콥의 타율 0.396이었다. 혼스비는 통산타율 0.358를 기록하며 타이 콥에 이어 2위에 올라 있다.

혼스비는 자신이 특출나다는 것을 알고 있었고 굳이 겸손도 떨지 않아 호감형은 아니었다. 하지만 독보적인 재능으로 동료 선수들은 물론 심판들에게까지 존경을 받았다.

자네가 던진 공이 스트라이크라면 혼스비가 말해줬을 거야.[83]

1950년대 중반 라자와 미스터컵[84]

1940-50년대에 걸쳐 수많은 젊은 타자들의 멘토 역할은 물론 당대 최고의 거포들과 의견을 교환하기도 했다.

현대야구(베이브 루스의 홈런기록을 경신한 로저 매리스에 대한 그의 평가는 122쪽 참조)를 그리 인정하지 않았던 혼스비는 1963년 자신의 대기록과 괴팍한 성격을 온전히 유지한 채 눈을 감았다.

명예의 전당 건립은 야구판에 역사의식을 심어주었다. 그리고 미국문화 내에 예전보다 더욱 광범위하고 깊이 자리잡게 되었는데, 바로 방송매체의 출현 때문이었다.

1938년이 되자 모든 메이저리그 구단이 라디오 방송국과 계약을 맺었다. 야구중계가 매주 전국망 방송일정에 추가되었다.

이제 야구장을 찾지 못한 사람들도 경기를 접할 수가 있었다.

순회경기가 자리를 잃어가는 대신 라디오중계가 그 역할을 이어받아 장소나 거리와 무관하게 야구팬을 만들어냈다.

야구는 방송계에서 한 자리를 차지하기 시작했다. 산업의 중심지인 뉴욕에는 한창 왕조를 건설 중이던 막강 양키스가 있었고, 시민 대부분이 양키스의 열혈팬이기 때문이었다.

싫든 좋든 양키스는 전국구 팀이 되어갔다.

1939년의 양키스는 1927년의 양키스와 1909년의 파이러츠와 함께 역대 최강으로 손꼽힌다.

1927년의 경우 유명 선수들이 빠졌음에도 불구하고 양키스는 모든 자리에서 탄탄한 전력을 자랑했다.

브롱스의 폭격기들*은 시즌 106승을 올리며 월드시리즈에 진출하여 신시내티 레즈를 격파하고 4년 연속 월드시리즈 우승을 차지했다.(레즈는 이듬해 월드시리즈에서 재도전 끝에 우승을 차지한다.)

* 이 별명은 1936년 《뉴욕 월드-텔레그램》[85] 기자 대니얼 M. 대니얼스가 만들어낸 것으로, 당시 권투 헤비급 챔피언인 조 루이스[86]의 별명 '갈색 폭격기'에서 따온 말이다.

야구중계 역사에 있어 또 하나의 기념비적인 일로 1939년 8월 26일, 메이저리그 사상 최초로 레즈와 다저스 간의 경기가 텔레비전을 통해 중계방송되었다.

그리고 1주 후 히틀러가 폴란드를 침공하면서 유럽대륙은 2차대전의 소용돌이에 빠져든다.

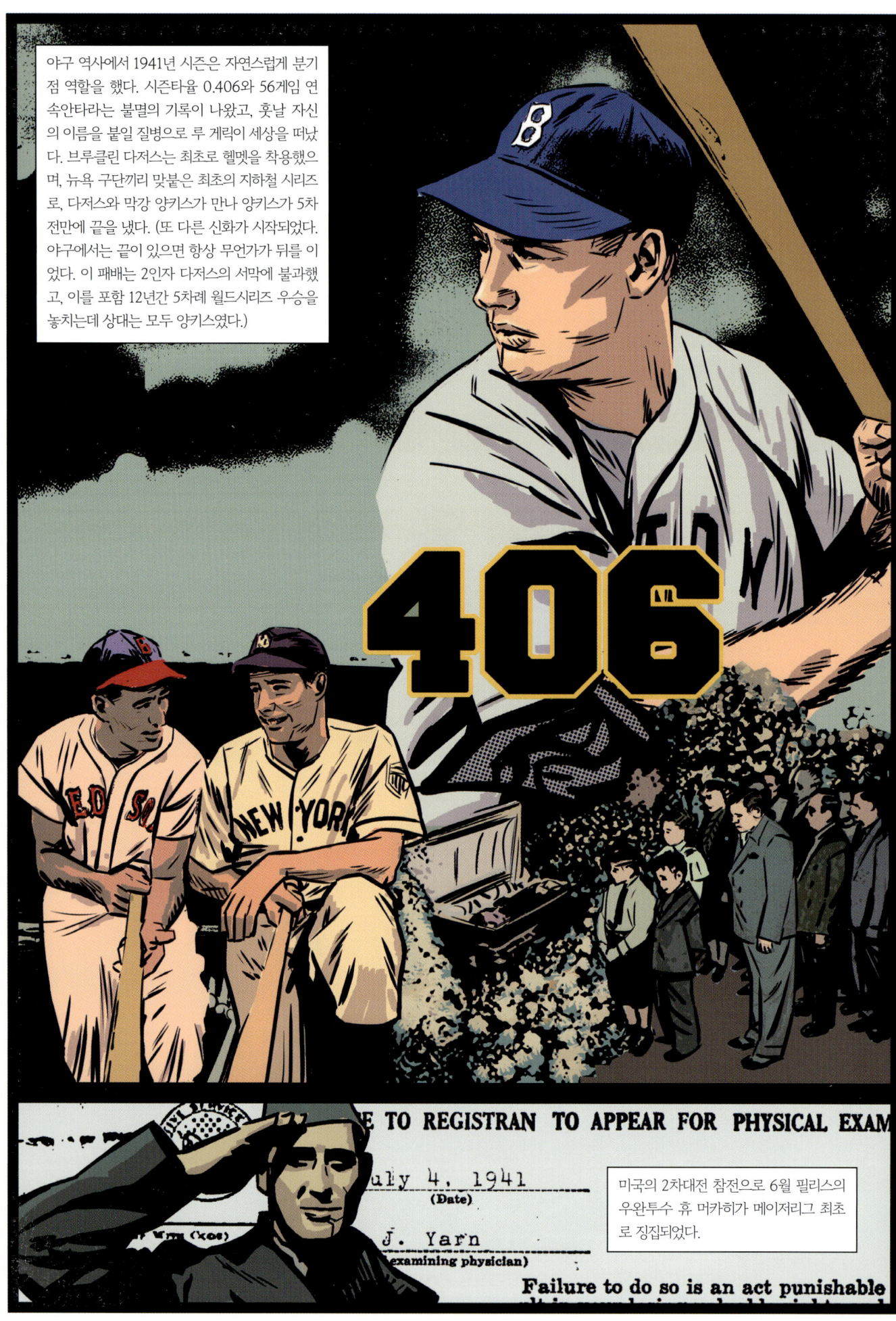

야구 역사에서 1941년 시즌은 자연스럽게 분기점 역할을 했다. 시즌타율 0.406과 56게임 연속안타라는 불멸의 기록이 나왔고, 훗날 자신의 이름을 붙일 질병으로 루 게릭이 세상을 떠났다. 브루클린 다저스는 최초로 헬멧을 착용했으며, 뉴욕 구단끼리 맞붙은 최초의 지하철 시리즈로, 다저스와 막강 양키스가 만나 양키스가 5차전만에 끝을 냈다. (또 다른 신화가 시작되었다. 야구에서는 끝이 있으면 항상 무언가가 뒤를 이었다. 이 패배는 2인자 다저스의 서막에 불과했고, 이를 포함 12년간 5차례 월드시리즈 우승을 놓치는데 상대는 모두 양키스였다.)

미국의 2차대전 참전으로 6월 필리스의 우완투수 휴 머카히가 메이저리그 최초로 징집되었다.

기록이라 할 수 없다. 누구도 깨지 못할 테니까 : 4할 6리

1941년 시즌 마지막 날, 테드 윌리엄스의 타율은 0.3995였다. 즉, 반올림한 4할이었다. 윌리엄스는 그의 기록을 유지하고자 벤치에 앉는 것을 거부하고 더블헤더로 치러진 경기에서 별명인 '화려한 파편(The Splendid Splinter)'[88]에 걸맞게 8타수 6안타를 기록하며 0.406으로 시즌을 마감했다. 1930년 빌 테리[89] 이후 첫 4할 기록이었다.

이 기록은 아직도 깨지지 않고 있다.

나는 누구가 빨리 4할을 쳐주었으면 한다. 그래야 사람들이 그 친구에게 마지막으로 4할을 기록한 사람이 누구인지 질리도록 질문을 해댈 것 아닌가.

1941년 이후 타율 상위 10명

샌디에이고의 토니 그윈 시니어(1994) 0.394, 캔자스시티의 조지 브렛(1980) 0.390, 보스턴의 테드 윌리엄스(1957) 0.388, 미네소타의 로드 캐루(1977) 0.388, 콜로라도의 래리 워커(1999) 0.379, 세인트루이스의 스탠 뮤지얼(1948) 0.376, 샌디에이고의 토니 그윈 시니어(1997) 0.372, 보스턴의 노마 가르시아파라(2000) 0.372, 콜로라도의 토드 헬턴(2000) 0.372, 시애틀의 스즈키 이치로(2004) 0.372

불멸의 기록 : 56

야구 역사상 사이 영의 511승 외에 1941년 5-7월간 이어진 조 디마지오의 56경기 연속안타[90]보다 위대한 기록은 없다. 그의 업적을 잘 표현한 양키스의 명물[91]로 불린 디마지오는 사실 연속안타가 처음이 아니었다. 1933년 마이너리그에서는 61경기를 기록하기도 했다. 당시 메이저리그의 기록은 1897년 위 윌리 킬러[92]의 44경기였고, 디마지오 이후로는 1978년 피트 로즈[93]가 44경기를 기록하며 두 기록이 디마지오를 사이에 두고 대칭을 이루고 있다.

56경기 연속안타 기록은 아마 모든 스포츠 역사상 가장 중요한 업적이 아닌가 한다.

이 놀라운 연속안타 기록으로 디마지오는 시즌타율 0.406의 테드 윌리엄스를 누르고 MVP에 선정되었다.(아마 까칠한 성격의 윌리엄스가 기자들과 불편한 관계였다는 사실이 영향을 끼쳤을 것이다.)

매릴린 먼로와의 결별도 연속안타 기록에 더해 탁월한 능력을 겸비한 그의 명성에 영향을 끼치지는 못했다.

매릴린 먼로와의 결혼생활은 짧았지만 기록은 영원할 것이다.

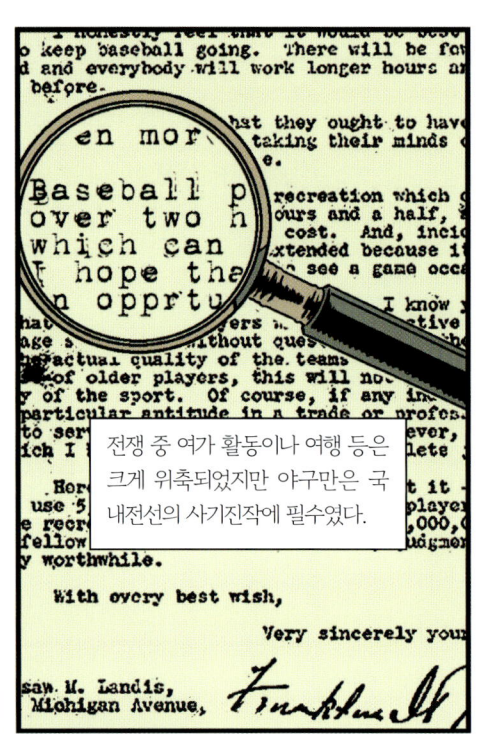

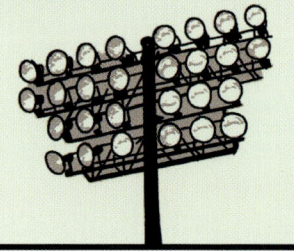

야간경기

사실 야간경기는 1930년대 순회경기를 펼치던 마이너리그와 니그로리그의 선구자들이 이미 시도한 적이 있다. 캔자스시티 모나크스와 다윗의 장막 등을 포함한 열정적인 개척가 구단주들은 순회 중 야간경기를 치름으로써 더욱 많은 경기를 소화할 수 있으며—종종 자체 청백전도 수행하고— 더 많은 입장수익을 거둬들일 수 있다는 사실을 깨달았다. 초기 조명시설은 현재와 차이가 컸다. 휴대용 전등을 발전기로 가동하여 사실 경기하기에 그리 만족할 만한 수준은 아니었다.

메이저리그 구단주들은 마이너리그에서 가능성을 보이기 전까지 야간경기에 대해 보수적이었다. 1948년 들어 모든 경기장(리글리 필드 제외)이 조명시설을 설치했다. 리글리 필드는 1988년이 되어서야 첫 야간경기를 치렀다.

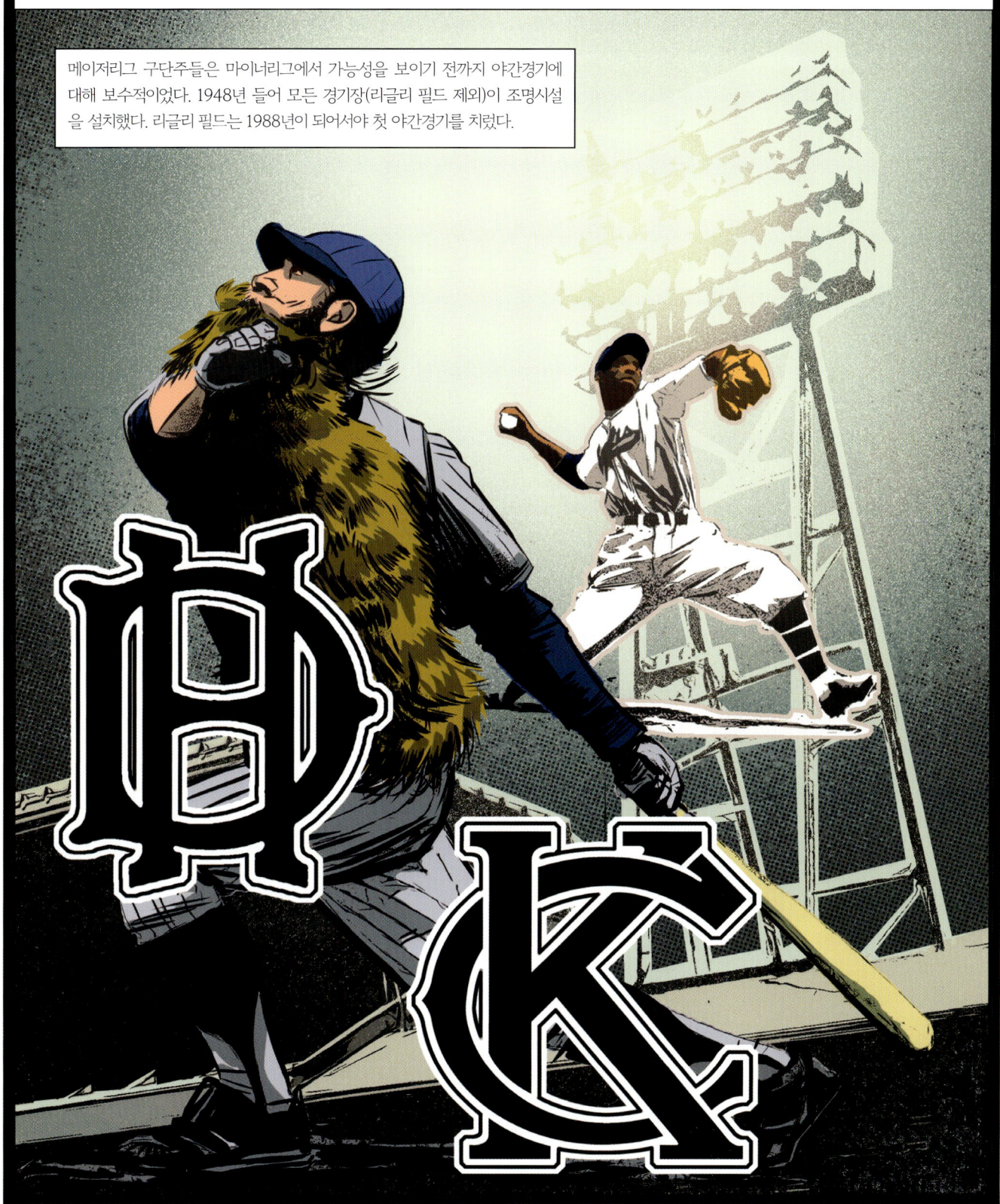

모 버그

1942년 지미 두리틀 특공대[95]의 도쿄공습은 미국인들의 사기를 크게 진작시켰다.

그 성공의 배경에는 1934년 일본순회경기 중 레드삭스 포수 모리스 J. 버그의 도쿄 지역 촬영본이 있었다. 그는 10여 개국의 외국어를 구사할 수 있었지만 그것이 타율에 도움은 주지 못했다. 버그는 귀국 후 촬영필름이 전략적인 도움이 되기를 바라는 마음에 정부기관에 제출했다.

(음모설 신봉자들은 애초에 정부가 촬영목적으로 그를 파견했다고 믿을 것이다. 제정신을 가진 사람이 그를 순회 올스타팀에 뽑았겠는가?)[96]

전쟁 중 버그는 OSS(현재의 CIA)에 합류하여 수많은 기밀작전을 수행했다. 그중 최고의 임무는 1943년 물리학자 베르너 하이젠베르크(불확정성의 원리라고 들어본 적이 있으리라.)의 발표회였다. 권총과 자살용 알약을 소지한 채, 하이젠베르크의 발표내용에서 나치독일이 원자탄 개발에 근접했다고 판단되면 그를 제거하도록 지시받았다. 어느 정도 토론이 이어진 뒤—버그는 발표회 안내장 여백에 불확정성의 원리에 대한 농담을 끄적였다.—는 하이젠베르크를 살려두기로 결정했고, 나치는 원자탄 개발에 실패했다.

그는 1950년대 정보국에서 은퇴한 후 더 이상 직업을 갖지 않았다. 들리는 바로는 1972년 어느 날 당일 메츠의 경기결과를 물어본 것을 끝으로 숨을 거두었다고 한다.

전쟁 중 카디널스는 최고의 구단이었다. 1942-44년간 3년 연속 월드시리즈에 올랐다.

카디널스는 신예 스탠 뮤지얼[97]를 앞세워 43년은 양키스에게 패했으나 42년과 44년 우승을 차지했다.

1944년은 세인트루이스끼리 맞붙은 유일한 월드시리즈였다. 시리즈에서 패한 브라운스는 1953년 볼티모어로 이전했다.

전쟁은 여타의 미국문화처럼 야구에서 새로운 볼거리를 창조해냈다. 1943년 컵스 구단주 필립 K. 리글리는 전미여자 프로야구 리그(AAGPBL)를 발족시켰다.

명백히 홍보성 이벤트였던 이 리그는 여성들이 서서히 미국 사회의 일원으로 편입되고 있음을 보여주었다.

아니, 폭탄도 만드는 마당에 야구인들 못하겠는가?

이 리그는 중서부 지역 소도시들을 중심으로 50년대까지 존속했다. 회의적이었던 많은 이들이 선수들의 경기력에 깊은 인상을 받았다.

유격수였던 도티 슈로더는 리그가 이어진 12년간 유일하게 활약했다.

"저 여자가 사내놈이었다면 뉴딜 달러도 아깝지 않을거야.*"

* 이런 일은 벌어지지 않았고, 대신 적어도 3명의 여자 선수가 니그로리그에서 뛰었다고 알려진다. 111쪽 참조.

1945년 시즌이 시작될 무렵에는 세인트루이스 브라운스가 피트 그레이[100]라는 외팔이 선수를 외야수로 기용할 정도로 선수부족이 심각했다.[101]

1945년 5월 독일의 항복 후 일본이 8월까지 버티자 미국은 히로시마와 나가사키에 원자탄을 투하했다.

1주 후 전쟁이 끝났다.

일본항복에 대한 여운이 가실 무렵, 갓 제대한 행크 그린버그의 디트로이트 타이거스는 월드시리즈에서 1935년에 이어 다시 만난 시카고 컵스를 7차전 접전 끝에 물리쳤다. 4차전 후 염소에 각별했던 시카고의 빌리 시애니스가 악명 높은 저주를 퍼부었다.(31쪽 참조)

이후 2016년까지 다시는 리글리 필드에서 월드시리즈를 볼 수 없었다.

전후(戰後) 유럽에서는 필리스 소속이었던 투수 샘 나헴[102]이 1945년 유럽전선 월드시리즈에 참가할 팀을 조직했다. 상대는 조지 패튼 장군이 이끄는 제3군 소속팀인 막강 레드 서클스였다.

레드 서클스에는 카디널스의 해리 '더 햇' 워커와 신시내티의 유얼 블랙웰[103] 등 몇몇 메이저 출신 선수들이 포진해 있었다.

그들에 대항하는 나헴에는 니그로리그의 유명 선수 리언 데이와 윌러드 브라운[104]을 영입하기 전까지 그저 그런 마이너리그 출신 선수들이 있을 뿐이었다.

나헴 선수들은 레드 서클스를 3승 2패로 물리쳤는데, 데이는 2차전에서 승리투수가 되었고, 5차전에서는 동점타를 터뜨렸다.

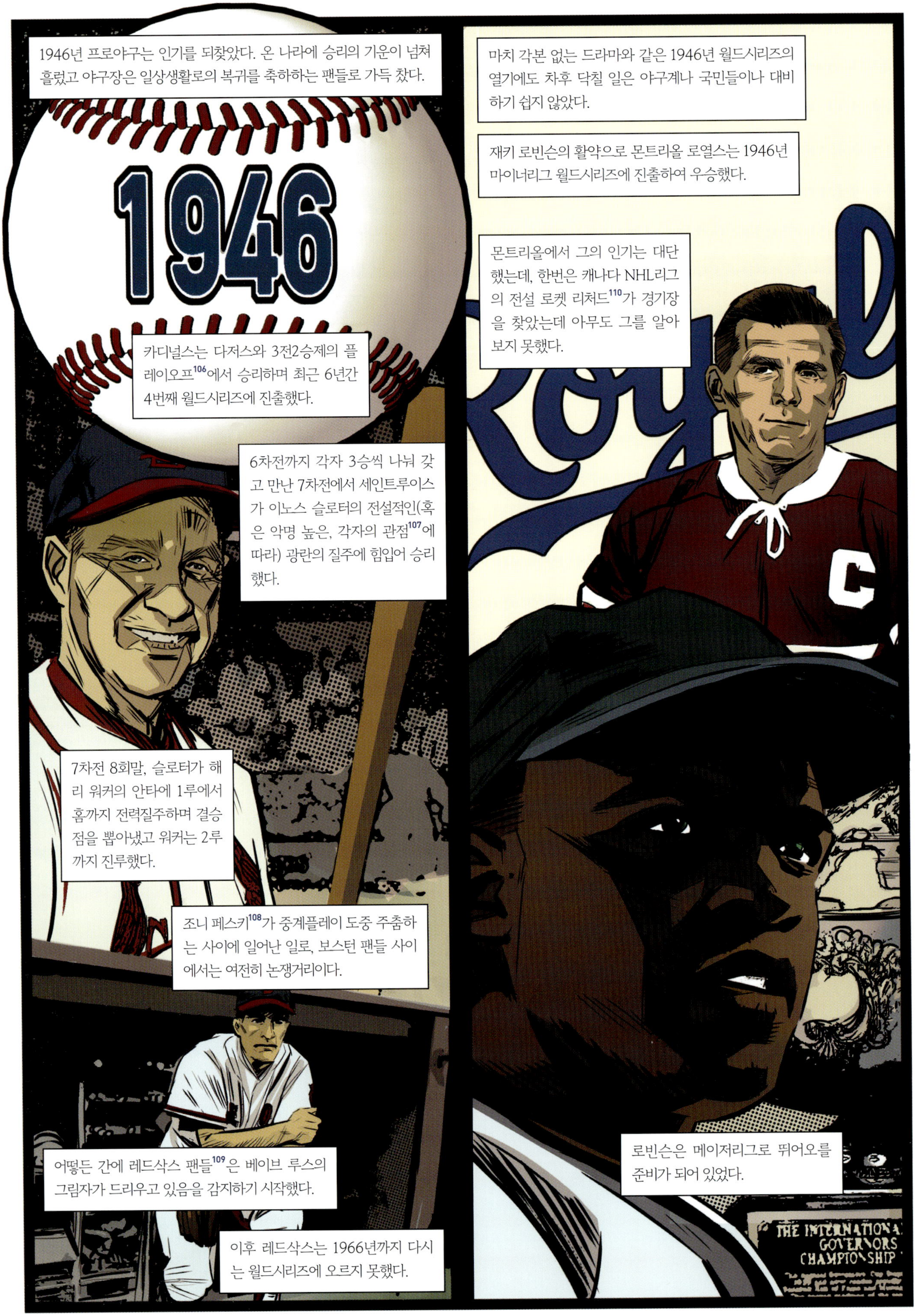

1946년 프로야구는 인기를 되찾았다. 온 나라에 승리의 기운이 넘쳐 흘렀고 야구장은 일상생활로의 복귀를 축하하는 팬들로 가득 찼다.

1946

카디널스는 다저스와 3전2승제의 플레이오프[106]에서 승리하며 최근 6년간 4번째 월드시리즈에 진출했다.

6차전까지 각자 3승씩 나눠 갖고 만난 7차전에서 세인트루이스가 이노스 슬로터의 전설적인(혹은 악명 높은, 각자의 관점[107]에 따라) 광란의 질주에 힘입어 승리했다.

7차전 8회말, 슬로터가 해리 워커의 안타에 1루에서 홈까지 전력질주하며 결승점을 뽑아냈고 워커는 2루까지 진루했다.

조니 페스키[108]가 중계플레이 도중 주춤하는 사이에 일어난 일로, 보스턴 팬들 사이에서는 여전히 논쟁거리이다.

어떻든 간에 레드삭스 팬들[109]은 베이브 루스의 그림자가 드리우고 있음을 감지하기 시작했다.

이후 레드삭스는 1966년까지 다시는 월드시리즈에 오르지 못했다.

마치 각본 없는 드라마와 같은 1946년 월드시리즈의 열기에도 차후 닥칠 일은 야구계나 국민들이나 대비하기 쉽지 않았다.

재키 로빈슨의 활약으로 몬트리올 로열스는 1946년 마이너리그 월드시리즈에 진출하여 우승했다.

몬트리올에서 그의 인기는 대단했는데, 한번은 캐나다 NHL리그의 전설 로켓 리처드[110]가 경기장을 찾았는데 아무도 그를 알아보지 못했다.

로빈슨은 메이저리그로 뛰어오를 준비가 되어 있었다.

야구의 테디[111]

테드 윌리엄스의 눈이 얼마나 좋은지 홈플레이트에 들어오는 공의 실밥도 셀 수 있다는 소문이 돌 정도였다. 공부하는 선수였던 윌리엄스는 마이너리그에 있는 동안 예전에 명성을 날린 타자들을 찾아내어 그중 4할을 기록한 휴 더피[112]와 로저스 혼스비, 빌 테리[113], 그리고 타이 콥 등에게 조언을 구했으며, 콥과는 논쟁을 벌일 만큼 자신감이 충만했다. 이런 과정이 윌리엄스에게 큰 자양분이 되었고, 그 결과 메이저리그 3년차였던 1941년 0.406이라는 불멸의 기록을 남기게 된다.

이듬해 타격 3관왕에 오른 그는 2차대전 중 3년간 전투기 조종사로 근무한 뒤 한국전쟁 때는 훗날 우주비행사이자 상원의원을 역임한 존 글렌의 윙맨[114]으로 수차례 출격하기도 했다. 이로서 그는 야구 인생에서 5년간의 군복무로 공백기를 가진다.

1946년 레드삭스에 복귀한 뒤 팀을 월드시리즈에 올려놓으며, 아메리칸리그 MVP를 차지했다. 1947년 또다시 타격 3관왕을 기록했는데, 2차례의 타격 3관왕은 로저스 혼스비와 함께 역사상 단 2명에 불과하다.

어마어마한 기록을 남긴 야구 1세대 이후로 한정하면 아마 가장 완벽한 타자가 아닐까 싶다. 윌리엄스가 전성기 시절을 군에서 보내지만 않았어도 600홈런과 2천 타점은 가뿐하게 넘겼을 것이다. 그는 1960년 마지막 타석에서 홈런을 기록하고도 관중들의 환호에 답하지 않았다.[115] 이를 두고 작가 존 업다이크는 '신은 편지에 답하지 않는다.'라는 유명한 경구(警句)를 남겼다.

저는 언젠가 니그로리그의 위대한 상징과도 같은 사첼 페이지와 조시 깁슨이 명예의 전당에 헌액될 것을 기대하고 있습니다. 그들이 이곳에 없는 것은 단지 기회를 얻지 못했기 때문입니다.

은퇴 후 잠시 워싱턴 세네터스 감독을 역임했지만 오로지 최고만을 추구하는 그를 선수들이 따라오지 못하자 이에 대한 불만으로 감독직에서 물러났다. 1960년대에는 예전 니그로리그 선수들의 명예의 전당 입성을 지지하였고, 이러한 노력에 힘입어 예상보다 빨리 니그로리그 선수들이 헌액될 수 있었다.

당신을 위하여, 로빈슨[116]

1947년 4월 15일, 브루클린 다저스의 재키 로빈슨이 경기장 안으로 뛰어들어온 순간부터 야구계의 '비공식적인' 인종차별정책은 사라졌다.

로빈슨은 니그로리그에서 최고 수준의, 혹은 인기가 있던 선수가 아니었다. 심지어 초기에는 브랜치 리키의 관심도 끌지 못했다. 하지만 리키는 그의 용기에 주목했다.

군복무 시절의 일화가 이를 보여주는데, 1944년 기갑장교로 훈련받던 중 버스 뒷자리에 앉으라는 지시를 거부하며 군법회의에 회부되었던 것이다.

이로써 그의 군경력은 끝났다. 하지만 리키는 이런 용기 덕에 야구판의 극심한 인종차별 속에서 살아남을 수 있을 것이라 보았다.

리키는 몬트리올 로열스 입단계약 전 로빈슨을 만난 자리에서 강조했다.

"절대 맞서지 않는 흑인 선수가 되라는 말씀이시죠?"

"나는 맞대응하지 않는 배짱 두둑한 선수를 원하네."

로빈슨은 메이저리그 사상 최초의 아프리카계 미국인으로서 특별한 책임이 있다는 것을 인식하고 그 제안을 받아들였다.

스프링 캠프 동안 다저스의 몇몇 선수들이 로빈슨 영입에 반대하여 진정서를 제출하는 사건이 발생하자 분노한 더로셔 감독이 해결에 나섰다.

"그 친구가 노랗든 시커멓든 아니면 씨발 얼룩말처럼 줄무늬가 있든 나는 상관 안 해! 이 팀의 감독으로서 분명히 말하는데, 그는 우리와 함께 뛴다."

주동자 격인 딕시 워커[117]는 시즌 후 방출되었다.

다른 선수들은 로빈슨에게 힘이 되었는데, 특히 에디 스탠키와 주장인 피위 리스 등이 그랬다.

"기왕이면 반격할 수 있는 놈을 건드려 보지 그래. 너희들은 그저 비열한 검쟁이들일 뿐이야."

시즌 초반, 경기 도중 덕아웃에 있던 필리스 감독 벤 채프먼이 인종차별적인 독설을 퍼부어대자 스탠키가 필리스 선수단 전원에 대고 일갈했다.

리즈는 1947년 신시내티와의 경기에서 로빈슨의 어깨에 팔을 걸치고 그라운드를 가로질렀다.*

* 혹은 1948년 보스턴에서 의견이 갈린다.

유대인 천재 거포

유대계 최초의 미국 스포츠스타로, 뉴욕 브롱크스 출신인 행크 그린버그는 1933년 디트로이트 타이거스에서 자신을 루스와 게릭, 그리고 폭스와 같은 천재 거포의 반열에 올려놓았다. 이듬해에는 신년제나 속죄일[120]에 경기출전을 거부하는 논란이 있었지만 1909년 이후 처음으로 구단을 월드시리즈에 진출시켰다.

하지만 신년제에는 경기에 참여하기로 타협했다. 타이거스가 승리하자 《디트로이트 프리 프레스》[121]는 1면에 히브리 문자로 'Happy New Year'를 실으며 축하를 전했다.

1934년 월드시리즈에서 가스공장 녀석들인 카디널스에게 패했으나 이듬해 다시 올라 컵스와 맞붙었다. 그는 시즌 MVP에 오른 기세를 몰아 디트로이트에게 최초의 월드시리즈 우승을 안겼다.

그린버그는 항상 자신이 유대인을 대표한다는 점을 자각했다. 그리고 당시의 고정관념을 깨뜨리며 유대인도 힘과 운동신경이 있음을 입증한 것에 강한 자부심이 있었다. 1930년대 후반 메이저리그 마운드를 초토화시킨 그는 일본의 전쟁위협이 거세지자 1940년 시즌종료 후 군에 입대했다.

전쟁이 임박했지만 행크 그린버그만큼 본인의 의무에 적극적인 사람은 없었다. 평발 때문에 신체검사에서 불합격하자 징병 위원회를 설득하여 입대했다. 1941년 나이제한으로 제대했으나 곧 재입대[122]하여 1945년 초까지 복무했는데, 메이저리그에서 그보다 오랜 기간 복무한 선수는 없었다.

피츠버그 파이러츠를 마지막으로 선수생활을 마친 그는 신인이었던 재키 로빈슨을 격려했던 백인 선수 중 하나였다. 반유대주의적인 모욕을 경험했기에 재키 로빈슨의 상황을 이해할 수 있었다.

은퇴 후 클리블랜드 인디언스 단장으로 취임하여 아프리카계 미국인 선수 영입에 노력을 기울였고, 그 결과 인디언스는 아메리칸 리그 최초로 흑인 선수(래리 도비)를 보유했다. 경영자로서 그린버그의 최대 실수는 도비가 추천한 니그로리그 동료들과의 계약을 거절한 것인데, 어니 뱅크스와 윌리 메이스, 그리고 행크 에런이 그들이다. 3명 모두 명예의 전당에 헌액되었다.

1920년 영광의 월드시리즈 우승 이후 성적은 그다지 신통치 않았으나 1948년은 인디언스의 시즌이었다.

간판 선수는 1946년 월터 존슨의 삼진기록을 갈아치웠던 투수 밥 펠러였다.

또한 그는 흑인이라도 누구든 재능이 있다면 메이저리그에 들어올 수 있다고 주장한 몇 안 되는 선수였다.*

* 훗날 어조를 바꿔 1940년대 순회경기를 통해 더 많은 관중들이 니그로리그의 대표선수들을 접하게 했어야 했다고 언급했다.

7월 어느 날 레드삭스, 양키스 등과 힘겨운 순위경쟁을 치르던 인디언스의 선수 겸 감독 루 부드로가 구단주 빌 빅으로부터 연락을 받았다. '새로운' 투수를 한 명 시험해보면 어떨지 묻는 전화였다.

그리고 그 의문의 투수가 사첼 페이지라는 것도 알았다.

부드로는 회의적이었다. 어쨌든 그도 이제 42세이지 않은가. 하지만 이는 기우였음이 금세 드러났다.

부드로는 페이지가 던진 공 중 단 한 개만을 받아쳤다고 빅이 훗날 밝혔다.

빅은 그의 관중 동원력에, 그리고 부드로는 투구 능력에 주목했다.

"영입합시다. 충분히 가치가 있습니다."

데뷔 당일 페이지는 집에서 이동하는 내내 관중동원 기록을 세우며 뜨거운 관심을 받았다.

이날 6:1로 승리하며 인디언스의 우승에 일조했다.

인디언스는 믿기지 않은 행보를 보이며 급기야 월드시리즈에서 보스턴 브레이브스를 누르고 우승했다.

투수 스티브 그로멕[123]과 래리 도비가 환호하는 모습은 상징적인 장면이 되었는데, 훗날 도비가 밝혔듯 단지 '경기에 이겨서 기쁨에 겨웠던' 동료였을 뿐이었다.

흑인 선수를 영입한 구단이 월드시리즈에서 승리했다.

시리즈에서 페이지는 1이닝 동안 단 23개의 공을 던졌는데, 평생 이 사실을 언짢아했다.

가시밭길을 걷는 빅[124]

야구계에는 별의별 인물들이 많지만 윌리엄 벡만큼 엉뚱하고 특이한 구단주는 없을 것이다. 그의 첫 작품은 리글리 필드 외야 담벼락을 담쟁이넝쿨로 덮어버리는 것이었다. 2차대전 중 포의 반동으로 한쪽 다리를 잃은 그는 의족을 달 때 재떨이용 구멍을 내기도 했다.

> 만일 재키 로빈슨이 인종차별을 없애는 데 이상적인 인물이라면, 브루클린은 그에 걸맞는 곳이다. 하지만 클리블랜드는 잘 모르겠다.

벡은 몇 년간 구단주를 꿈꾸어왔고 메이저리그의 인종차별도 없애기를 원했다. 1946년 클리블랜드 인디언스를 인수하자 꿈을 이룰 기회가 왔다. 이듬해 래리 도비와 계약을 한 그는 이것이 위험한 결정임을 알고 있었다.

벡은 1949년 이혼자금 마련을 위해 인디언스를 매각했다. 그리고 1951년 세인트루이스 브라운스를 사들여 2년 후 되팔았다. 이후 화이트삭스를 2차례에 걸쳐 소유했다.

거장 멜빈

500홈런을 달성한 최초의 2인은 바로 멜 오트와 베이브 루스이다.

1947년은 의심의 여지 없이 재키 로빈슨의 해였다. 하지만 야구사상 위대한 거장 중 하나인 멜빈 토머스 오트가 은퇴한 해이기도 하다. 루이지애나주 그레트나 출신의 오트는 16세에 계약한 이후 단 한 번도 마이너리그로 떨어진 적이 없었다. 18세 생일 즈음 그는 자이언츠 주전 중견수가 되었다. 하지만 1945년 8월 1일 사상 2번째 500홈런을 기록하기 전까지 양키스와 다저스의 화려한 선수들에 가려 언론의 관심 밖에 있었다. 그의 힘의 비결은 의문이다. 신장 175센티미터에 체중은 77킬로그램에 불과했기 때문이다. 이에 대해 그는 항상 스윙의 차별점을 강조했는데, 스윙에 있어 발의 중요성을 강조한 선구자적 인물이다.

냉소적인 이들은 그의 홈런 기록을 폴로 그라운스 우측 담장의 짧은 거리가 한몫했다고 과소평가하는데, 이때마다 오트는 '그렇게 쉬웠다면 다른 타자들은 왜 치지 못했는가?'라며 응수했다.

그는 1955년 윌리 메이스가 경신하기 전까지 내셔널리그 유일의 500홈런 보유자였다.

뉴욕, 뉴욕

1948년 이후 월드시리즈의 중심은 또다시 뉴욕이었다. 놀랍게도 뉴욕의 독점시대는 20년간 이어졌다.

1947-56년간의 10년 중 7년을 뉴욕 구단끼리 맞붙었다. 특히 양키스는 1949-53년간 5년 연속으로 시리즈를 제패했는데, 그중 3차례 상대가 다저스였다.

1949-64년의 16년 중 무려 15년을 뉴욕 구단이 시리즈에 올랐다.

양키스는 위 기간 중 14번 올라 9번 우승했다.

이 시기는 시(市)의 규모와 언론의 영향력을 바탕으로 한 뉴욕 야구의 전성기였는데, 대중의 기억에 야구 역사상 가장 빛나는 시절이었다.

1951년은 특히 최고 황금기로 접어드는 시기였는데…

신인 미키 맨틀이 요기 베라와 필 리수토[127], 그리고 조 디마지오 등 쟁쟁한 선수들이 즐비한 양키스에 입단했다.

최고의 더블플레이를 선보이던 로빈슨과 리즈를 보유한 다저스는 겁 없는 포수 로이 캄파넬라와, 힘이 좋은 중견수 듀크 스나이더[128]를 영입했다.

어퍼 맨해튼 북부에서는 자이언츠의 노련한 중심 선수들인 에디 스탠키와 살 '더 바버' 매글리[129]가 이제 막 명예의 전당으로의 여정을 시작한 윌리 메이스와 몬티 어빈[130]을 키워주고 있었다.

키다리 전략가

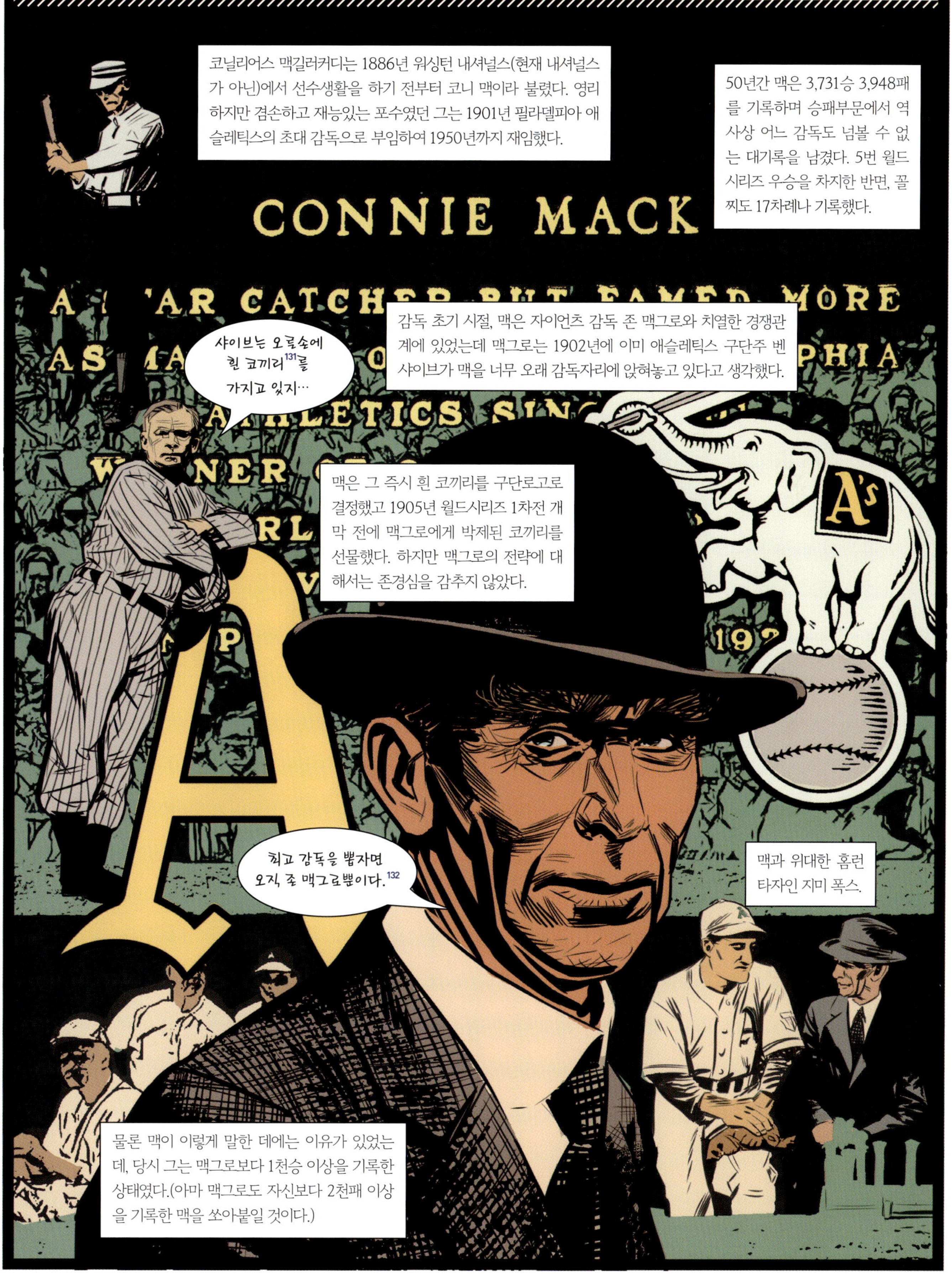

코닐리어스 맥길러커디는 1886년 워싱턴 내셔널스(현재 내셔널스가 아닌)에서 선수생활을 하기 전부터 코니 맥이라 불렸다. 영리하지만 겸손하고 재능있는 포수였던 그는 1901년 필라델피아 애슬레틱스의 초대 감독으로 부임하여 1950년까지 재임했다.

50년간 맥은 3,731승 3,948패를 기록하며 승패부문에서 역사상 어느 감독도 넘볼 수 없는 대기록을 남겼다. 5번 월드시리즈 우승을 차지한 반면, 꼴찌도 17차례나 기록했다.

감독 초기 시절, 맥은 자이언츠 감독 존 맥그로와 치열한 경쟁관계에 있었는데 맥그로는 1902년에 이미 애슬레틱스 구단주 벤 샤이브가 맥을 너무 오래 감독자리에 앉혀놓고 있다고 생각했다.

샤이브는 오롯속에 흰 코끼리[131]를 가지고 있지…

맥은 그 즉시 흰 코끼리를 구단로고로 결정했고 1905년 월드시리즈 1차전 개막 전에 맥그로에게 박제된 코끼리를 선물했다. 하지만 맥그로의 전략에 대해서는 존경심을 감추지 않았다.

최고 감독을 뽑자면 오직, 존 맥그로뿐이다.[132]

맥과 위대한 홈런 타자인 지미 폭스.

물론 맥이 이렇게 말한 데에는 이유가 있었는데, 당시 그는 맥그로보다 1천승 이상을 기록한 상태였다.(아마 맥그로도 자신보다 2천패 이상을 기록한 맥을 쏘아붙일 것이다.)

물론 뉴욕 외에도 훌륭한 선수들이 있었다.

1946-52년의 7년 간은 피츠버그 랠프 카이너[133]의 시대였다.

이 기간 동안 카이너는 연속으로 홈런 수위타자를 기록했는데(3년은 공동-), 베이브 루스도 6년이 최고였다.

또한 파이러츠의 공동소유주인 빙 크로스비[134] 덕에 카이너는 여러 볼거리들을 선사했다.[135]

척추손상과 브랜치 리키와의 불화로 선수생활은 짧았지만 랠프 카이너는 힘이 있는 타자였다.

은퇴 후 그는 신생구단 뉴욕 메츠의 방송해설자가 되어 53년간 활동했다.

한편, 야구와 유명 선수가 잘못 엮이면 비극적인 결과를 내기도 한다.

1949년 루스 앤 슈타인헤이근이라는 컵스의 한 열혈팬이 예전 컵스 선수인 에디 웨잇커스[136]에 대한 집착으로 고교동창의 이름을 도용하여 그를 호텔로 꾀어냈다.

웨잇커스가 호텔방에 도착하자 슈타인헤이근의 총이 불을 뿜었다.

1941-56년간 양키스와 다저스는 7번이나 월드시리즈에서 맞붙었다.

그중 양키스가 6번을 이겼다.

이것이 다저스가 '머저리들'이라 불리게 된 이유 중 하나이다.

다저스는 브루클린 노동자 계층의 심장이자 영혼인 반면, 양키스는 브로드웨이를 대표하는 구단이다(비록 연고는 브롱스[139]지만).

다저스와 마찬가지로 자이언츠 역시 1951년 윌리 메이스라는 엄청난 신인 중견수를 영입했음에도 양키스의 명성에 가려져 있었다.

뉴욕은 물론 2개 구단을 연고로 하던 여타의 도시들도 조금씩 번잡해지기 시작했다.

동시에 점차 많은 사람들이 혼잡해진 동부해안의 구(舊)도시들로부터 빠져나갔다. 텍사스, 플로리다, 캘리포니아 등이 인기였는데, 이 지역 사람들은 야구에 목말라 했고, 라디오로만 접할 수밖에 없었다.

야구가 황금기인지 여부를 떠나 라디오방송은 전성기임이 확실했다. 야구해설 부문에서 위대한 세대가 출현하여 특색있는 해설이 전국적으로 유행을 탔다.

"대단하지 않습니까?[140]"

"다저스 경기시간입니다![141]"

"공이 뻗어갑니다… 갑니다… 넘어갔습니다![142]"

"마치 길가에 서 있는 집처럼 서서 지켜만 보고 있습니다.[143]"

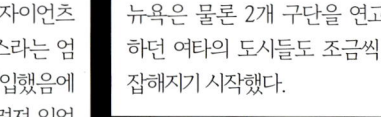

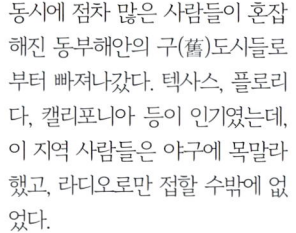

메이저리그에서 인종차별이 사라지자 역설적이게도 아프리카계 미국인 선수들의 수가 감소했다. 많은 구단들이 흑인 선수는 1-2명이면 족하다고 생각했기 때문인데, 니그로리그에서 유명세를 떨친 흑인코치와 스카우터를 고용한 구단은 소수에 불과했다.

니그로리그 또한 문제가 심각하여 50년대 초반에는 겨우 몇 개 구단만이 남아 있었다.

메이저리그 구단들은 거의 매번 보상도 없이 선수들을 빼내왔다.
한때 번성했던 니그로리그는 이제 껍데기만 남았다.

노(老)교수[144] : 케이시 스텡글

왼손잡이용 도구를 구하지 못해 치과의사의 길을 접은 찰스 딜런 스텡글은 고향인 캔자스시티의 앞글자를 따온 'K.C'에서 '케이시'라는 별명을 얻었다. 괜찮은 선수였던 그는 1949년 양키스에 부임하기 전까지 다저스와 브레이브스에서 그저 그런 감독 생활을 했다.

이곳은 지금껏 맡은 그 어떤 구단보다 잘 맞는다.

스텡글이 활약할 당시 그는 꽤나 독특했다. 감독 생활 중에도 독특한 언행을 감추기보다 오히려 자주 내비쳤다. 그는 매 경기 상대투수에 따라 다른 선수를 기용하는, 예전에 잠시 시도되었던 플래툰시스템을 재도입했다. 또한 한두 타자만을 상대하고 내려가는 중간계투 보직을 창안했다.

그렇게 주전을 자주 바꾸고 감으로 전략을 짜면서도 성공한 감독을 이제껏 본 적이 없다.[145]

숱한 명언들을 남기며 그는 기자들로부터 '스텡글식(式)'으로 불렸다. 모두가 그를 좋아한 것은 아니었는데, 특히 조 디마지오와 미키 맨틀이 그랬다.

야구계에 그렇게 오래 있었지만 예전에 알지 못했던 때하는 법을 새로이 알게 된다.

그는 5년 연속 월드시리즈 우승을 포함하여 도합 7번이나 우승했지만 막강한 양키스 선수들 덕에 그 공을 인정받지 못했다. 1960년 월드시리즈[146]를 마치고 양키스에서 해고당하여 2년 뒤 신생구단인 뉴욕 메츠의 감독으로 부임했지만 첫 시즌에 120패[147]를 기록했다.

1965년 은퇴한 스텡글은 이듬해 명예의 전당에 헌액되었고, 75년 사망할 때까지 기자들에게 인기를 얻었다.

1953년 보스턴 브레이브스가 밀워키로 이전했다. 1903년[148] 이후 최초의 연고지 이전이었다.

이듬해 세인트루이스 브라운스가 볼티모어로 이전하며 두 번째 볼티모어 오리올스가 탄생했다.

경기 외적으로는 논의를 거쳐 야구에 대한 알렉산더 카트라이트의 공헌을 인정하고, 더블데이의 신화가 사실이 아님을 공식화했다.

1955년 필라델피아 애슬레틱스가 캔자스시티[149]로 이전했다.

3년 사이에 3번의 연고지 이전이 있었다. 한 도시에 2개 구단이 있는 경우 독점사용할 수 있는 도시를 물색하고 있었다.

밀워키와 볼티모어, 그리고 캔자스시티에도 팬들이 생겼다.

뉴욕팬들은 불안해지기 시작했다.

양키스의 도시나 다름 없는 상황에서(다른 요인들은 차차 살펴볼 것이다.) 나머지 2개 구단은 브롱크스로부터 드리워진 기나긴 그림자를 벗어날 지역을 찾고 있었다.

1954년은 스포츠 방송(이 시기를 야구의 황금기로 만드는 데 크게 일조했다.)의 분수령이었다. 8월에는 브레이브스의 3루수 에디 매슈스를 표지모델로 《스포츠 일러스트레이티드》가 창간되었다.

매슈스는 이제 막 전성기에 접어들 때였는데 결국 512개의 홈런을 때려내며 12년간 행크 에런과 막강타선을 구축했다.

장외홈런

홈런 비거리에 대한 논쟁은 마치 낚시꾼들이 잡았다가 놓친 고기와 같은 것이다. 베이브 루스는 역사상 유례 없는 힘으로 때려낸 홈런으로 전설이 되었는데, 1953년 4월 17일 그리피스 스타디움[150]에서 미키 맨틀이 전광판과 외야석 너머 연립주택 단지로 공을 넘겨버리자 재점화되었다. (혹은 그런 설이 나돌았다.) 양키스 홍보담당자인 레드 패터슨은 줄자로 거리를 재려 했다고 주장했는데(결국 그러지 않았다.) 그 거리의 기준이 공을 찾아낸 소년이 있던 자리였다. 보폭으로 잰 그의 주장대로라면 비거리는 565피트(172미터)에 달했다. 패터슨이 이 사실을 구단 담당기자에게 흘리자 다음 날 줄자 홈런이 기사에 떴다.

이 이야기는 어느 기자가 당시 공을 주웠던 소년을 찾아내기 전까지 50여 년간 전해졌다. 진상이 밝혀지자 터무니 없는 사실임이 드러났다. 하지만 맨틀이 적어도 152미터 이상은 날린 것으로 보이며, 극히 소수만이 이 기록에 접근했다.

1954년, 4명의 특출난 선발진과 래리 도비, 앨 로젠[151] 등의 활약에 힘입어 클리블랜드 인디언스는 야구 역사상 가장 위대한 시즌 중 하나를 탄생시켰다.

무려 111승으로 아메리칸리그에서 양키스를 8게임 차로 따돌리고 우승을 차지했다.

하지만 월드시리즈에서 자이언츠에 0승 4패로 완패를 당하는데, 가장 기이한 시리즈 중 하나로 꼽힌다.

1차전에서 윌리 메이즈는 빅 워츠[152]가 때린 140미터 라인드라이브를 쫓아가 펜스를 바라보며 잡아내는, 이른바 '더 캐치(The Catch)'로 불리는 기가 막힌 호수비를 선보였다.

메이스는 2년간의 군생활을 마치고 막 복귀한 상황에서 시즌 MVP를 차지했다.

이는 감독으로서 리오 디로셔의 유일한 월드시리즈 우승이었다.

자이언츠는 1933년 이후 첫 우승이었는데 다음 우승은 2010년까지 기다려야 했다.

인디언스는 1995년이 되어서야 다시 시리즈에 올랐으나 지금까지도 우승과는 인연이 없다.

시즌 후 피츠버그 파이러츠는 보호자 명단에서 제외된 양키스 산하 마이너리그의 무명 외야수를 영입했는데 이름은 로베르토 클레멘테였다.[153]

1954년은 12년간 이어진 전미 여자 프로야구리그의 마지막 시즌이었다. 캘러머주 래시스[154]는 포트 웨인 데이지스[155]를 누르고 (처음이자 마지막이며 유일한) 우승[156]을 차지했다.

이후 여자프로 리그는 2004년 전 미프로속구소프트볼리그가 창설되기 전까지 중단되었다.

하지만 몇몇 여자 선수들은 니그로리그에서 마지막 선수생활을 보냈다. 토니 스톤과 코니 모건, 그리고 메이미 '피넛' 존슨[157] 등이 1950년대 중반 인디애나폴리스 클라운스에서 활약했다.

야구계의 수많은 전설들처럼 맨틀 역시 어두운 면이 있었다. 순진한 시골 소년이 도시생활에 물들다 보니 화이티 포드와 빌리 마틴[160]이라는 열정 넘치는 술친구들을 두게 되었다.

"입단 초기 그들과 어울려 다니지만 않았어도 4년은 더 뛰었을 것이다."

구단은 미키 맨틀의 높은 인기 때문에 참고… 또 참았다.

시도 때도 없이 만취한 채 나타날지라도…

다른 선수들의 소식은 언론의 관심조차 받지 못했다. 1957년 마틴의 생일파티 당시 맨틀을 포함한 몇몇 양키스 선수들이 패싸움에 연루된 '코파 사건'[161] 전까지는. 선수들은 아무 일도 없었다고 주장했지만 결국 신문에 터지고 말았다.

1950년대 중반 선수협회가 구성되었는데, 1956년 인디언스 투수 밥 펠러가 초대 선수협회장에 취임했다.

"아무도 아무것도 어느 누구에게도 하지 않았다."

선수들은 자신들이 가진 힘을 깨달았다. 수백만 팬들이 그들 때문에 경기장을 찾고 라디오 중계를 들었다. 선수들은 비로소 그 힘을 써먹기 시작했다.

요즘 선수들은 연예인들과 어울리는데, 그들은 가십거리나 캐고 다니는 언론 때문에 유명세를 톡톡히 치르고 있다.

구단과의 첫 단체협약은 10년이 흘러야 했지만 노사협상이라는 오래된 싸움이 국민적인 오락판에도 발을 들이밀고 있었다.

내가 했다고 알려진 말들은 모두 내가 한 것은 아니다

경기장 밖에서는 유머가 넘쳤던 로렌스 피터 '요기' 베라는 포수 마스크만 쓰면 냉철한 경쟁자로 돌변했다. 그는 선수로서 어느 누구보다 많은 10회의 월드시리즈 우승을 차지했는데, 코치로도 3회나 더 우승했다.

베라는 야구 역사상 위대한 포수였으며, 힘과 정교함을 갖춘 강타자에, 투수 리드 역시 영리했다. 특히 적시타와 뛰어난 배트 컨트롤로 유명했고, 선수생활 중 5시즌은 삼진보다 더 많은 홈런을 기록하기도 했다.

> 야구의 90%는 정신력이고 나머지는 체력이다.

은퇴 후 다양한 구단에서 코치와 감독으로 재직했다. '요기즘'[162]으로 유명하여 기자와 대중들에게 사랑받았다. 가장 유명한 어록은 1973년 7월 내셔널리그 동부지구의 메츠 감독 시절, 컵스에 한참 뒤져 있을 당시 했던 말이다.

> 끝날 때까지 끝난 게 아니야.

이후 메츠는 월드시리즈까지 무섭게 치고 올라갔고, 비록 패했지만 베라의 말은 미국인의 유행어가 되었다.

자이언츠가 1954년 월드시리즈를 차지하고, 이듬해에는 다저스가 가져갔다. 재키 로빈슨(그리고 듀크 스나이더)이 마침내 양키스를 눌렀다. 6번의 실패 끝에 머저리들이 기어이 우승을 차지했다.

로이 캄파넬라[163]의 선수경력은 1957년 시즌 후 일어난 교통사고로 전신마비가 되며 갑작스레 끝이 났다. 그는 1955년 내셔널리그 MVP에 오르며 최고의 포수로 인정받는데, 아메리칸리그 MVP 역시 포수인 요기 베라였다.

1957년 밀워키 브레이브스가 1914년 이후 창단 첫 우승[164]을 차지하며 최강자임을 입증했다.

이 승리는 근 10년만의 첫 비(非) 뉴욕 구단의 우승이었다.[165]

여타의 내셔널리그 구단처럼 브레이브스 역시 니그로리그 출신의 젊고 역동적인 선수가 이끌었는데, 이름은 헨리 '행크' 에런이었다.

1950년대[166] 내셔널리그 MVP 10명 중 8명이 니그로리그 출신이었다.

조금 더 보수적인(그리고 양키스 제국이었던) 아메리칸리그에서는 상황이 달랐다.

하지만 흑인 선수들의 메이저리그 참여에 대한 논쟁은 끝이 났다.

또한 브레이브스에서는 나이를 잊은 듯 놀라운 활약을 펼친 워런 스판이 돋보였다.

1957년 당시 36세였던 그는 이미 메이저리그 13년 차였다.*

그는 선수생활 대부분을 브레이브스의 에이스로 활약했다.

* 2차대전 당시 전투공병[167]으로 참전했던 1943-45년 시즌은 제외.

그의 선수생활은 피 위 리스에게 빈볼을 던지라는 케이시 스텡글 감독의 지시를 거절하면서부터 엉망이 됐다.

지금은 전쟁영웅이자 역사상 최고의 좌완투수 중 하나로 인정받는 놈에게 내가 '배짱도 없는 녀석.'이라고 했지. 그 친구가 그렇지 않다면 거짓말이지.

스판은 1965년 메츠에서 다시 스텡글과 만난다.

아마도 내가 스텡글 감독의 전성기와 암흑기 모두를 겪은 유일한 사람일 것이다.

워런 스판은 363승을 기록하며 그와 동시대의 어느 좌완투수도 넘볼 수 없는 승수를 쌓았는데, 이는 데드볼 시대 이후까지 보아도 최고의 기록이다.[168]

또한 나이가 들수록 구력이 좋아졌는데, 39세 들어 첫 노히터를 기록하더니 이듬해에도 두번째 노히터경기를 이끌었다.

많은 흑인 선수들이 메이저리그에서 명성을 쌓아가자 라틴계 선수들에게까지 문호를 확대했다.

1949년 클리블랜드 인디언스가 또 다시 선구자 역할을 자처하며 최초의 라틴계 흑인 선수 미니 미뇨소[169]와 계약했다.

이후 1950년대에 라틴계 선수들이 물밀 듯 유입되기 시작했다.

하지만 모두 마틴 디히고와 아돌포 루케, 그리고 미겔 앙헬 곤살레스[170]와 같은 개척자들 덕분에 성공할 수 있었다.

1953년 피델 카스트로가 집권한 후 행해진 쿠바 금수 조치로 프로 리그 결성과 선수육성 계획은 물거품이 되었다.

의도한 바는 아니었겠지만, 금수 조치 덕에 메이저리그 구단들은 별도의 겨울 리그 장소를 물색해야 했다.

이에 따라 푸에르토리코를 시작으로 도미니카공화국과 베네수엘라 등지에서 많은 선수들이 영입되었고, 그들은 모두 뛰어난 능력을 선보였다.

1959년에는 모든 구단에서 적어도 한 명 이상의 흑인 선수를 보유하게 되었다.

보스턴 레드삭스가 그해 7월 21일, 가장 늦게 펌시 그린[171]을 선발명단에 추가했다. 그는 메이저리그 최초의 멕시코 출신 인기 선수로, 클리블랜드 인디언스에서 화려한 선수생활을 보내고 마지막 해를 맞은 바비 아빌라[172]와 동료가 되었다.

이즈음 대부분의 구단에서 적어도 한 명 이상의 라틴계 선수를 보유하고 있었는데, 1961년에 접어들자 그 수가 급격히 증가했다.

라틴 야구의 역사

1860년대 초 쿠바에서 활동을 시작한 아바나 베이스볼 클럽을 필두로 야구가 라틴아메리카에 알려지기 시작했다. 1890년대에 접어들자 베네수엘라와 니카라과, 그리고 멕시코에서 구단이 설립되었다. 트로이 헤이메이커스 소속의 에스테반 베얀은 1869년 라틴계 최초로 프로야구경기에 출전했다. 프로에서 6시즌을 보낸 그는 쿠바로 돌아와 쿠바 리그를 설립하는데 중심역할을 했다. 메이저리그 최초의 라틴계 출신은 라파엘 알메이다와 아르만도 마르산스[173]로, 1911년 신시내티 레즈에 입단했다. 1940년대까지 라틴계 선수들 대부분이 쿠바 출신이었고, 모두 악명 높은 인종차별의 피해자였다. 검은 피부의 선수들은 메이저리그에서 뛰지 못하는 라틴계 선수들로 구성된 쿠반 스타스 등이 속한 니그로리그에서 살길을 찾았다.

그중 한 명이 마틴 디히고[174]인데, 오랜 기간 니그로리그에서 활약한 뒤 여러 라틴아메리카 리그를 거치며 메이저리그에는 발도 들여놓지 않았음에도 메이저리그 명예의 전당에 헌액되었다.

가자 서부로

1957년 시즌 후 다저스와 자이언츠가 뉴욕을 떠나며 수백만 팬들의 애간장을 태웠다.

새로운 구장을 원했던 다저스 구단주 피터 오맬리는 계획이 무산되자 뉴욕을 떠나 서부로 향했다.

1900년 10만에 불과하던 인구가 1950년 200만 명으로 불어난 로스앤젤레스는 누구도 무시 못 할 시장이 되었고, 시민들 역시 야구단을 원하고 있었다.

서부해안의 경쟁구단으로 알려지는 것이 양쪽 모두에게 이득이므로, 오맬리는 자이언츠 구단주 호러스 스토넘 역시 서부로 옮길 것을 확신했다.

별표와 규모확대

1958년이 야구의 체계에 충격적인 해[177]였다면, 1961년은 야구의 신화에 지각변동이 일어난 해였다.

올스타 휴식기 당시 양키스 동료였던 미키 맨틀과 로저 매리스는 1927년 베이브 루스의 60 홈런 기록에 근접해 있었다.

내셔널리그 협회장 포드 프릭은 만일 둘 중 하나가 154경기 내에 기록을 경신하지 못하면 기록지에 특정한 표기를 하기로 결정했다.

이것이 바로 널리 알려진 별표 표기이다.*

* 1961년 구단수가 늘어남에 따라 시즌 당 경기수 역시 162경기로 늘어났다.(124쪽 참조)

노동절[178] 현재 매리스가 53개, 맨틀은 50개를 기록 중이었다.

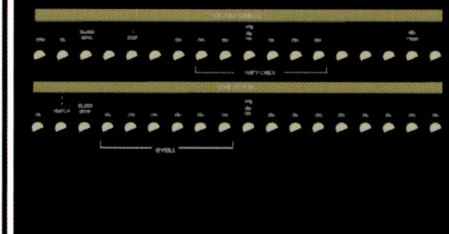

그들이 베이브 루스의 기록을 넘을 수 있을지에 대해 《뉴욕 타임스》에서 슈퍼컴퓨터(애칭 케이시)로 예측을 했는데, 아마 야구에서 사용된 최초의 컴퓨터 모의실험이었을 것이다.

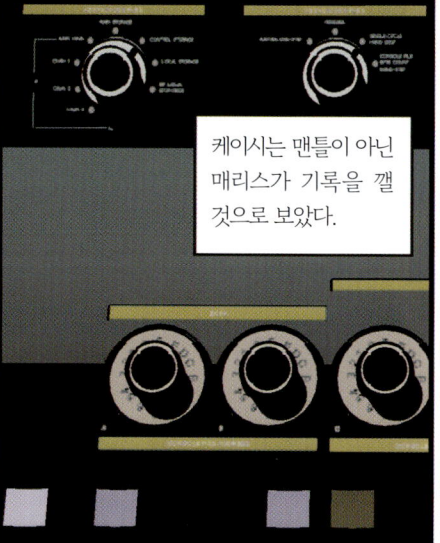

케이시는 맨틀이 아닌 매리스가 기록을 깰 것으로 보았다.

10월 1일, 시즌 마지막 경기 4회에 매리스가 드디어 61호 홈런을 쏘아올렸다.

하지만 포드 프릭은 공언했던 별표는 표시하지 않았다.*

* 이쯤해서 흥미로운 사실이 있는데, 61년도에 로저 매리스가 61개의 홈런을 쳐낸 외에도 아메리칸리그 수위타자인 놈 캐시[179]는… 그렇다. 바로 그 숫자, 3할 하고도 6푼1리(61)를 기록했다.[180]

매리스는 본인의 기록에 자부심은 가졌지만 그다지 좋은 기억은 아니었다. 나이 지긋한 평론가나 구단관계자들은 대놓고 매리스가 아닌 맨틀이 기록을 깨기를 응원했다.[181]

맨틀 같은 동료 선수들은 로저스 혼스비 같은 은퇴한 스타들과는 다른 반응을 보였다.*

"매리스는 불멸의 기록에 도전하여 승리했기에 챔피언으로 인정받지 못했다."[182]

"나는 그 친구 같은 2류가 아닌 최고의 선수들과 함께했고, 그는 내 배트조차 건드릴 수 없는 친구다. 내 1년치 홈런이 그가 2년간 때린 것보다 많다."[183]

* 타이 콥 역시 마찬가지 생각이었을 것이다. 하지만 그는 프릭이 별표 관련 발표를 하던 당일 세상을 떠났다.

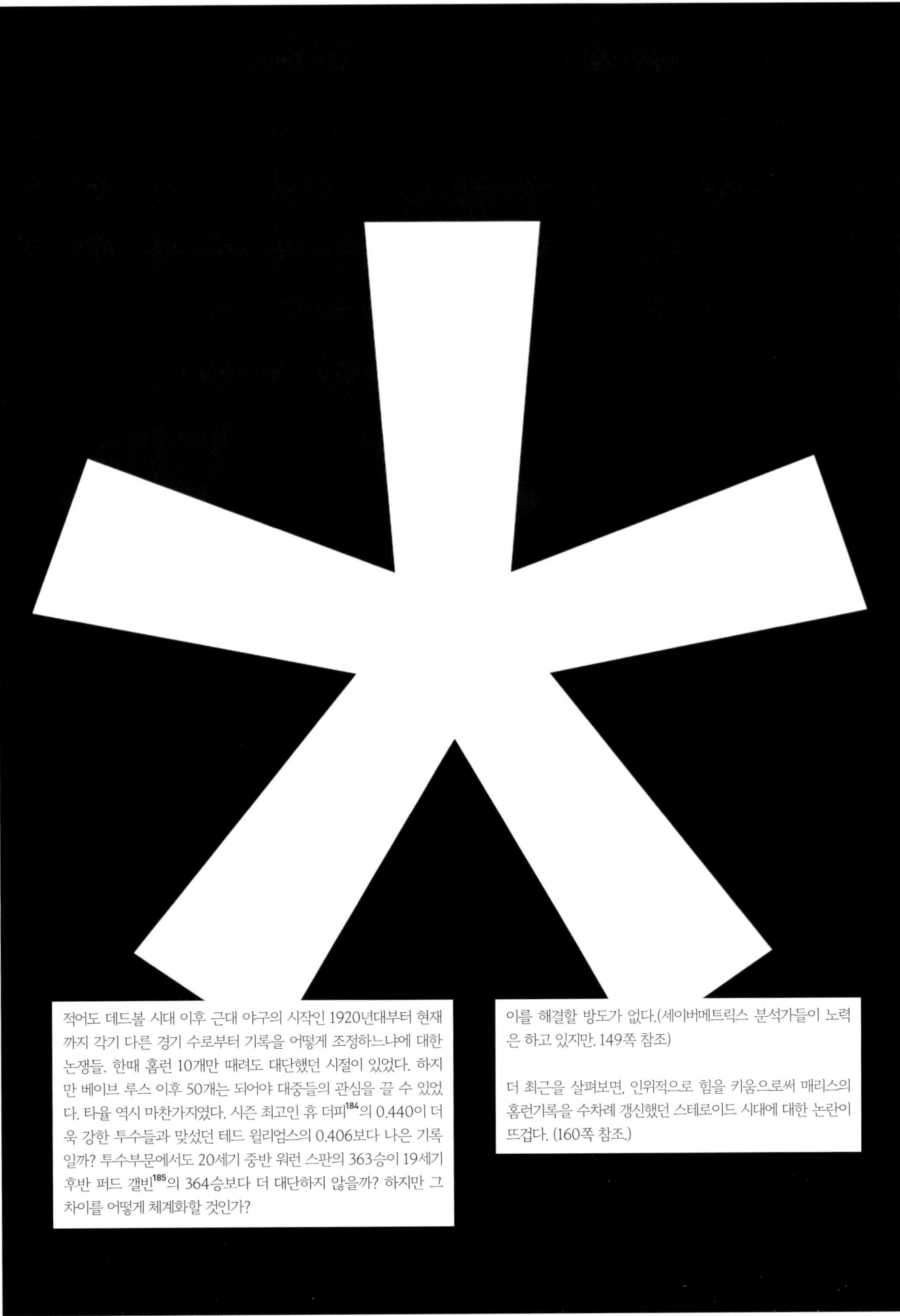

적어도 데드볼 시대 이후 근대 야구의 시작인 1920년대부터 현재까지 각기 다른 경기 수로부터 기록을 어떻게 조정하느냐에 대한 논쟁들. 한때 홈런 10개만 때려도 대단했던 시절이 있었다. 하지만 베이브 루스 이후 50개는 되어야 대중들의 관심을 끌 수 있었다. 타율 역시 마찬가지였다. 시즌 최고인 휴 더피[184]의 0.440이 더욱 강한 투수들과 맞섰던 테드 윌리엄스의 0.406보다 나은 기록일까? 투수부문에서도 20세기 중반 워런 스판의 363승이 19세기 후반 퍼드 갤빈[185]의 364승보다 더 대단하지 않을까? 하지만 그 차이를 어떻게 체계화할 것인가?

이를 해결할 방도가 없다.(세이버메트릭스 분석가들이 노력은 하고 있지만. 149쪽 참조)

더 최근을 살펴보면, 인위적으로 힘을 키움으로써 매리스의 홈런기록을 수차례 갱신했던 스테로이드 시대에 대한 논란이 뜨겁다. (160쪽 참조.)

1961년의 신생 구단으로는 미네소타 트윈스(워싱턴 세너터스가 이전했다.)와 새로운 워싱턴 세너터스, 그리고 로스앤젤레스 에인절스 등이 있다.

1962년에는 아메리칸리그의 10구단 체제에 맞춰 내셔널리그가 휴스턴 콜트.45S와 뉴욕 메츠를 창단했다.

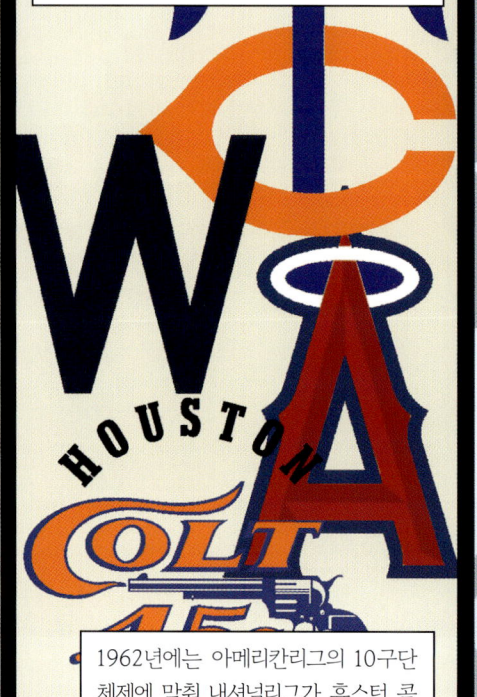

또한 이 해에는 1961년 기존 크리스티 매슈슨의 내셔널리그 삼진기록을 갱신한 샌디 코팩스가 최초의 노히터(총 4회)를 기록하며 리그를 지배했다.

1963년 월드시리즈 1차전에서 코우팩스는 양키스를 잡아냄으로써 국민들에게 존재감을 알렸다.

"아니 씨발, 저런 거지 같은 공을 어떻게 치라는 거야?"

경기가 끝나자 양키스 포수 요기 베라가 다저스의 모리 윌스[186]에게 맨틀이 경탄한 바를 전했다.

"저 친구가 26승을 올린 것은 이해하겠는데, 도대체 어떻게 5번이나 때린 거지?"

"그건 친구 때문이 아니고 우리가 못한 거야."

60년대 초중반에는 1920년대 초반 이후 사라졌던, 새로운 투고타저의 시대가 열렸다.

주된 이유 중 하나는 1961년 시즌이 끝나자 구단주들이 모여 스트라이크 존을 확대했다. 상한선을 타자 유니폼의 구단명이 아닌 어깨선에 맞췄다.

샌디 코팩스는 1964년의 팔 부상으로 결국 2년 뒤 은퇴했다. 그럼에도 불구하고 1965년 382개의 삼진을 잡아냈다.[187]

돈 드라이스데일[188]은 다저스에서 코팩스와 함께 최고의 원투펀치를 자랑하며 월드시리즈를 3차례 제패했다.

1965년 월드시리즈 1차전에서 코팩스가 욤 키푸르를 이유로 경기를 거부하자 드라이스데일이 투입되었다.

3회까지 7점을 허용했다.

"바꿔야겠어요."

밥 깁슨은 3번의 월드시리즈에서 발군의 실력을 보였고, 월터 존슨 이후 처음으로 삼진 3천 개를 달성했다.

짐 버닝[189]은 2번의 노히터와 함께 은퇴 당시 메이저리그 통산삼진 2위를 기록했다.(후에 깁슨이 추월했다.)

후안 마리찰[190]은 코팩스와 함께 라이브볼 시대에 3차례 시즌 25승을 달성한 유일한 투수이다.

1963년 시즌을 마지막으로 스탠 뮤지얼과 얼리 윈[191]이 은퇴했다. 그들은 2차대전 전부터 활약한 마지막 세대였다.

윈은 현역 마지막 선발경기에서 승리하며 300승 고지에 올랐다.

뮤지얼은 0.331의 통산타율과 내셔널리그 통산 1위인 3,630안타를 기록했다.

그의 마지막 안타는 그라운드를 튕겨나가 신예 2루수이자 훗날 뮤지얼과 타이 콥의 통산 안타 기록을 갈아치우는 피트 로즈 곁을 지나갔다.

야구에서 마지막은 또 다른 시작을 동반하는 법이다.

뮤지얼과 밥 깁슨을 대체한 발 빠른 신예 루 브록의 카디널스가 노쇠한 양키스를 누르고 1964년 월드시리즈 왕좌에 올랐다.

양키스는 1949-64년간 16번의 월드시리즈 중 14차례 진출했다.

이후 양키스는 1976년 전까지 가을 야구에 초대받지 못했다.

카디널스(그리고 다저스와 자이언츠)는 새로운 종류의 야구를 선보였다.

흑인 선수들이 증가하자 내셔널리그도 니그로리그처럼 투수와 수비, 그리고 주루에 있어 왕성한 활동량을 보였다.

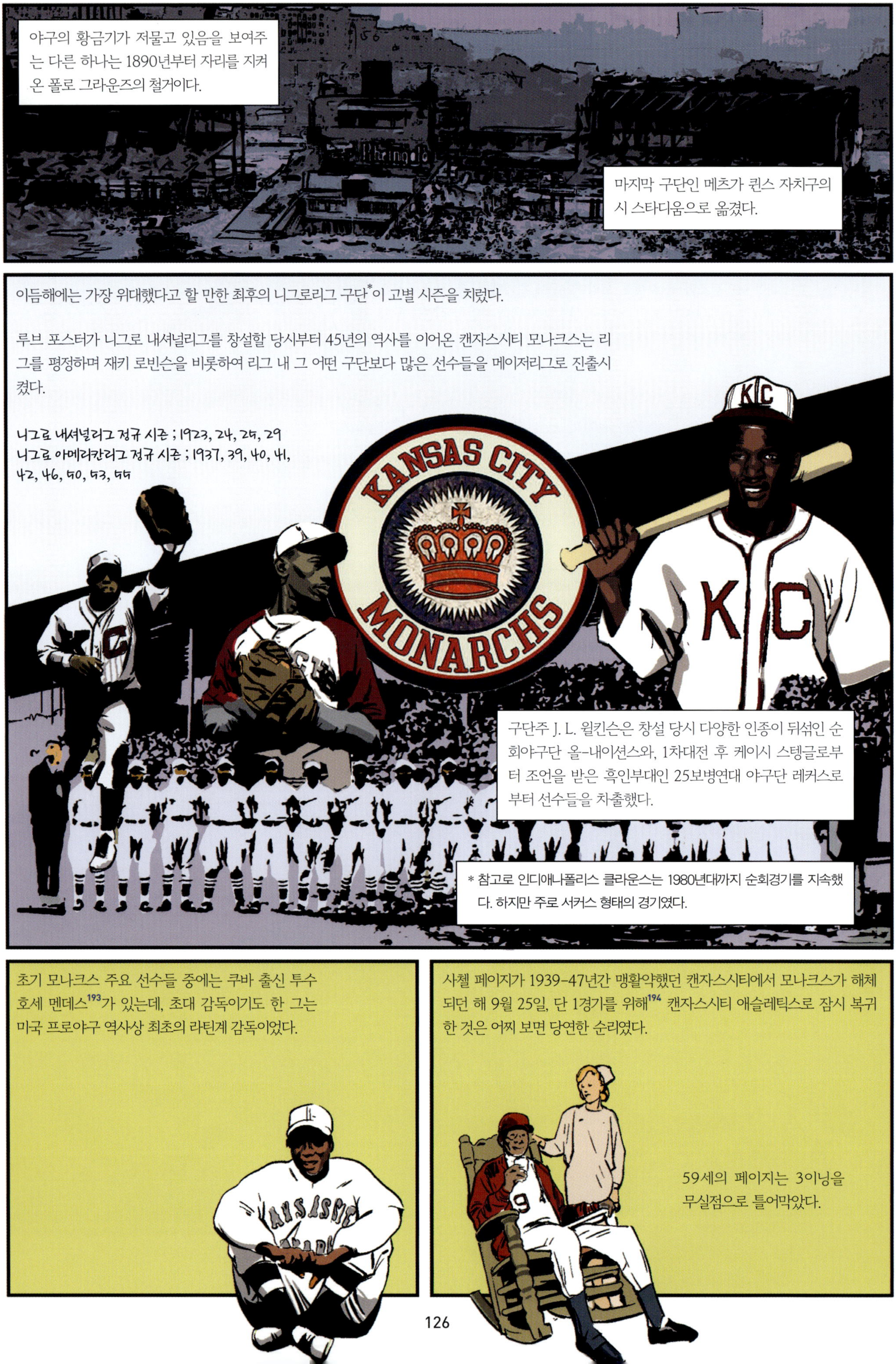

야구의 황금기가 저물고 있음을 보여주는 다른 하나는 1890년부터 자리를 지켜온 폴로 그라운즈의 철거이다.

마지막 구단인 메츠가 퀸스 자치구의 시 스타디움으로 옮겼다.

이듬해에는 가장 위대했다고 할 만한 최후의 니그로리그 구단*이 고별 시즌을 치렀다.

루브 포스터가 니그로 내셔널리그를 창설할 당시부터 45년의 역사를 이어온 캔자스시티 모나크스는 리그를 평정하며 재키 로빈슨을 비롯하여 리그 내 그 어떤 구단보다 많은 선수들을 메이저리그로 진출시켰다.

니그로 내셔널리그 정규 시즌 ; 1923, 24, 25, 29
니그로 아메리칸리그 정규 시즌 ; 1937, 39, 40, 41, 42, 46, 50, 53, 55

구단주 J. L. 윌킨슨은 창설 당시 다양한 인종이 뒤섞인 순회야구단 올-내이션스와, 1차대전 후 케이시 스텡글로부터 조언을 받은 흑인부대인 25보병연대 야구단 레커스로부터 선수들을 차출했다.

* 참고로 인디애나폴리스 클라운스는 1980년대까지 순회경기를 지속했다. 하지만 주로 서커스 형태의 경기였다.

초기 모나크스 주요 선수들 중에는 쿠바 출신 투수 호세 멘데스[193]가 있는데, 초대 감독이기도 한 그는 미국 프로야구 역사상 최초의 라틴계 감독이었다.

사첼 페이지가 1939-47년간 맹활약했던 캔자스시티에서 모나크스가 해체되던 해 9월 25일, 단 1경기를 위해[194] 캔자스시티 애슬레틱스로 잠시 복귀한 것은 어찌 보면 당연한 순리였다.

59세의 페이지는 3이닝을 무실점으로 틀어막았다.

찰리 프라이드

1934년 미시시피주 소작농의 아들로 태어난 찰리 프라이드는 1952년 니그로리그의 멤피스 레드삭스에서 투수로 입단하여 잠시 양키스 클래스 C[195] 구단 보이시에서 뛰었다. 다시 니그로리그 루이빌 클리퍼스에 복귀한 그는 다시 버밍햄 블랙 배런스로 상대 구단버스와 맞교환되었다. 니그로리그의 몰락으로 50년대 후반 입대할 때까지 마이너리그를 전전했다. 다시 레즈 산하 마이너 구단인 미줄라 팀버잭스에 복귀했고, 캘리포니아 에인절스와 뉴욕 메츠 트라이아웃에 참가했다. 두 곳에서 모두 실패하자 몬태나주로 돌아와 야구 선수들을 위해 다양한 직업들을 개방한 헬레나의 한 제련소에 취업했다.

이즈음부터 음악활동을 시작했는데, 10년 후에는 전국적인 유명가수로 자리잡았다. 음악계에서 성공한 몇 안 되는 아프리카계 미국인 중 하나로, 2차례의 월드시리즈에서 국가를 불렀으며, 2010년에는 텍사스 레인저스의 지분을 매입하는 등 항상 야구와의 끈을 놓지 않고 있다.

야구와 반(체제)문화

1966년 월드시리즈에서 다저스가 볼티모어 오리올스에게 전패를 당했다. 이로써 20년간 이어진 다저스의 시대가 끝났다.

거포 듀오인 브룩스 로빈슨과 프랭크 로빈슨[196]이 오리올스[197]를 이끌었다.

시즌 휴식기에 신시내티에서 볼티모어로 이적한 프랭크는 1966년 MVP를 차지함으로써 양대 리그에서 MVP[198]를 수상한 최초의 선수가 되었다.

브룩스는 전체 2등으로 7년째 각 포지션별 최고의 선수에게 수여하는 골드글러브[199]를 수상했는데, 도합 16년 연속으로 선정되었다.

그는 오리올스 최초의 수상자였다.

1967년은 사랑의 여름[200]으로 알려져 있지만 사실 많은 도시에서 인권운동가와 인종차별주의자들의 충돌이 끊이지 않던 폭동의 여름이었다.

그 해에만 미 전역 100여 개 도시에서 폭동이 일어났다.

베트남전의 망령이 곳곳에 드리워져 있었고, 2차대전 때와 달리 야구 선수들이 모병사무실 앞에 줄지어 서는 일은 없었다.

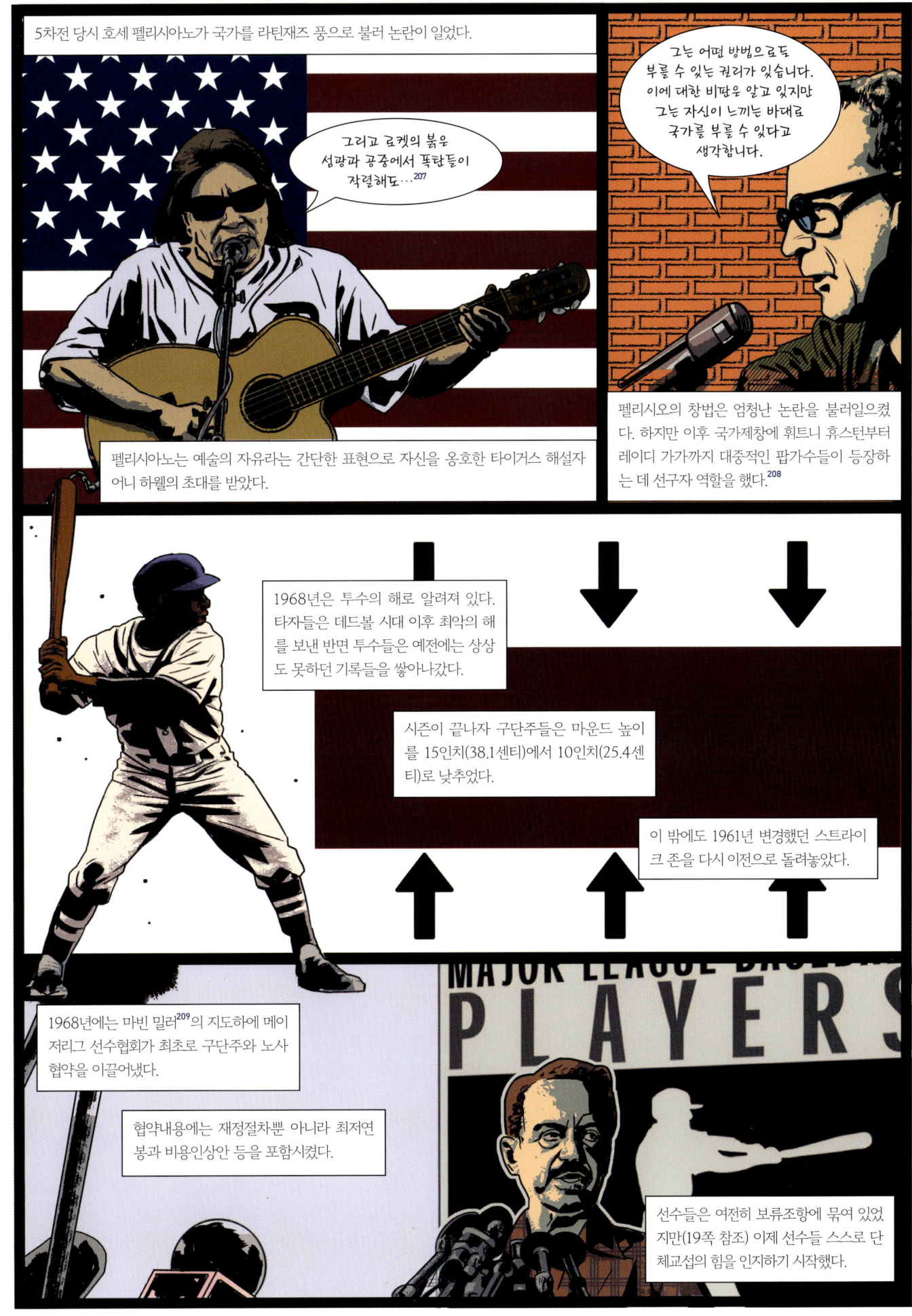

1960년대 초반 구단의 증가로 재미를 보자 1969년 4개 구단이 추가로 편입되었다.

1966년 밀워키 브레이브스가 애틀란타로 이전했고, 2년 후에는 캔자스시티 애슬레틱스가 오클랜드로 향했다.

1969년 캔자스시티가 로얄스, 시애틀은 파일럿츠, 샌디에이고는 파드리스, 그리고 몬트리올은 엑스포스를 각각 창단했다.

프로야구단은 이제 서부해안에 6개, 매이슨-딕슨선[210] 이하로 2개, 그리고 캐나다에도 1개가 확보되었다.

1969년은 우드스톡과 달 착륙, 그리고 기적의 메츠[211] 해였다.

8월 중순경 컵스보다 한참 뒤져 있던 메츠는 시즌 막바지 38승 11패를 기록하며 가볍게 월드시리즈에 올랐다.

2번째 구단 확대재편성이 완료되자 플레이오프 제도가 추가되었다. 최초의 리그 수위결정전* 이다. 메츠는 행크 에런이 3점 홈런을 날리며 분전한 애틀란타 브레이브스를, 그리고 오리올스는 미네소타 트윈스를 가뿐하게 제쳤다.

에런은 다시는 포스트 시즌에 오르지 못했다.

메츠가 뜻밖의 선전을 펼치긴 했지만 대부분 시즌 109승의 오리올스에게는 적수가 되지 않을 것으로 예상했다.

메츠는 에이스인 톰 시버[213]와 떠오르는 신예 놀런 라이언*이 있었지만 그게 다였다.

하지만 그들은 5경기 만에 오리올스를 패퇴시켰다.

미신에 사로잡힌 컵스 팬들은 9월 초 경기 중에 시 스타디움[212] 근처를 돌아다니던 검은고양이 탓을 했다.

* 앞으로 포스트 시즌 기록을 어떻게 처리할지 논쟁이 벌어졌다.

* 통산 324승을 거두었지만 이후 다시는 월드시리즈에 오르지 못했다.

두 경기 하죠

윌리 메이스, 행크 에런과 함께 메이저리그에 입성한 어니 뱅크스(미스터 컵)는 컵스의 기나긴 오욕의 역사 속에 가장 사랑받는 선수 중 한 명이다. 구장에 나와 한 경기만 예정되어 있으면 "두 경기 하죠"라고 말하곤 했던(아마 과장일 것이다.) 일화에서 보듯 경기에 대한 그의 깊은 애정 때문이다.

캔자스시티 모나크스 소속이던 그는 한국전쟁에 참전 후 복귀한 뒤 1954년 구단 최초의 흑인 선수로 컵스에 영입되었다. 1950년대 중후반 뱅크스는 최고의 공격력을 지닌 유격수로, 58년과 59년 연속 내셔널리그 MVP를 수상했다.

뱅크스는 최고의 기량을 선보였지만 불행하게도 컵스는 그렇지 못했다. 선수생활 후반, 리오 더로셔가 감독으로 부임하자 어느 정도 성적이 호전되었다. 뱅크스의 통산안타 2,583개는 포스트 시즌 없이 달성한 기록이다. 그는 역대 9번째 500홈런 고지를 넘기며 최종 512개로 마감했다.

볼 포

양키스에서 선수생활을 시작한 짐 보턴이 시애틀 파일러츠가 합류한 1969년 시즌을 중심으로 풀어낸 회고록 『볼 포』는 가장 유쾌한 야구 이야기 중 하나로 꼽힌다. 책을 통해 야구계의 오랜 전통으로 내려오는 클럽하우스 내 비밀들을 폭로했는데, 특히 만연한 약물남용과 미키 맨틀의 다양한 약물과용 등을 묘사했다. 출간 후 보턴은 몇 년간 야구계로부터 배척당했고, 1998년까지 메이저리그 공식행사에 초대받지 못했다.

그는 한편 풍선껌 '빅리그 추'를 개발했는데, 씹는 담배에서 아이디어를 얻어 그와 같이 잘게 채를 썰었고, 침뱉기와 암에 걸릴 위험은 없었다.

O-N포(砲)

메이저리그에 베이브 루스와 루 게릭, 행크 에런과 에디 매슈스[216], 그리고 윌리 메이스와 맥코비[217]가 있다면 일본에는 O-N포가 있다.

오 사다하루[218]와 나가시마 시게오[219]는 16년간 요미우리 자이언츠의 동료였다. 함께 한 시절 대부분을 오가 3번, 그리고 나가시마가 4번 타자로 나서 O-N포로 명성을 떨치며 오의 634개를 포함하여 무려 1,049개의 홈런을 기록했다.

오는 통산 868개의 홈런을 기록하며 동시대 메이저리그 선수들로부터 깊은 존중을 받았다. 행크 에런의 기록을 넘어서는 756번째 홈런을 터트린 날 에런은 야구장에 전화하여 장내 스피커를 통해 오에게 축하를 전했다.

나가시마는 타격은 물론 현란한 수비실력으로 전설적인 입지를 쌓으며 화려한 업적을 남기고 은퇴했다. 그는 오와 함께 메이저리그에서도 통할 만한 선수로 인정받았다. 1970년대 메이저리그에서 그들과의 계약에 공을 들였으나 모두 일본에 남았다.

1960-70년대에 걸쳐 야구수집품 산업이 생겨 났다. 선수들이 급여지급이 없는 시즌 외 기간 동안 돈을 벌기 위해 일자리 대신 개별 사인회를 가지면서 시작되었다.

미키 맨틀의 수집가들은 열정이 지나친 나머지 1956년 수술 받은 그의 편도선을 구하려고까지 했다.

20세기 초반 담배회사의 카드는 옛 유물이 되었다. 하지만 보먼의 풍선껌회사가 그 전통을 이어받았다.

1950년대 탑스에서 보먼사(社)[220] 사업권을 인수받아 60년대에는 시장을 독식했다.

사업성공은 미키 맨틀 품목을 중심으로 한 야구수집품과 수집열풍의 폭발적인 성장이 맞물려 가능했다.

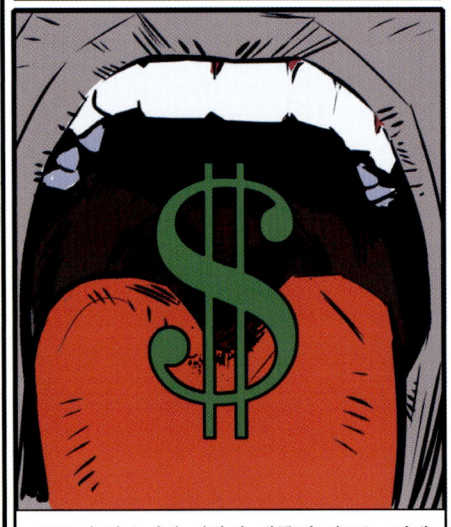

1952년 탑스에서 제작한 맨틀의 카드는 전쟁 이후 생산된 카드 중 가장 값비싼 것으로 추정된다.

1971년, 오리올스가 3회 연속 월드시리즈에 진출했으나 로베르토 클레멘테가 활약한 피츠버그 파이러츠에게 패했다. 클레멘테와 1960년 시즌의 영웅 빌 매저로스키[221] 두 선수만이 해적[222]들의 마지막 우승인 1960년 월드시리즈를 경험했다.

1972년 시즌 후 클레멘테가 니카라과 마나구아의 지진피해자들을 돕기 위해 구호품을 전달하러 가던 중 비행기사고로 사망한다.

그는 메이저리그 마지막 타석에서 3천 번째 안타를 때려냈다.

한편 1971년에는 최초의 흑인 선수가 명예의 전당에 헌액되었는데, 물론 사첼 페이지였다.

애초에 명예의 전당에서는 니그로리그 선수들을 위한 별도공간을 제안했었다. 하지만 이 안은 논란만 키웠고, 특히 사첼 페이지가 강경했다.

전당 측은 소외되었던 니그로리그 선수들을 위하여 오랜 기간 보상절차에 공을 들여 공식 헌액식을 열었다.

최초의 전원 흑인 선수

월드시리즈 우승 외에도 파이러츠는 메이저리그 사상 최초로 출전 선수 전원을 흑인들로 구성했다.[223]

엘리스 D.

당시 미국의 분위기가 그러했듯 반문화가 야구계에 스며들기 시작했다. 1970년 6월 피츠버그 파이러츠 투수 독 엘리스[224]가 LSD에 취한 상태에서 노히터 경기를 펼친 것이 대표적인 예이다.

1971년 타이거 스타디움에서 야간경기로 열린 올스타전 당시 엘리스는 야구 역사에 또 다른 화젯거리를 만들었다. 애슬레틱스의 레지 잭슨[225]이 엘리스로부터 우중간 지붕의 조명탑을 맞추는 초대형 홈런을 때려낸 것이다.

열이 잔뜩 받은 엘리스는 1976년 잭슨을 만나자 속구로 머리를 맞춰버렸다.

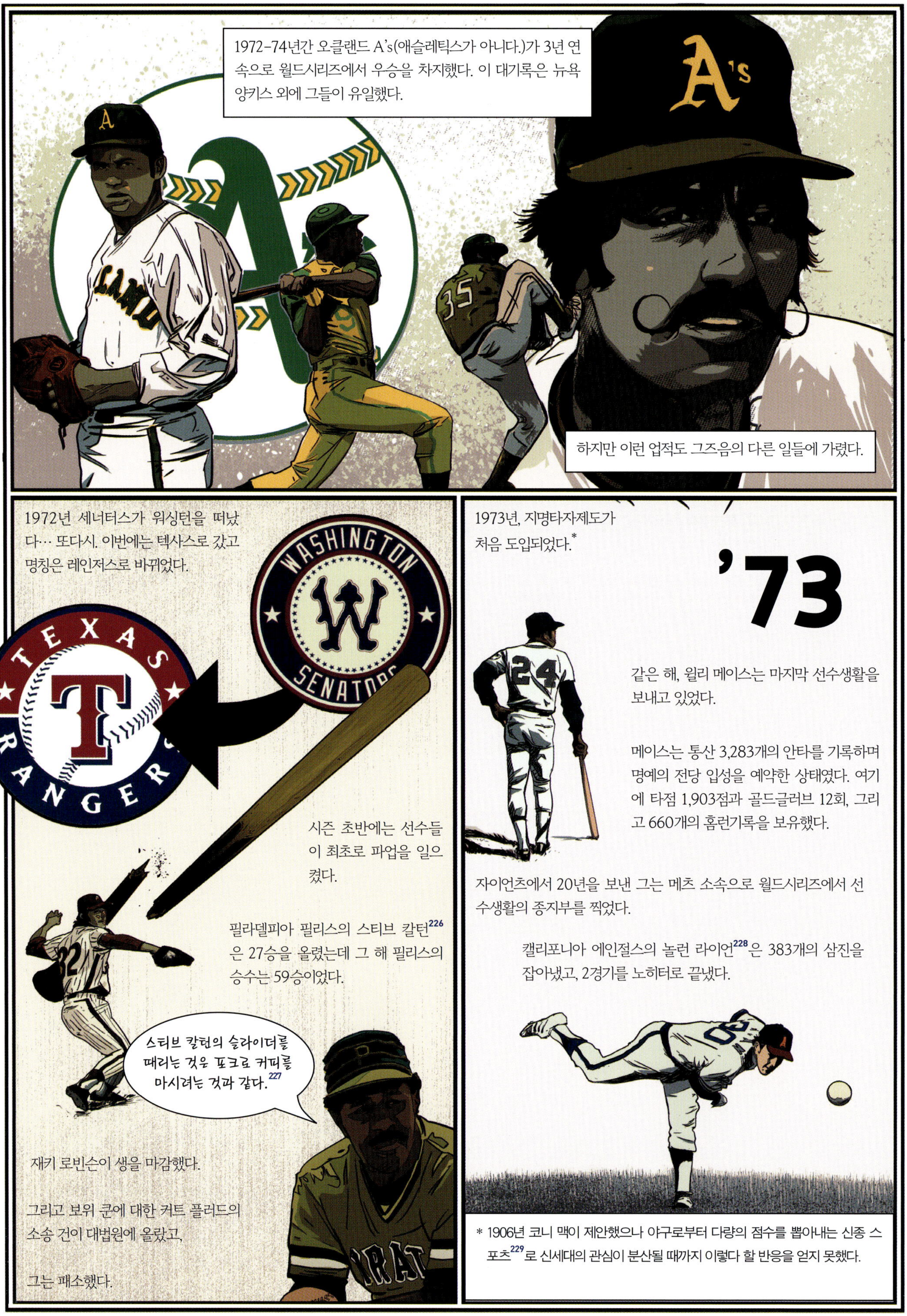

1972–74년간 오클랜드 A's(애슬레틱스가 아니다.)가 3년 연속으로 월드시리즈에서 우승을 차지했다. 이 대기록은 뉴욕 양키스 외에 그들이 유일했다.

하지만 이런 업적도 그즈음의 다른 일들에 가렸다.

1972년 세너터스가 워싱턴을 떠났다… 또다시. 이번에는 텍사스로 갔고 명칭은 레인저스로 바뀌었다.

시즌 초반에는 선수들이 최초로 파업을 일으켰다.

필라델피아 필리스의 스티브 칼턴[226]은 27승을 올렸는데 그 해 필리스의 승수는 59승이었다.

"스티브 칼턴의 슬라이더를 때리는 것은 포크로 커피를 마시려는 것과 같다.[227]"

재키 로빈슨이 생을 마감했다.

그리고 보위 쿤에 대한 커트 플러드의 소송 건이 대법원에 올랐고,

그는 패소했다.

1973년, 지명타자제도가 처음 도입되었다.*

'73

같은 해, 윌리 메이스는 마지막 선수생활을 보내고 있었다.

메이스는 통산 3,283개의 안타를 기록하며 명예의 전당 입성을 예약한 상태였다. 여기에 타점 1,903점과 골드글러브 12회, 그리고 660개의 홈런기록을 보유했다.

자이언츠에서 20년을 보낸 그는 메츠 소속으로 월드시리즈에서 선수생활의 종지부를 찍었다.

캘리포니아 에인절스의 놀런 라이언[228]은 383개의 삼진을 잡아냈고, 2경기를 노히터로 끝냈다.

* 1906년 코니 맥이 제안했으나 야구로부터 다량의 점수를 뽑아내는 신종 스포츠[229]로 신세대의 관심이 분산될 때까지 이렇다 할 반응을 얻지 못했다.

1974년 프랭크 로빈슨이 메이저리그 최초의 흑인 감독으로 임명되었다.

"오늘 단 하나의 소원을 말하라면 이 자리에 재키 로빈슨이 함께하여 이 광경을 보았으면 하는 것이다."

'74

캣피쉬 헌터[230]가 최초의 FA계약을 맺었다.*

밥 깁슨이 삼진 3천 개를 달성하며 월터 존슨 이후 최초로 3천 개 고지를 밟는 위업을 이뤘다.

9월 11일 카디널스와 메츠가 역사상 최장인 25이닝 경기를 펼쳤다.

투수 토미 존이 후에 자신의 이름을 붙일 힘줄교체 수술을 받았다.

* FA(Free Agent)란 선수가 어느 구단이든 본인이 희망하는 곳과 계약협상을 할 수 있는 제도이다.

하지만 그 어느 것도 1973-74년 초반의, 야구 역사상 최고의 드라마 중 하나로 꼽히는 이 사건에 비할 바가 아니었다. 점차 그날이 다가오고 있었다.(다음쪽 참조)

리오 더로셔

1925년 메이저리그에 데뷔한 리오 '더 립' 더로셔는 1973년 감독으로서 마지막 시즌을 보냈다. 감독생활 중 그는 흑인 선수들의 유입과 서부해안으로의 이전과 확대, 그리고 최초의 고액연봉자 등의 변화를 겪었다.

감독으로 2천승을 넘겼고, 재키 로빈슨의 데뷔를 환영했으며, 존 맥그로를 제외하고 그 어느 감독보다 많은 경질을 당했다. 또한 도박사와 폭력배들과의 유착관계로 1947년 시즌 동안 집행유예를 선고받기도 했다. 그는 감독으로서의 감각만큼이나 입담으로도 유명했다. 멜 오트 감독에 대해 '사람이 좋으면 꼴찌다.'라고 언급한 것으로 유명하나 이는 사실과 다르다.

715

…1975년 4월 8일, 행크 에런이 베이브 루스의 통산홈런기록을 경신했다. 아마 미국 스포츠 역사상 가장 사랑받는 기록일 것이다.

에런은 1974년 내내 수도 없는 인종차별과 협박 편지를 받았다.

심지어 《애틀란타 저널》의 스포츠 편집자 루이스 그리자드는 인종차별주의자 팬에게 살해당한 에런의 사망기사를 준비하기도 했다.

"좌중간으로 쭉쭉 뻗어갑니다. 쭉쭉 쭉쭉… 넘어갔습니다! 715번째 새로운 홈런기록입니다. 주인공은 헨리 에런!"[231]

"야구 역사상 기념비적인 순간입니다. 애틀랜타시와 조지아주는 물론 미국과 전 세계 역사상 기념비적인 순간입니다. 미 남동부지역에서 흑인 선수가 야구계 영원한 우상의 기록을 깨뜨리고 기립박수를 받고 있습니다. 오늘은 우리 모두에게, 특히 헨리 에런에게 위대한 날입니다."[232]

1975년 빅 레드 머신[233]은 구단 최초로 2년 연속 월드시리즈 우승을 공언했다.[234]

1970-76년간 내셔널리그에는 명예의 전당 헌액자들인 조니 벤치, 조 모건, 그리고 토니 페레스*[235]가 버티고 있던 레즈에게 적수가 없었다.

715번째 홈런을 때릴 당시 그는 마지막 남은 니그로리그 출신 스타였다.

그는 이듬해 은퇴했고, 통산홈런은 755개였다. 더불어 통산타점과 총루타 1위, 그리고 타이 콥에 이은 통산안타 2위를 기록했다.

* 그리고 4번째 선수인 피트 로즈가 있다. 도박에 연루되지만 않았어도 당연히 명예의 전당에 헌액되었을 것이다.

보스턴의 포수 칼턴 피스크[236]는 시리즈 6차전에서 결정적인 홈런을 때려내며 팀을 승리로 이끌었다.

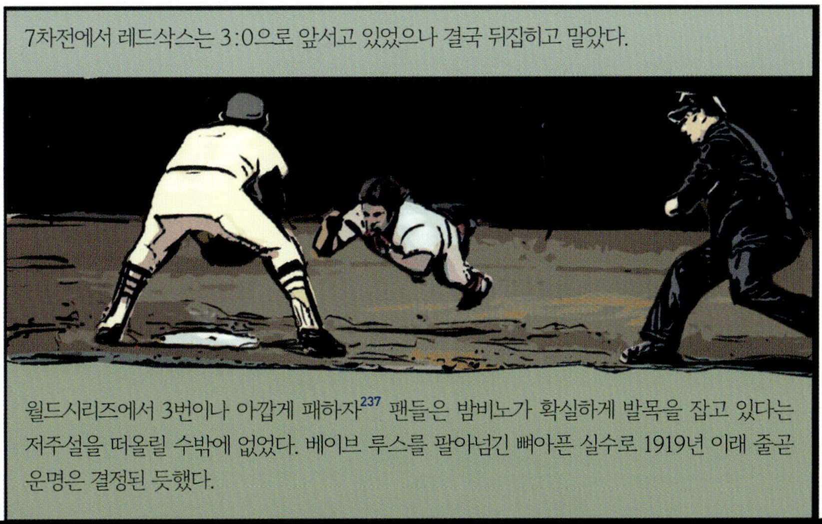

7차전에서 레드삭스는 3:0으로 앞서고 있었으나 결국 뒤집히고 말았다.

월드시리즈에서 3번이나 아깝게 패하자[237] 팬들은 밤비노가 확실하게 발목을 잡고 있다는 저주설을 떠올릴 수밖에 없었다. 베이브 루스를 팔아넘긴 뼈아픈 실수로 1919년 이래 줄곧 운명은 결정된 듯했다.

찰리 허슬

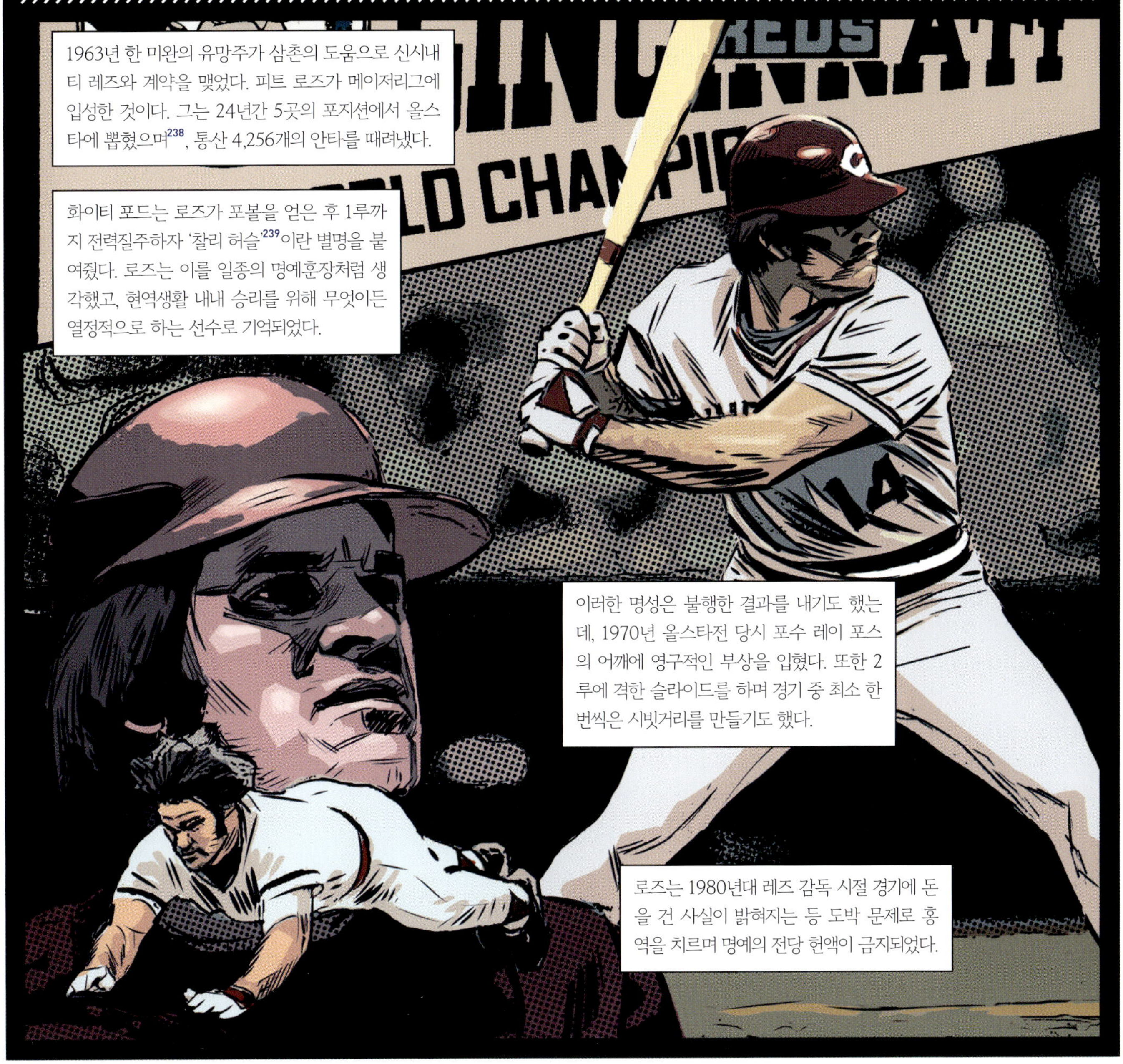

1963년 한 미완의 유망주가 삼촌의 도움으로 신시내티 레즈와 계약을 맺었다. 피트 로즈가 메이저리그에 입성한 것이다. 그는 24년간 5곳의 포지션에서 올스타에 뽑혔으며[238], 통산 4,256개의 안타를 때려냈다.

화이티 포드는 로즈가 포볼을 얻은 후 1루까지 전력질주하자 '찰리 허슬'[239]이란 별명을 붙여줬다. 로즈는 이를 일종의 명예훈장처럼 생각했고, 현역생활 내내 승리를 위해 무엇이든 열정적으로 하는 선수로 기억되었다.

이러한 명성은 불행한 결과를 내기도 했는데, 1970년 올스타전 당시 포수 레이 포스의 어깨에 영구적인 부상을 입혔다. 또한 2루에 격한 슬라이드를 하며 경기 중 최소 한 번씩은 시빗거리를 만들기도 했다.

로즈는 1980년대 레즈 감독 시절 경기에 돈을 건 사실이 밝혀지는 등 도박 문제로 홍역을 치르며 명예의 전당 헌액이 금지되었다.

1977년 시즌은 불과 10년 전과 비교해도 매우 다른 양상을 보였다.

루스의 기록이 깨졌고, 윌리와 미키, 그리고 듀크가 은퇴했다. 구단의 증가와 플레이오프 신설은 기존 정규 시즌의 순위 다툼 양상을 바꿔놓았다.

양키스는 수십 년간 누려왔던 왕좌를 노리며 76년 월드시리즈에 진출했다.

그들은 야구 엘리트로의 복귀를 공언한 열정적인 빌리 마틴 감독의 지도하에 1977-78년 연속으로 월드시리즈 우승을 차지했다.

양키스 부활의 일등공신은 레지널드 마르티네즈 잭슨이었다.

거만하고 실력도 뛰어났던 잭슨은 팬과 동료들로부터 양극단의 평가를 받았다.

세상의 모든 머스터드를 동원해도 레지 잭슨에게는 부족할 것이다.[240]

잭슨은 마틴과 덕아웃에서 내내 불화를 빚었으며 심지어 주먹다짐까지 벌였다[241]. 때문에 양키스는 브롱크스 동물원이라 불렸다.

1977년 월드시리즈 6차전에서 잭슨이 3명의 투수로부터 3개의 연타석 홈런을 빼앗으며[242] 미스터 10월이라는 명성을 굳혔다.*

당시까지 월드시리즈에서 3개의 홈런을 기록한 선수는 베이브 루스가 유일했다.

잭슨은 마지막 경기가 끝난 뒤 흥분한 팬들을 헤치고 나오는데 애를 먹었다. 팬들은 그에게 폭죽을 던졌고, 그는 영웅이 되어 있었다.

* 팀 동료 서먼 먼슨[243]이 붙여준 것이다.

양키스가 돌아왔다. 1977-78년 모두 다저스를 꺾고 정상에 올랐다.

조지 포스터

"단지 배트걸이와 색을 맞추려 했을 뿐이다."[244]

빅 레드 머신에서 과소평가된 선수들 중 하나인 조지 포스터는, 거포이자 강견의 좌익수로서 두 번의 월드시리즈 우승에 핵심역할을 했다. 1977년에는 역대 10번째 시즌 50홈런을 기록하였는데, 1965-90년 기간 중 유일했다.

색을 칠한 배트가 드물던 1970년대 중반, 검정색 배트를 사용하자 다소 잡음이 있었다. 80년대에는 부상으로 주춤하며 위대한 경력을 쌓을 기회를 놓쳤다.

버드

1976년, 빅 버드[245]를 닮아 '더 버드'라는 별명을 가진 디트로이트 타이거스의 신인투수 마크 피드리치가 혜성처럼 등장하며 돌풍을 일으켰다. 실력 외에 그의 기행에서 많은 부분 기인했다. 이닝 전이나 혹은 경기 중에 손과 무릎으로 마운드를 청소했고, 투구 전 공에게 말을 걸기도 했다. 종종 안타를 맞을 것 같은 기분이 들면 공을 교체하기 위해 심판에게 던졌는데, 디트로이트 팬은 물론 모든 야구팬들이 이를 즐겼다.

야구선수로는 유일하게 《롤링 스톤》[246] 표지에 등장할 만큼 그에 대한 열풍은 대단했다. 하지만 1977년 스프링 캠프에서 입은 어깨 부상으로 이른 시기인 1980년을 마지막으로 은퇴했다.

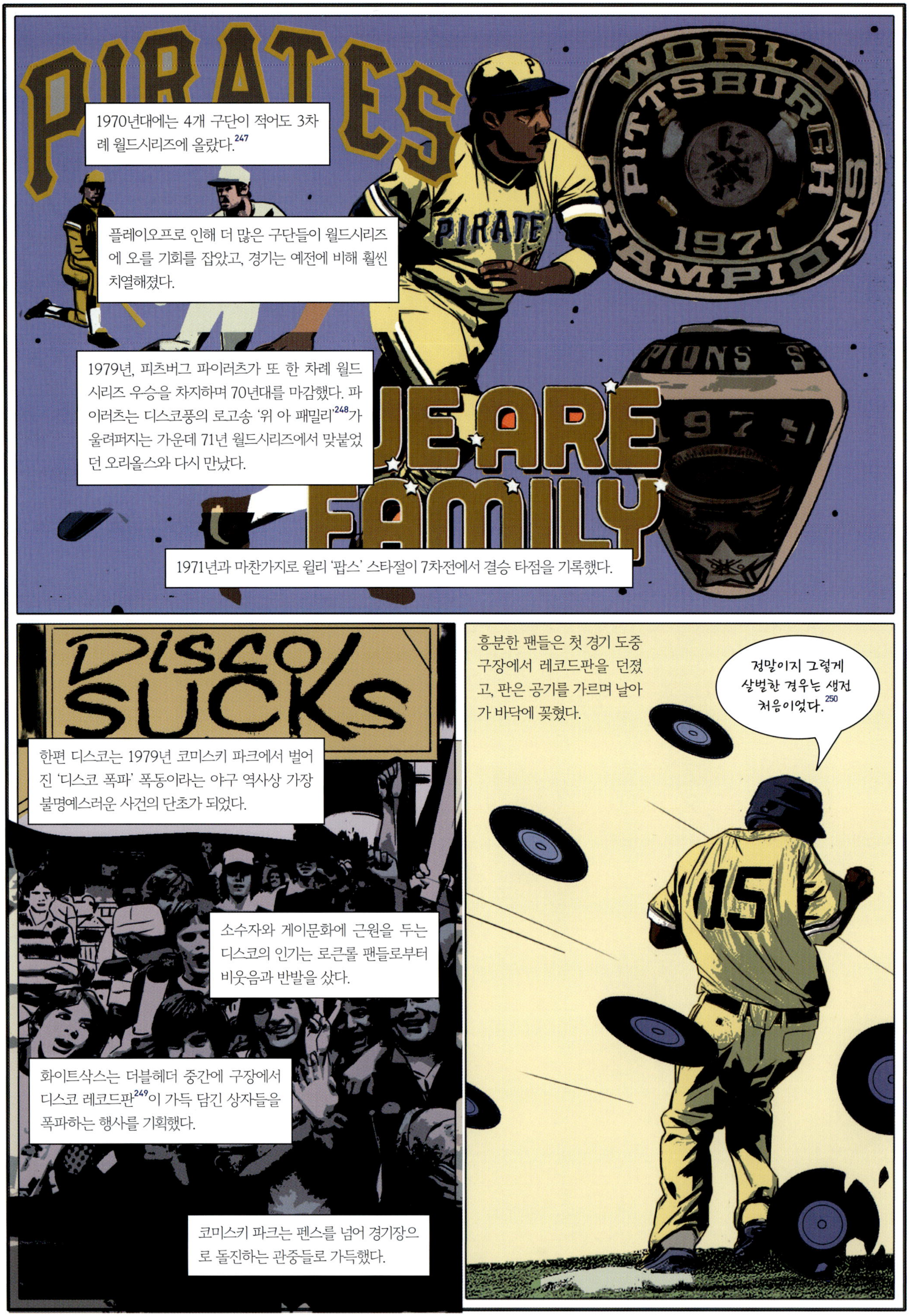

PIRATES

1970년대에는 4개 구단이 적어도 3차례 월드시리즈에 올랐다.[247]

플레이오프로 인해 더 많은 구단들이 월드시리즈에 오를 기회를 잡았고, 경기는 예전에 비해 훨씬 치열해졌다.

1979년, 피츠버그 파이러츠가 또 한 차례 월드시리즈 우승을 차지하며 70년대를 마감했다. 파이러츠는 디스코풍의 로고송 '위 아 패밀리'[248]가 울려퍼지는 가운데 71년 월드시리즈에서 맞붙었던 오리올스와 다시 만났다.

WE ARE FAMILY

1971년과 마찬가지로 윌리 '팝스' 스타젤이 7차전에서 결승 타점을 기록했다.

DISCO SUCKS

한편 디스코는 1979년 코미스키 파크에서 벌어진 '디스코 폭파' 폭동이라는 야구 역사상 가장 불명예스러운 사건의 단초가 되었다.

소수자와 게이문화에 근원을 두는 디스코의 인기는 로큰롤 팬들로부터 비웃음과 반발을 샀다.

화이트삭스는 더블헤더 중간에 구장에서 디스코 레코드판[249]이 가득 담긴 상자들을 폭파하는 행사를 기획했다.

코미스키 파크는 펜스를 넘어 경기장으로 돌진하는 관중들로 가득했다.

흥분한 팬들은 첫 경기 도중 구장에서 레코드판을 던졌고, 판은 공기를 가르며 날아가 바닥에 꽂혔다.

"정말이지 그렇게 살벌한 경우는 생전 처음이었다.[250]"

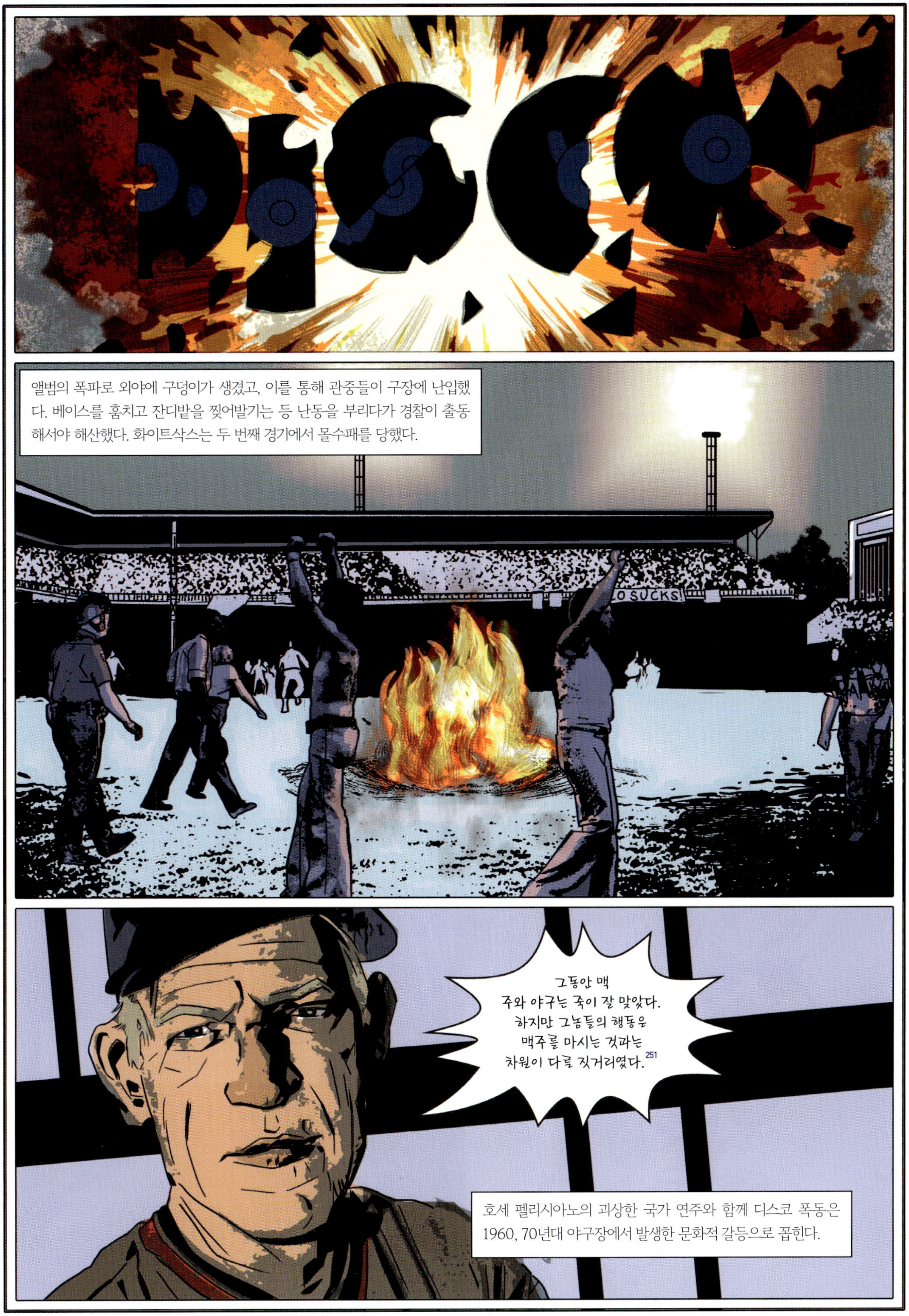

앨범의 폭파로 외야에 구덩이가 생겼고, 이를 통해 관중들이 구장에 난입했다. 베이스를 훔치고 잔디밭을 찢어발기는 등 난동을 부리다가 경찰이 출동해서야 해산했다. 화이트삭스는 두 번째 경기에서 몰수패를 당했다.

> 그동안 맥주와 야구는 죽이 잘 맞았다. 하지만 그놈들의 행동은 맥주를 마시는 것과는 차원이 다른 짓거리였다.[251]

호세 펠리시아노의 괴상한 국가 연주와 함께 디스코 폭동은 1960, 70년대 야구장에서 발생한 문화적 갈등으로 꼽힌다.

연봉을 인상하라

입장 수익이 늘어나자 분배에 있어 갈등도 깊어갔다.

4월 13일까지 개막이 미뤄졌던 1972년을 제외하고 1970년대 단기간의 파업과 직장폐쇄 등은 사실 정규 시즌에 크게 영향을 주지 않았다.

1981년, 선수와 구단 간의 갈등이 고조되었다.

그해 6월 12일 시작된 선수들의 파업은 구단주들이 백기를 든 7월 31일까지 지속됐다.

713경기가 날아갔다. 결국 1981년 시즌은 전후반기로 나뉘어 각 디비전별 승자끼리 사상 최초의 디비전 시리즈를 치렀다.

이후 디비전 시리즈가 정례화된 것은 대규모 파업이 일어난 직후인 1995년에 들어서였다.(152-153쪽 참조)

연봉을 인상하라 : 야구 역사상 최고연봉 수령자 명단

1913 ; 최초 1만 달러 돌파 - 타이 콥

1949 ; 최초 10만 달러 돌파 - 조 디마지오

1980 ; 최초 100만 달러 돌파 - 놀런 라이언

1997 ; 최초 1000만 달러 돌파 - 앨버트 벨[252]

2001 ; 최초 2000만 달러 돌파 - 앨릭스 로드리게스[253]

파업에 승리한 선수들은 선수협회의 힘을 실감했고, 이후 연봉은 수직상승하기 시작했다.(물론 입장권 가격도 함께.)

야구하면서 100만 달러나 받아?

이 같은 엄청난 거금의 투자는 자연스레 경기에 임하는 자세도 변화시켰다.

선수 영입은 줄어들었고, 과감한 슬라이딩은 자제했는데, 특히 홈스틸을 시도하는 선수들이 급격히 감소했다.

평균급여

1967년, 처음으로 최저 급여가 정해져 메이저리그 선수들의 평균급여는 22,000% 이상 상승했다.
커트 플러드의 용기와 마빈 밀러의 불굴의 정신은 선수들이 상상도 못했던 결과를 가져왔다.

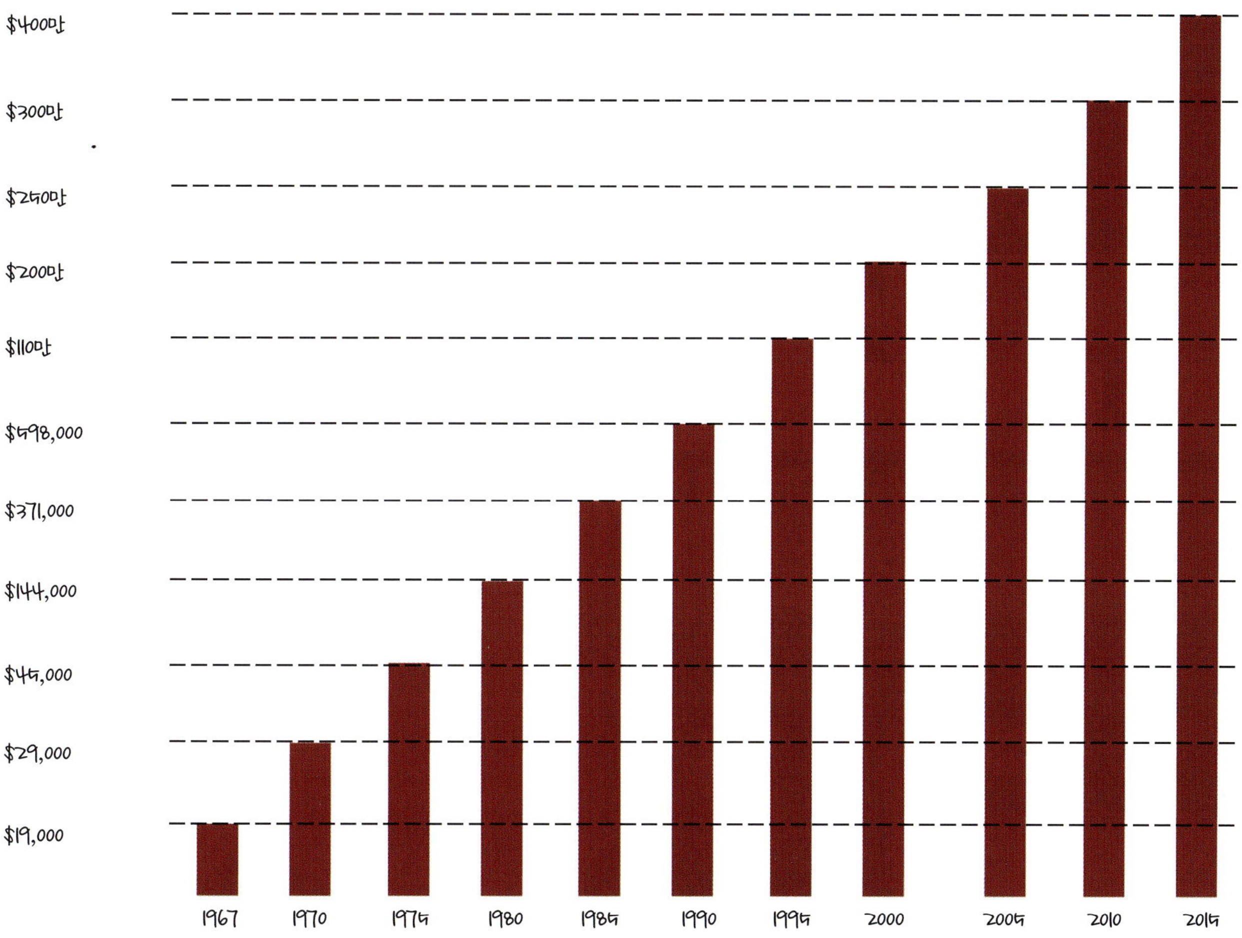

- $400만
- $300만
- $240만
- $200만
- $110만
- $498,000
- $371,000
- $144,000
- $45,000
- $29,000
- $19,000

1967 1970 1975 1980 1985 1990 1995 2000 2005 2010 2015

야구경기와 리그에 대한 시뮬레이션의 시초는 좋아하는 선수에 대한 팬들의 논쟁으로 거슬러 올라간다.

1970, 80년대의 컴퓨터 프로그래머들은 야구경기와 시즌을 예측하기 위해 온 힘을 쏟았다.

대표적인 예로 잭 케루액의 자료들이 있다. 작품 『길 위에서』로 유명 작가가 되기 전 케루액은 가상의 야구 리그를 창조했는데, 각종 통계를 아주 꼼꼼하게 기록했다.*

* 기록은 작가가 모두 직접 작성했다.

1970년대 오리올스의 3루수 데이비 존슨이 야구경기 시뮬레이팅을 위한 컴퓨터 프로그램을 개발했다. 1980년대 메츠 감독이 된 그는 컴퓨터 통계자료를 기반으로 전술을 활용하는 선구적인 역할을 했다.

더욱 복잡한 시뮬레이션을 적용한 판타지 베이스볼[254]이 개발되었다.

1980년대 초반 소위 로티세리 리그[255] 그룹들이 홀연히 나타나 《USA 투데이》의 발행 부수를 증가시켰다. 지역 신문사보다 자세한 경기결과표 덕분이었다.

최초의 상업용 판타지리그들 중 하나가 더그아웃 더비[256]인데, 신문광고를 통해 운행했다.

퍼스널컴퓨터와 인터넷의 확산으로 판타지베이스볼은 온라인으로 옮겨 수백만이 즐기는 게임이 되었다.

148

이러한 시도들은 결국 세이버매트릭스라 불리는 진보된 통계체계를 탄생시켰다.

또 다른 형태로 판타지 캠프를 들 수 있는데, (비싼 참가비를 지불한) 야구선수를 꿈꾸는 이들이 메이저리그 출신 선수들과 함께 모의 스프링 캠프를 갖는 것이다.

과거에 향수를 활용하는 여타의 사업처럼 초기에는 1980년대부터 운영해오던 미키 맨틀의 판타지 캠프에 집중되었다.

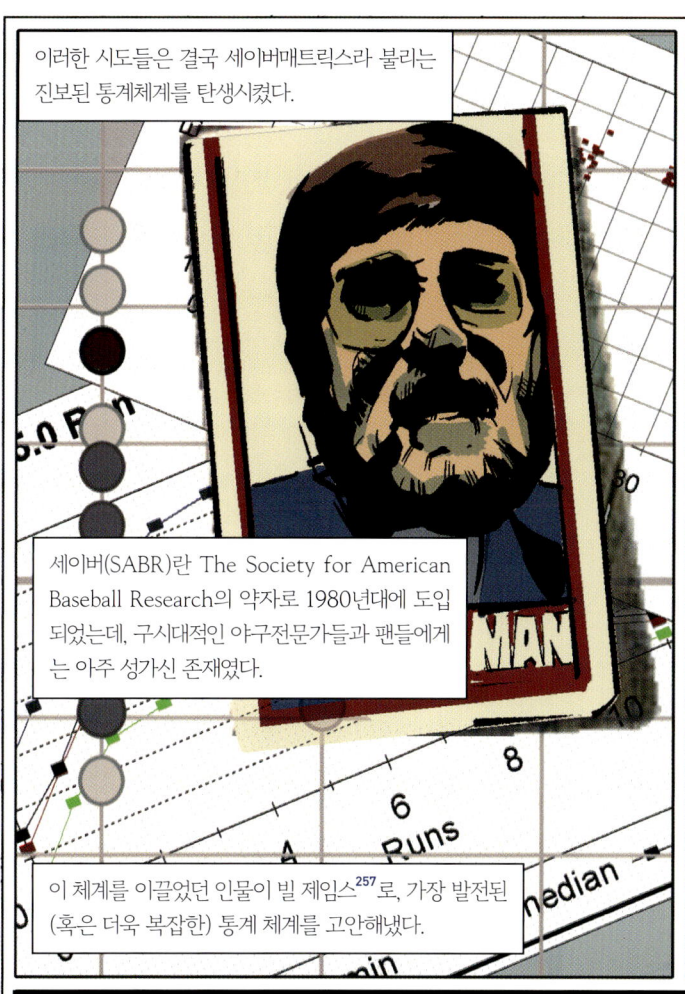

세이버(SABR)란 The Society for American Baseball Research의 약자로 1980년대에 도입되었는데, 구시대적인 야구전문가들과 팬들에게는 아주 성가신 존재였다.

이 체계를 이끌었던 인물이 빌 제임스[257]로, 가장 발전된 (혹은 더욱 복잡한) 통계 체계를 고안해냈다.

현재 모든 메이저리그 구단들이 이를 지원하는데, 팬들과 어울려 본인들의 경험을 공유할 전직 유명 선수들을 초빙하고 있다.

유니버설 야구협회

로버트 쿠버는 1968년작 소설 『유니버설 야구협회 (The Universal Baseball Association, Inc., J. Henry Waugh, Prop.)』에서 상상의 판타지 리그를 창설했는데, 이는 작가의 인생에 뜻하지 않은 영향을 끼쳤다. 이 블랙코미디 작품은 야구팬들에게 큰 인기를 끌었다.

구단의 증가와 FA제도는 전통적인 판세를 바꾸어놓았다.

80년대에는 총 9개 구단이 월드시리즈 우승을 차지했다.(필리스는 98년만의 첫 우승이었다.)258

캔자스시티 로열스와 밀워키 브루어스, 그리고 샌디에이고 파드리스가 처음으로 월드시리즈에 진출했다.259

전문 마무리투수 운용의 증가는 리그평준화에 한몫을 했다.

80년대 월드시리즈 우승팀 대부분이 뛰어난 마무리 투수에 의존했는데, 현재도 마찬가지이다.

80년대 기록들은 종종 다른 시기에 비해 홀대를 받지만 사실은 역사상 기념비적인 시기였다.

1982년 리키 헨더슨260이 130개의 도루로 기록을 갈아치웠다.

1983년에는 당시 독보적이던 월터 존슨의 3,509개 삼진기록을 놀런 라이언과 스티브 칼턴, 그리고 게일로드 페리261 등 3명이 한꺼번에 넘어섰다.

1985년 피트 로즈가 타이 콥의 통산안타 기록을 갈아치웠다. 그는 의외로 겸손하게 당시를 회상했다.

나는 무수한 타석에 나서 수많은 아웃을 기록하고서야 기록을 경신했다. 내가 콥보다 결코 뛰어나다고 할 수 없다.

디트로이트 타이거즈 감독 스파키 앤더슨[262]은 1984년 월드시리즈에서 샌디에이고 파드리스를 누르고 최초로 양대 리그 우승을 차지한 감독이 되었다.

"나도 나름대로 결점이 많다. 하지만 과거에 연연하며 살지 않는다. 그런 삶에는 미래가 없으니까."

로저 클레멘스는 1986년, 한 경기 20삼진을 달성한 최초의 투수가 되었다.

1988년 호세 칸세코는 메이저리그 최초의 40홈런 40도루를 기록했다.

300/3000

총 24명의 투수가 300승 이상을 기록했지만 그 중 9명만이 300승 3,000탈삼진을 달성했다. 총 30명의 타자가 3,000개 이상의 안타를 기록했지만 오직 11명만이 3,000안타 300홈런을 달성했다.

타자 : 행크 에런, 스탠 뮤지얼, 칼 야스트렘스키, 윌리 메이스, 앨 칼라인, 라파엘 팔메이로[263], 데이브 윈필드, 조지 브렛, 칼 립켄 주니어[264], 에디 머리[265], 앨릭스 로드리게스.

투수 : 놀런 라이언, 로저 클레멘스[266], 스티브 칼턴, 톰 시버, 돈 서턴[267], 게일로드 페리. 월터 존슨, 필 니크로[268], 그레그 매덕스[269].

1982년 게일로드 페리—유명한 메이저리그 마지막 부정투구 투수—가 1923년 월터 존슨 이후 두번째로 300/3000클럽에 입성했다.

300승은 아무나 할 수 있는 것이 아니다.

300승과 3,000안타는 확실한 명예의 전당행 티켓이다. 세 명은 예외인데 피트 로즈와 로저 클레멘스, 그리고 라파엘 팔메이로이다. 둘은 스테로이드(160쪽 참조), 나머지 한 명은 도박 때문이었다. 로드리게스의 경우 명예의 전당 헌액 심사자격이 갖춰지는 2021년에 결정된다.[270]

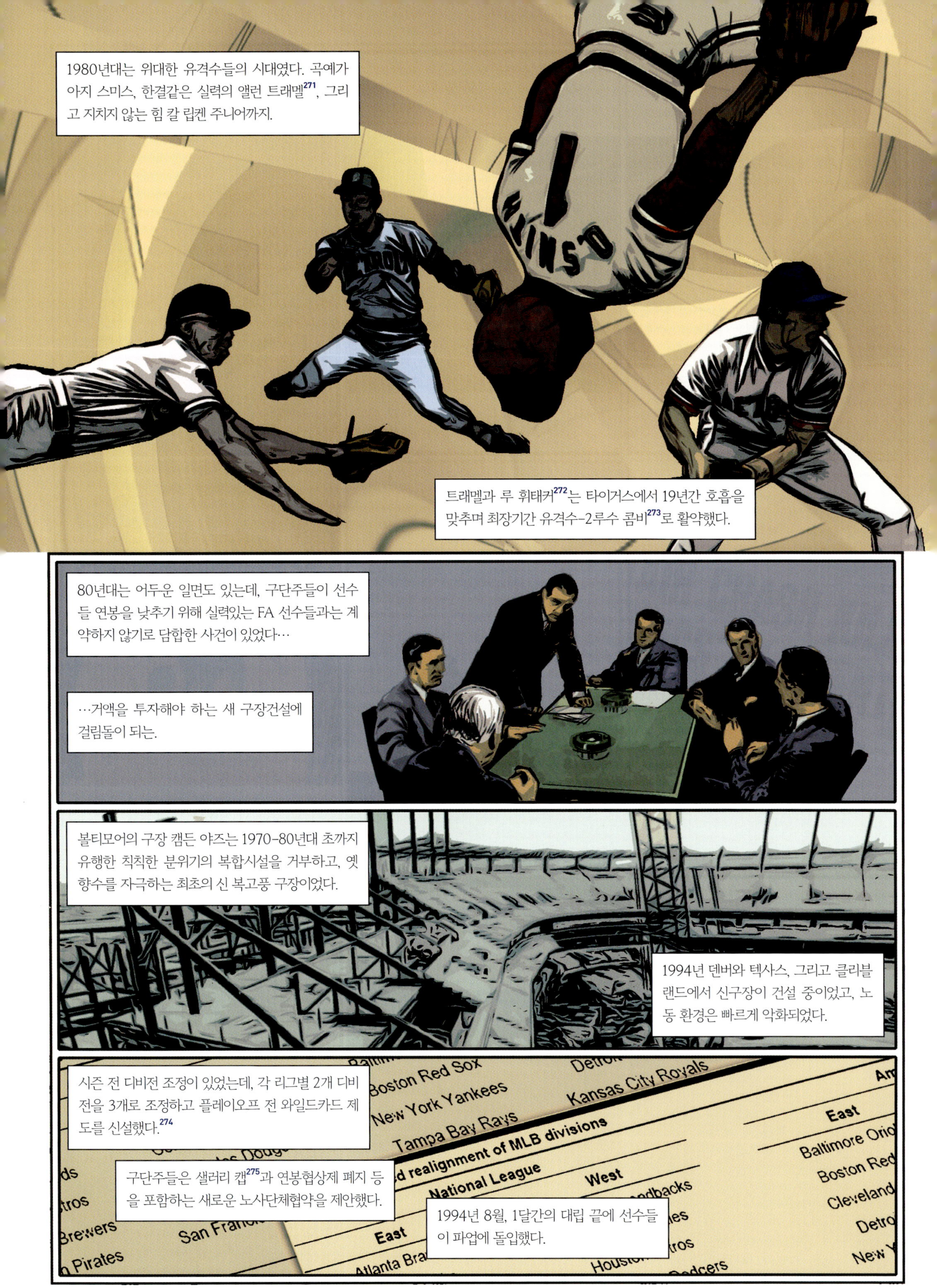

1980년대는 위대한 유격수들의 시대였다. 곡예가 아지 스미스, 한결같은 실력의 앨런 트래멜[271], 그리고 지치지 않는 힘 칼 립켄 주니어까지.

트래멜과 루 휘태커[272]는 타이거스에서 19년간 호흡을 맞추며 최장기간 유격수-2루수 콤비[273]로 활약했다.

80년대는 어두운 일면도 있는데, 구단주들이 선수들 연봉을 낮추기 위해 실력있는 FA 선수들과는 계약하지 않기로 담합한 사건이 있었다…

…거액을 투자해야 하는 새 구장건설에 걸림돌이 되는.

볼티모어의 구장 캠든 야즈는 1970-80년대 초까지 유행한 칙칙한 분위기의 복합시설을 거부하고, 옛 향수를 자극하는 최초의 신 복고풍 구장이었다.

1994년 덴버와 텍사스, 그리고 클리블랜드에서 신구장이 건설 중이었고, 노동 환경은 빠르게 악화되었다.

시즌 전 디비전 조정이 있었는데, 각 리그별 2개 디비전을 3개로 조정하고 플레이오프 전 와일드카드 제도를 신설했다.[274]

구단주들은 샐러리 캡[275]과 연봉협상제 폐지 등을 포함하는 새로운 노사단체협약을 제안했다.

1994년 8월, 1달간의 대립 끝에 선수들이 파업에 돌입했다.

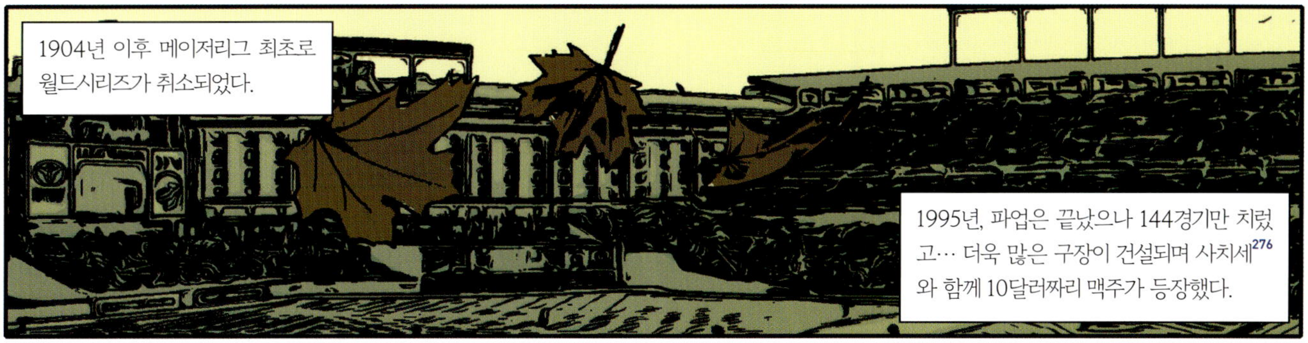

1904년 이후 메이저리그 최초로 월드시리즈가 취소되었다.

1995년, 파업은 끝났으나 144경기만 치렀고… 더욱 많은 구장이 건설되며 사치세[276]와 함께 10달러짜리 맥주가 등장했다.

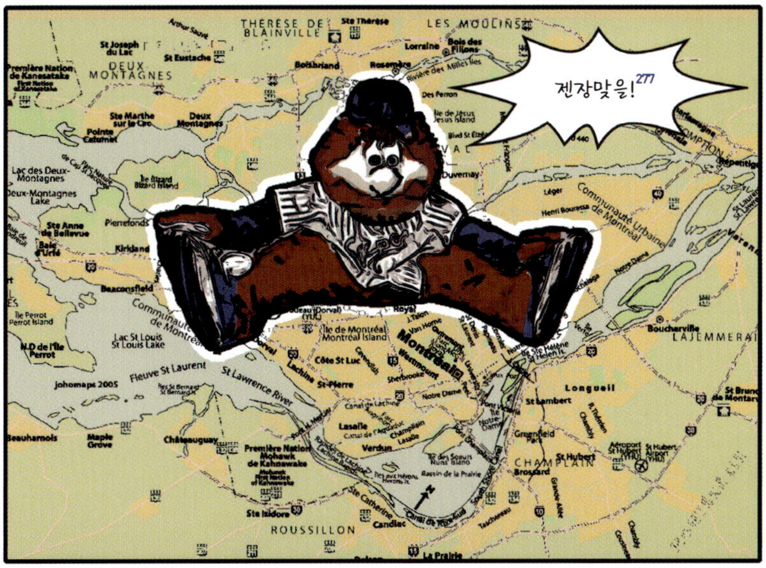

젠장맞을![277]

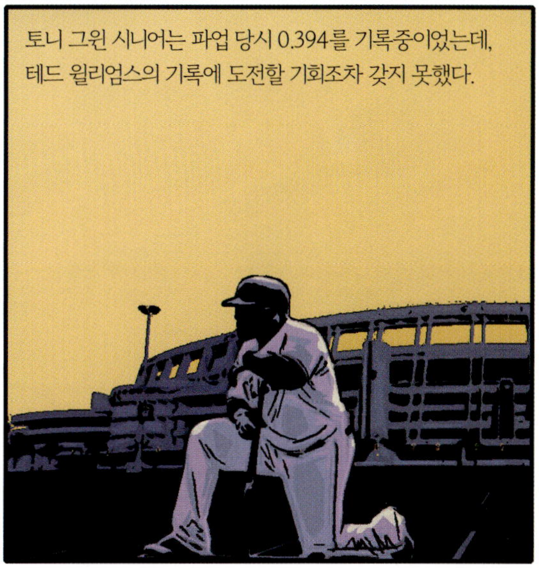

토니 그윈 시니어는 파업 당시 0.394를 기록중이었는데, 테드 윌리엄스의 기록에 도전할 기회조차 갖지 못했다.

니그로리그 야구박물관

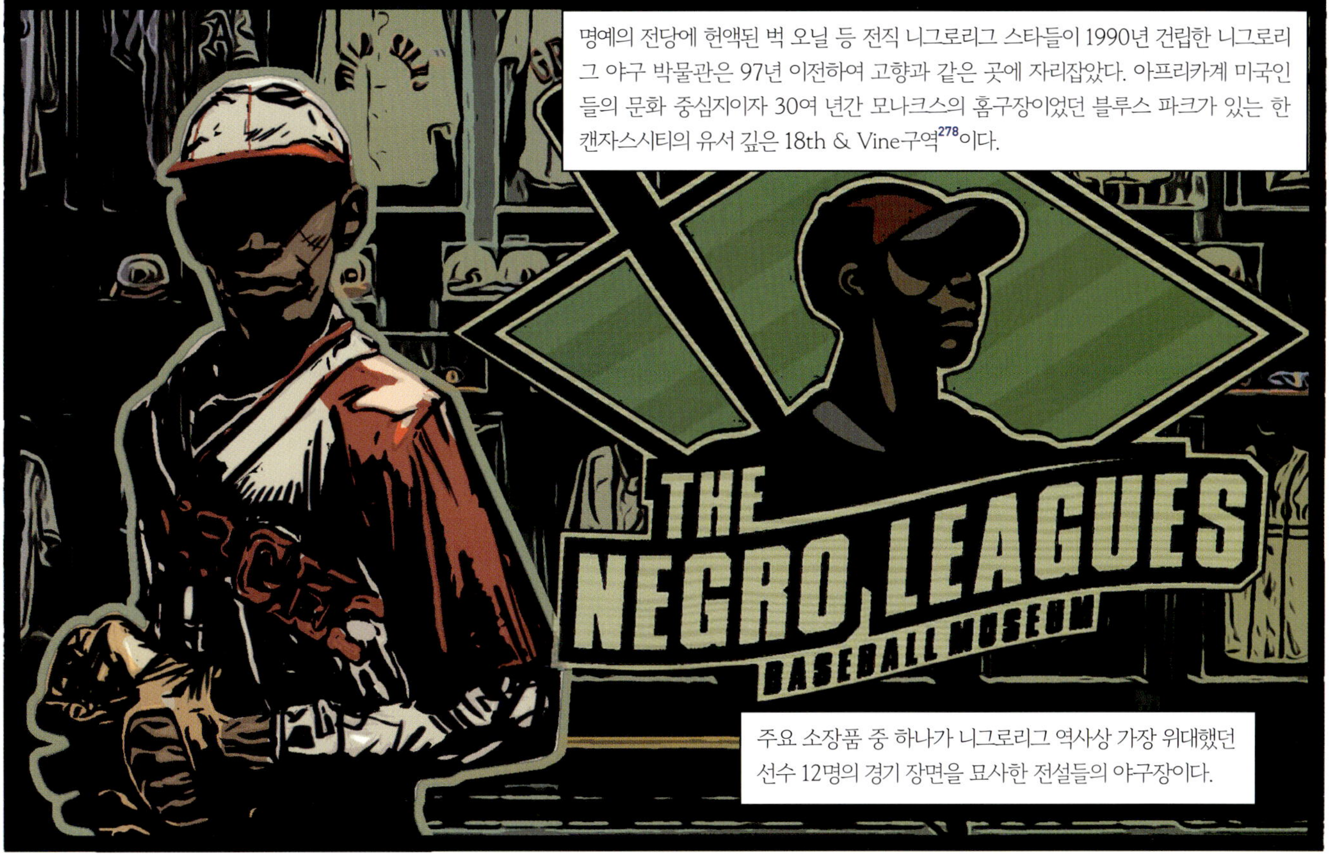

명예의 전당에 헌액된 벅 오닐 등 전직 니그로리그 스타들이 1990년 건립한 니그로리그 야구 박물관은 97년 이전하여 고향과 같은 곳에 자리잡았다. 아프리카계 미국인들의 문화 중심지이자 30여 년간 모나크스의 홈구장이었던 블루스 파크가 있는 한 캔자스시티의 유서 깊은 18th & Vine구역[278]이다.

주요 소장품 중 하나가 니그로리그 역사상 가장 위대했던 선수 12명의 경기 장면을 묘사한 전설들의 야구장이다.

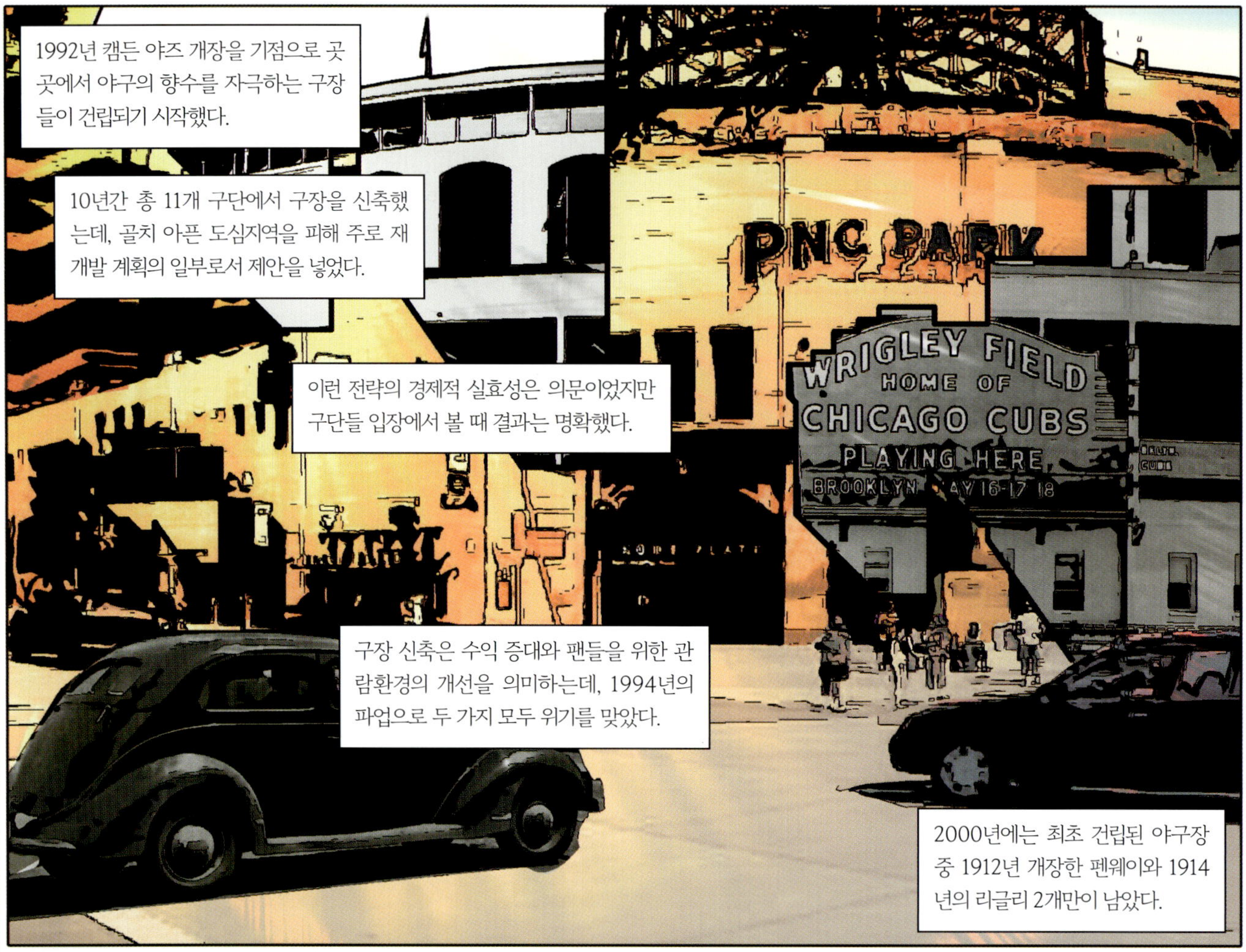

1992년 캠든 야즈 개장을 기점으로 곳곳에서 야구의 향수를 자극하는 구장들이 건립되기 시작했다.

10년간 총 11개 구단에서 구장을 신축했는데, 골치 아픈 도심지역을 피해 주로 재개발 계획의 일부로서 제안을 넣었다.

이런 전략의 경제적 실효성은 의문이었지만 구단들 입장에서 볼 때 결과는 명확했다.

구장 신축은 수익 증대와 팬들을 위한 관람환경의 개선을 의미하는데, 1994년의 파업으로 두 가지 모두 위기를 맞았다.

2000년에는 최초 건립된 야구장 중 1912년 개장한 펜웨이와 1914년의 리글리 2개만이 남았다.

일본인들의 진출

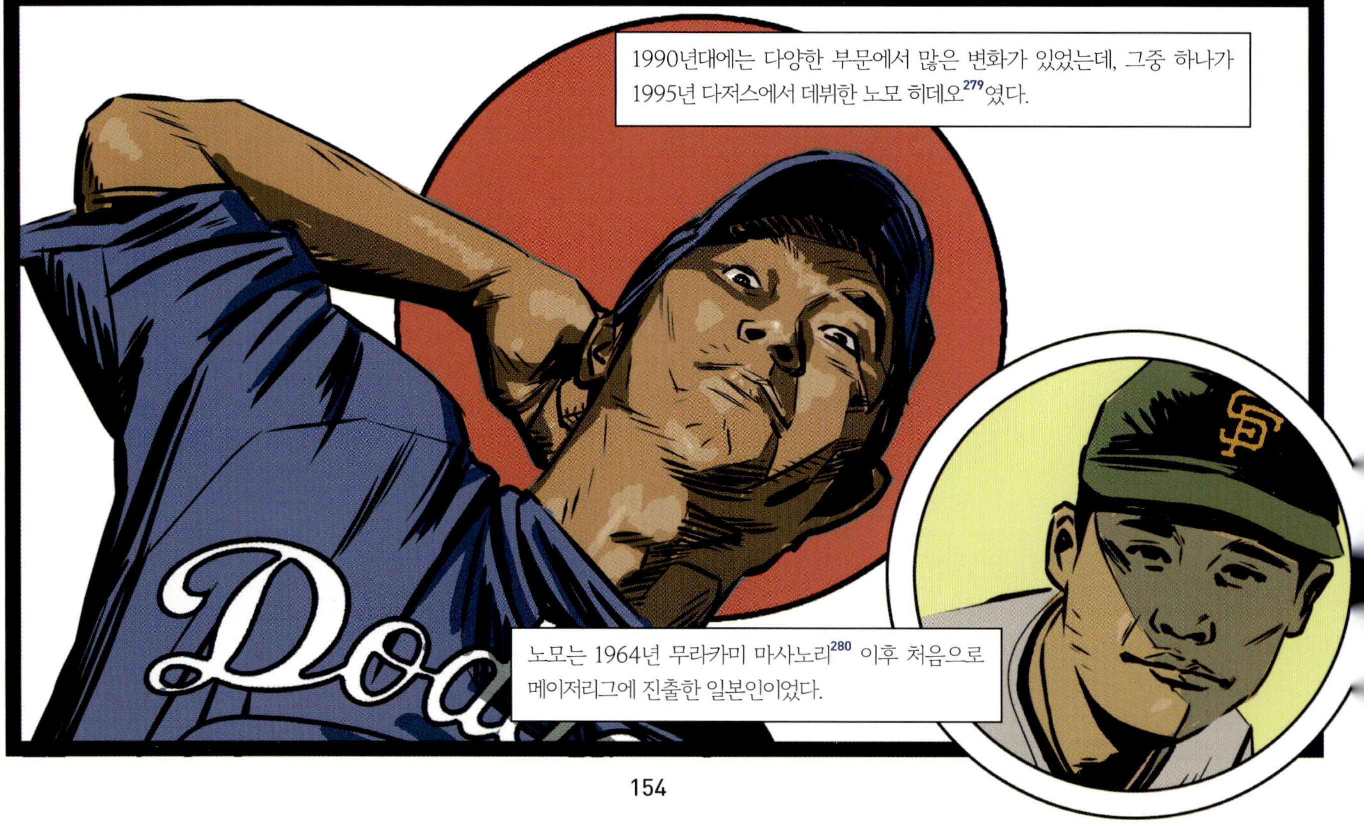

1990년대에는 다양한 부문에서 많은 변화가 있었는데, 그중 하나가 1995년 다저스에서 데뷔한 노모 히데오[279]였다.

노모는 1964년 무라카미 마사노리[280] 이후 처음으로 메이저리그에 진출한 일본인이었다.

1995년 알링턴의 텍사스 레인저스 신축구장에서 열린 올스타경기 당시 총 6개국 출신의 선수들이 경기에 나서 야구계에도 인구통계학적 변화가 진행되었다.

1975년 메이저리그에서 아프리카계 미국인의 비율은 27%였는데,

2015년의 경우 그 비율이 10%로 감소한 대신 히스패닉 계열이 28%를 차지했다.

새로운 전략이 구단경영진에 퍼졌다. 눈으로 직접 확인하던 구세대 스카우트나 감독들과 달리 데이터를 기반으로 하는 젊은 경영진이 등장한 것이다. 바로 머니볼이다.

숨은 가치를 찾아내기 위해 컴퓨터를 활용한다는 간단한 생각이었다.

전직 선수 빌리 빈[281]이 오클랜드 애슬레틱스에 합류하여 단장 샌디 앨더슨[282]에게 머니볼 원칙을 배웠다.

1997년 빈이 단장직을 이어받자 결과는 극적이었다. 2000년 애슬레틱스가 디비전 우승을 차지했다.

다른 구단들 역시 세이버메트릭스 원칙에 주목하며 야구 운영의 근간으로 다루기 시작했다.(자세한 내용은 149쪽 참조)

이와 동시에 인해 스카우트 망이 더욱 정교해지고 데이터를 중심으로 하게 되었으며, 국제화되었다.

구단들은 야구에 열광적인 중남미 국가들에 야구 학교를 세우기 시작했다.

이 중 가장 유명한 것이 도미니카공화국 산페드로데마코리스에 있다.

인구가 20만 명 정도인 작은 도시 산페드로데마코리스에서 76명의 메이저리그 선수가 나왔다.

베네수엘라와 파나마 역시 재능이 풍부한 선수들이 넘쳐났다.

이제 야구계에서 인종의 벽이 남은 건 심판 분야뿐이었다.

1966년, 에밋 애슈퍼드가 아프리카계 미국인 중 최초로 메이저리그에 입성했다.

야구계는 항상 최소 인원의 흑인이나 히스패닉계 심판진을 유지해왔다.

1988년, 팸 포스테마가 스프링 캠프에서 최초의 여성 심판으로 데뷔했으나 1989년 시즌 후 계약이 종료되자 성차별건으로 소송을 제기하여 합의를 보았다.

포스테마는 모욕과 살해협박으로 은퇴하기 전까지 여성 최초로 1970년대 마이너싱글그그에서 심판을 본 버니스 제러가 개척한 영역을 더욱 확장했다.

새로운 세기에 접어들었지만 변한 것은 없었다. 리아 코르테시오는 스프링 캠프 심판을 맡았지만 그것이 끝이었다. 그녀는 결국 2007년 야구계를 떠났다.

19번째 남자

역대 최고의 야구 영화로 <19번째 남자(Bull Durham)>가 꼽힌다. 메이저도 아닌 마이너 소속 젊은 강속구 투수의 메이저리그 입성을 위해 고군분투하는 한 노장 선수의 이야기이다. 그들은 한 여성팬(물론 이름은 애니이다.)[283]을 놓고 경쟁을 벌이는 사이도 하다.

극중 누크 라루시의 실제 인물인 스티브 달코스키[284]는 스프링 캠프 당시 은퇴한 지 얼마 되지 않은 테드 윌리엄스에게 공을 던져 전설이 되었다. 윌리엄스는 그런 강속구는 처음이라고 언급했다.

하지만 달코스키는 제구력 난조와 무절제한 생활로 삶이 편치 않았다. 메이저리그를 목전에 두고 사라졌던 그와 달리 누크 라루시는 메이저리그에서 성공을 거둔다.

스테로이드 시대

머니볼이 인기를 끈 이유 중 하나가 바로 TV방송 수입과 시청률의 감소였다. 리그 축소와 최근의 규모확대로 질적 저하 우려에 대해 논의했다.

물론 진짜 문제는 파업에 대한 팬들의 분노가 가라앉지 않았다는 점이었다.

분위기를 반전시킬 만한 극적인 무언가가 필요했고, 마침내 1996-98년간 그 드라마의 주인공이 나타났다. 이제 막 오클랜드에서 세인트루이스 카디널스로 이적한 마크 '빅 맥' 맥과이어[285]였다.

1990년대 후반 야구판을 뒤흔들었던 홈런 경쟁은 안타깝게도 더 많은 스테로이드를 요구했다.*

---
* 유감스럽게도 몇몇 선수들은 더 많은 양의 스테로이드를 맞았지만 당시에는 아무도(연루된 선수들을 제외하고) 알아채지 못했다.

지난 30년간 4명만이 50홈런을 기록했다.

하지만 1996년의 경우 맥과이어가 52개, 그리고 예상 외로 오리올스의 브래디 앤더슨[286]이 50개를 때려냈다.

1997년에는 맥과이어와 켄 그리피 주니어[287]가 61개를 향해 경쟁한 결과 맥과이어가 58개로 56개의 그리피를 눌렀다.

대망의 1998년, 맥과이어와 새미 소사[288]는 8월 말 현재 55개로 동률을 이루고 있었다.

일주일 후 소사가 61호를 기록했다.

맥과이어가 61호와 62호를 때려내며 매리스의 기록을 깼다.

맥과이어가 70개, 소사는 66개로 시즌을 마쳤다. 유사 이래 최고의 접전이었다.

관중은 다시 증가했고 파업의 여파로부터 서서히 벗어나고 있었다.

행운의 만루홈런

야구에서 만루홈런이 가장 짜릿한 장면은 아닐지라도 타자가 할 수 있는 최고의 한 방이라는 점은 확실하다. 만루홈런의 역사에는 몇몇 특이한 일들이 있었다.

1999년 4월 23일, 페르난도 타티스는 한 이닝에 두 번의 만루홈런을 쳐낸 최초의 선수가 되었다. 희생자는 LA 다저스의 박찬호였다.

최초로 한 시즌에 두 차례 만루홈런을 기록한 선수는 브루클린 슈퍼버스의 지미 셰커드로, 1901년 이틀 연속 신시내티 상대였는데, 공교롭게도 두 번 모두 장내홈런이었다.

세인트루이스 브라운의 투수 텍스 셜리는 1946년 보스턴의 루디 요크[289]를 상대로 한 경기에서 2번의 만루홈런을 허용한 유이한 선수였다.

양키스의 돈 매팅리는 1987년 시즌 6번이나 만루홈런을 때렸는데, 이것이 만루홈런을 기록한 그의 유일한 시즌이었다.

맥과 새미의 경쟁 3년 후인 2001년, 배리 본즈[290]가 73개[291]의 홈런으로 맥과이어의 기록을 깼다.

본즈는 2007년 은퇴 전까지 762홈런을 기록하며 행크 에런의 통산기록도 경신했다.

같은 해 선수들의 약물사용에 대한 조사연구인 미첼 보고서[292]가 야구계 내에 스테로이드 문제가 얼마나 만연해 있는지 처음으로 밝혀냈다.

본즈, 맥과이어, 소사, 로저 클레멘스, 앨릭스 로드리게스, 라파엘 팔메이로… 수많은 스타급 선수들이 본인의 기록과 명성에 오점을 남겼다.

스테로이드에 대한 관리가 철저해지자 2007년 이후로는 단 3명만이 50홈런을 기록했는데, 2010년 호세 바티스타[293]와 2013년 크리스 데이비스[294], 그리고 2017년 지언카를로 스탠턴[295] 등이다.

약물은 대대로 야구의 일부였다. 야구 역사상 최초로 300승을 올린 1890년대 투수 퍼드 갤빈은 원숭이의 남성호르몬인 테스토스테론과 개의 고환에서 추출한 분비액이 섞인 영약을 섭취했다.

'그리니스'라 불리는 암페타민은 1950-70년대에 지속적으로 사용되었다.

"수명이 5년 줄어드는 대신 20승을 올릴 수 있는 알약이 있다면 선수들은 당연히 복용할 것이다.[296]"

21세기

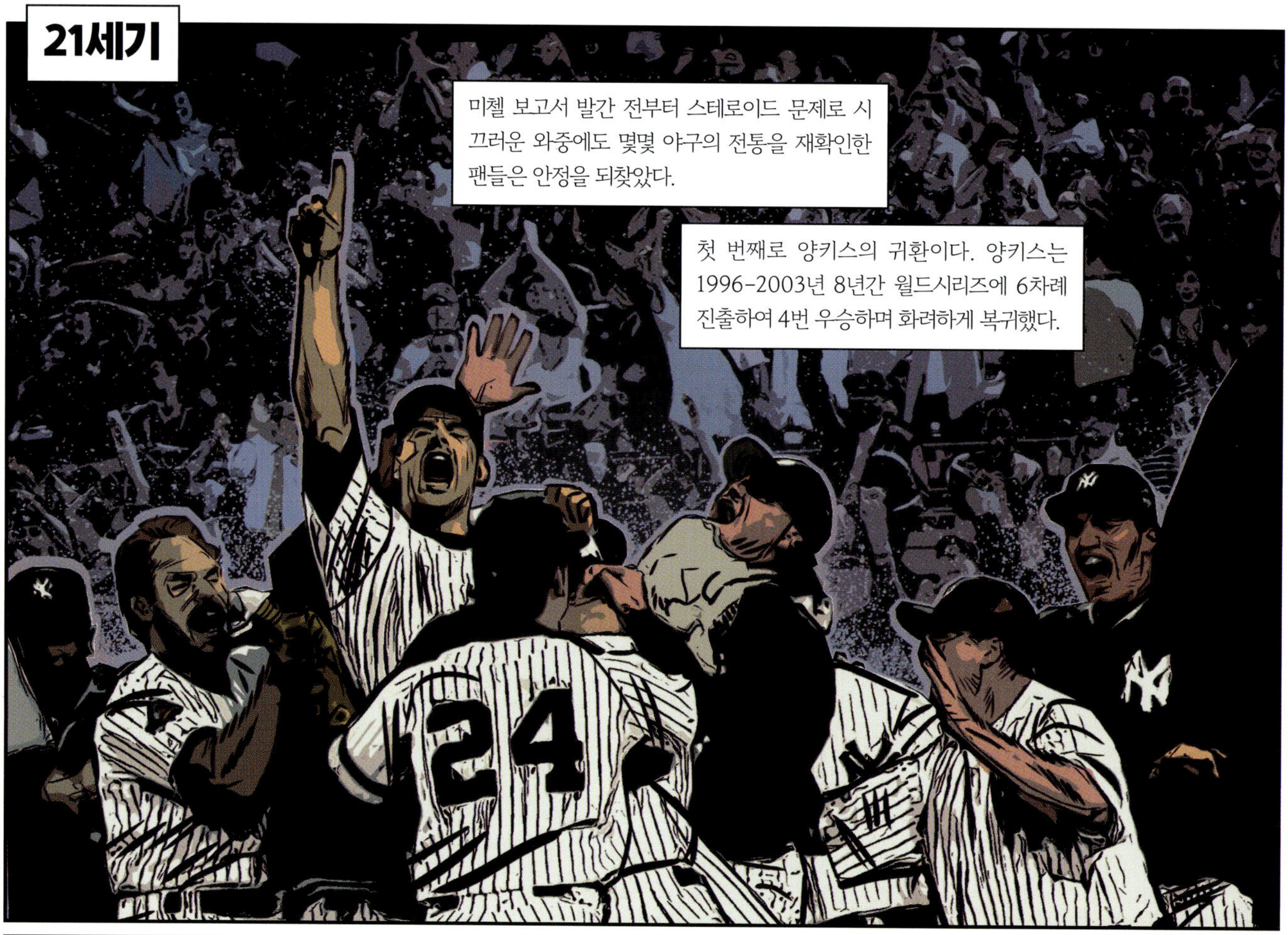

미첼 보고서 발간 전부터 스테로이드 문제로 시끄러운 와중에도 몇몇 야구의 전통을 재확인한 팬들은 안정을 되찾았다.

첫 번째로 양키스의 귀환이다. 양키스는 1996-2003년 8년간 월드시리즈에 6차례 진출하여 4번 우승하며 화려하게 복귀했다.

과거 국가적 위기 때와 마찬가지로 9·11테러로 충격에 빠진 미국인들을 한데 묶은 것 역시 야구였다.

일주일간의 경기중단 후 야구계는 미국 문화에서 국민통합의 역할을 해왔던 역사를 상기하며 경기 재개를 결정했다.

야구의 역사는 돌고 돌아 레드삭스와 자이언츠가 100년 전과 같이 21세기 초반 월드시리즈에서 정상에 올랐다.[302]

21세기 초반을 어떻게 표현할지 묻는다면 바로 기나긴 세월을 이어온 드라마 중 일부가 종영되었다는 것이다.

2005년에는 화이트삭스가, 빨간색 형제의 성공에 고무되었을 것이다. 1917년 이후 처음으로 월드시리즈에서 우승하며 시카고 남부를 열광의 도가니로 몰아넣었다.

암울했던 86년의 세월을 견뎌낸 레드삭스가 1946년과 1967년의 패배를 되갚으며 카디널스를 물리치고 마침내 2004년 월드시리즈 정상에 올랐다.

레드삭스는 이 감격의 순간에 걸맞게 아메리칸리그 챔피언십시리즈(ALCS)에서 양키스를 상대로 3연패 후 4연승을 거두는 각본 없는 드라마를 썼다.

야구 역사상 이렇듯 위대한 복귀전은 없었다. 밤비노의 저주가 마침내 풀렸다.

시카고는 보스턴보다 월드시리즈 우승을 차지하지 못한 기간이 2년 더 길었음에도 그리 극적이지 않았는데, 죽은 지 수십 년도 더 된 베이브 루스 영향력의 차이였다.

유일한 여성 명예의 전당 헌액자

에파 맨리[303]는 뉴어크 이글스 구단주 에이브 맨리와의 결혼 직후 야구계에 뛰어들어 구단 마케팅과 일상 업무를 전담했다. 그녀가 선수들을 위해 환경을 개선시키자 그 영향은 곧 여타 니그로리그 구단들로 퍼져나갔다. 인권운동의 선구자였던 맨리는 흑인 고용을 금지하는 뉴욕시 정책의 거부운동과, 흑인 의사와 간호사의 훈련을 위한 부커 T. 워싱턴 지역사회병원 건립 모금을 주도했다.

뉴어크 이글스가 니그로리그 월드시리즈에서 우승하고, 메이저리그에서 인종차별정책이 철폐되자 맨리는 니그로리그에서 활약한 주요 선수들이 합당한 대접을 받아야 한다고 주장했다. 덕분에 래리 도비와 몬티 어빈이 명예의 전당에 헌액되었다.

2006년, 세상을 뜬 지 25년 만에 맨리가 여자로는 유일하게 명예의 전당에 헌액되었다.

스테로이드 시대의 혼란이 잦아들자 야구계는 안정을 되찾았다. 그리고 예전보다 더욱 정밀하고 신중해졌다.

그리고 여전히 새로운 대기록을 쏟아냈다.

스즈키 이치로[304]가 2004년 262개로 단일 시즌 최다안타를 기록했다. 2016년 3천 안타를 달성하자 일부 한국 선수들과 더욱 많은 일본 선수들이 진출했다.

양키스의 구원투수 마리아노 리베라[305]가 통산 652세이브를 기록했다.

친구인 양키스의 데릭 지터[306]는 2014년 메이저리그 통산 6위인 3,465안타를 달성하고 은퇴했다.

2012년 역사상 최고의 오른손 타자 중 하나인 미겔 카브레라[307]가 1967년 이후 최초로 3관왕을 차지했다.*

* 세이버매트릭스 분석가들에 의하면 심지어 당시는 그의 최고시즌도 아니었다.

2012년에는 필립 험버[308]와 맷 케인[309], 그리고 펠릭스 에르난데스[310] 등 3번의 퍼펙트 경기가 나왔다. 역사상 퍼펙트 경기는 25번에 불과했다.

2017년 알버트 푸홀스[311]가 9번째 600홈런을 기록했다.

그레그 매덕스[312]와 로저 클레멘스[313]가 355승과 354승이라는 경이로운 기록을 남기고 은퇴했다.

보스턴 레드삭스의 다비드 오르티스[314]가 2016년 541홈런을 기록하고 은퇴하자 명예의 전당에 지명타자를 들일 것인지 논쟁이 시작되었다.

관중이 다시 증가하자 구장 신축이 계속되었다. 30개 메이저리그 구단 중 3개 구단만이 현대식 복합시설구장을 보유하고 있었다.

이제 옛 보석상자 중 2개만이 남았다. 팬웨이 파크와 나머지는…

용어설명

감독(Manager) : 경기전술을 책임지는 구단의 지도자. 다른 운동종목과 달리 경기 중 유니폼을 착용한다.

공식기록원(Official Scorer) : 경기의 통계자료를 책임지고, 안타 혹은 실책 여부를 가려내야 하는 특정상황에서 결정권을 지닌 사람.

구원투수(Relief Pitcher) : 선발로 나오지는 않은 투수. 릴리버라고도 한다.

기록(Record) : 구단 혹은 투수의 승패기록. 승과 패가 같을 경우 5할(.500)이라 한다.

끝내기(Walkoff) : 9회말 혹은 연장전 말 공격에서 안타나 희생타로 경기를 승리로 이끄는 플레이.

내야플라이(Popup) : 일직선에 가깝게 높이 떠서 내야수에게 잡힌 타구. 외야까지 뻗어가는 뜬공은 외야플라이(Pop Fly)라고 한다.

너클볼(Knuckleball) : 공을 손가락 끝이 아닌 관절로 잡아 던지는 것. 공은 거의 회전 없이 예측 못한 움직임을 보이며 날아간다.

노디시전(No-Decision) : 경기에 투입된 투수가 승리나 패전 그 어느 것도 기록하지 않은 경우.

노히터(No-Hitter) : 투수가 1개의 안타도 허용하지 않은 경기. 베이스로 걸어 나가거나 에러로 진루할 수는 있다.('퍼펙트게임' 참조)

대주자(Pinch Runner) : 진루에 성공한 타자주자를 대신하여 투입되는 주자. 보통 기존 타자주자보다 발이 빠른 선수로, 득점이 필요한 경우 활용한다.

대체 선수 대비 생산력지표(Value Over Replacement Player / VORP) : 평균적인 (대체) 선수와 비교하여 해당선수의 가치를 나타내는 세이버메트릭스의 평가도구.

대체 선수 대비 승리기여도(Wins Above Replacement / WAR) : 평균적인 (대체) 선수와 비교하여 얼마나 많은 승리에 기여했는지 나타내는 평가도구.

대타(Pinch Hitter) : 기존 타자와 교체되어 타석에 들어가는 타자. 내셔널리그[315]에서는 주로 투수 타순에 활용한다.

더블스위치(Double Switch) : 투수의 다음 타격을 늦추려는 의도로 투수 타순에 대타로 나선 선수를 기존 야수와 교체하고 비어 있는 투수자리에 새로운 구원투수를 투입하는 것.

데드볼시대(Dead Ball Era) : 투수에게 유리한 다양한 종류의 야구공이 혼재하여 홈런이 귀했던 시대. 대략 1901-20년을 말한다. 선수들 역시 수비와 주루능력이 승패를 좌우한다고 믿어 홈런에 욕심을 내지 않았다.

도루(Stolen Base) : 타자가 타격을 수행하지 않았어도 누상의 주자가 현재 베이스에서 다음 베이스로 진루하는 것.('주자' 참조)

땅볼(Ground Ball) : 땅 위로 굴러간 타구.

라인드라이브(Line Drive) : 낮은 각도로 강하게 날아가는 타구.

런다운(Rundown) : 상대 내야진이 주자를 두 베이스 사이에서 포위하여 서로 공을 주고받으며 압박해 들어가는 상황.

마무리투수(Closer) : 경기 막바지에 짧은 이닝을 책임지는 투수. 대개 결정구 하나쯤은 보유하고 있으며, 2이닝 이상은 무리이고 보통 1이닝 정도 담당한다.

박스스코어(Box Score) : 기록을 위해 야구경기의 각종 구성요소를 모아놓은 목록.

방해(Interference) : 타자의 타격과 주루 혹은 수비수의 행위를 방해하는 것. 심판은 타자와 주자에게 추가 진루나 아웃을 선언할 수 있다.

번트(Bunt) : 타자가 양손으로 배트를 잡아 휘두르지 않고 수평으로 공에 갖다 대는 타격방법. 공은 몇m 굴러가지 않는다.

병살(Double Play) : 한 번의 타격으로 두 개의 아웃을 잡아내는 것.

볼(Ball) : 스트라이크 존을 벗어난 공.('스트라이크 존' 참조)

볼넷(Walk) : 타자가 투수로부터 4개의 볼을 얻어 1루로 걸어나가는 것. 베이스 온 볼스라고도 한다.

부정투구(Spitball) : 투구방향을 예측하기 힘들도록 하거나, 떨어지는 각도를 크게 하기 위해 공에 침이나 다른 이물질을 묻혀 던지는 것. 스피터라고도 한다.

불펜(Bullpen) : 구원투수들을 위한 공간. 구단의 구원투수진을 의미하기도 한다.

삼중살(Triple Play) : 한 번의 수비행위로 3개의 아웃을 잡아내는 것. 매우 드물다.

세이버메트릭스(Sabermetrics) : 예전 방식보다 선수의 가치를 더욱 정확하게 파악하기 위해 시도한 진보된 통계방식.

세이브(Save) : 승리를 지켜낸 구원투수의 효율성을 측정하기 위한 통계방식.

셋업맨(Setup Man) : 마무리투수에게 넘기기 전 현재의 우세를 유지하며 몇 개의 아웃카운트만을 담당하는 투수.

속구(Fastball) : 투수가 최고 구속으로 던지는 공. 커브를 던져 타자를 속이기보다 타자가 손도 대지 못할 정도의 빠른 공으로 승부하려는 목적이다.

순회경기(Barnstorming) : 작은 도시들을 순회하며 지역야구팀 혹은 다른 순회구단과 갖는 연습경기.

스퀴즈플레이(Squeeze Play) : 야수가 공을 잡아 홈으로 송구하기 전에 점수를 올릴 목적으로 3루주자가 뛰기 시작함과 동시에 번트를 대는 작전.('번트' 참조)

스크류볼(Screwball) : 커브나 슬라이더와 반대방향으로 휘어들어가는 투구.('커브볼', '슬라이더' 참조)

스트라이크(Strike) : 타자의 스윙 여부를 떠나 스트라이크 존을 통과하는 공. 또한 스트라이크 존 통과여부와 무관하게 타자가 공을 맞추지 못하고 헛스윙을 하는 경우.

스트라이크 존(Strike Zone) : 홈플레이트 양 끝단을 좌우로 하고, 타자 유니폼 상의에 새긴 구단명과 무릎 사이를 상하로 하는 구역.

삼진아웃(Strikeout) : 타자가 헛스윙과 파울볼, 그리고 스트라이크 판정 등 3번의 스트라이크를 당할 경우. 관례적으로 스코어카드에는 K라 기록한다.

스플릿 핑거 패스트볼(Split-Finger Fastball) : 공 둘레에 검지와 중지를 두 갈래로 쥐어 던지는 공. 속구처럼 날아가다가 타자 앞에서 급격하게 떨어진다.

슬라이더(Slider) : 홈플레이트에 이르러 옆으로 급격하게 (미끄러져) 들어가는 투구.

실책(Error) : 수비수가 공을 던지거나 잡아 아웃시켜야 할 플레이를 실패할 경우 공식기록원의 판단하에 해당선수에게 책임을 부과하는 것.

심판(Umpire) : 볼과 스트라이크를 판정하고, 타구가 페어볼인지 파울볼인지, 그리고 주자가 세이프인지 아웃인지를 결정하는 책임을 지닌 경기임원 중 하나.

싱글(Single) : '1루타' 참조

싱커(Sinker) : 홈플레이트 앞에서 떨어지는 투구.

안타(Hit) : 야수가 타구를 잡아 처리하기 전에 타자가 베이스에 먼저 도달하는 것.

야수선택(Fielder's Choice) : 기록원이 결정하며, 내야수의 경우 둘 중 아웃시킬 대상 하나를 결정할 수 있다.

에이스(Ace) : 구단 최고의 선발투수.

위협구(Brushback) : 투수가 타자를 홈플레이트로부터 떨어뜨리기 위해 고의로 타자의 몸에 붙여 던지는 공.

유틸리티맨(Utility Man) : 다양한 역할을 수행하는 선수.

이닝당 출루허용률(WHIP) : 투수가 허용한 포볼과 안타의 합을 등판한 이닝으로 나누어 투수의 가치를 나타내는 새로운 평가방식.

인필드플라이규칙(Infield Fly Rule) : 내야수가 병살과 삼중살을 노리고 뜬공을 고의적으로 놓치는 행위를 저지하기 위한 것.

장타(Extra Base Hit) : 1루타를 초과하는 2, 3루타와 홈런을 말한다.('안타', '2루타', '3루타', '홈런' 참조)

저니맨(Journeyman) : 스타급에 이르지 못하고 여러 구단을 떠돌며 생활을 이어가는 선수.

좌완구원투수(Situational Reliever) : 일반적으로 특수상황에만 투입되는 구원투수. 대부분 좌타자를 처리하기 위해 오른다.('구원투수' 참조)

주자(Baserunner) : 홈을 향하여 각 베이스(루)에서 그것을 돌아 점수를 내고자 하는 선수.

중간계투(Middle Reliever) : 선발투수가 고전할 경우 마무리가 준비를 갖출 때까지 경기를 책임지는 투수.

지명타자(Designated Hitter) : 수비에는 참여하지 않고 타자로만 활약하는 선수. 대부분 투수 대신 기용된다. 아메리칸리그에서만 적용하고 있다.[316]

체인지업(Changeup) : 투수가 속구와 같은 자세로 던지지만 구속은 훨씬 느려 타격타이밍을 빼앗는다.

커브볼(Curveball) : 투수가 회전을 걸어 홈플레이트에 이르면 급격한 각도로 떨어져 들어온다.

커터(Cutter) : 홈플레이트에서 급격하게 바깥으로 빠진다.

타율(Batting Average) : 타자가 안타를 때린 비율. 안타수를 타석수로 나누어 계산한다.

타점(Runs Batted In / RBI) : 타격 결과 점수를 올렸을 경우 타자에게 주어지는 점수.(병살타는 예외)

태그(Tag) : 야수가 공, 혹은 공을 쥔 글러브를 주자의 몸에 갖다 대는 것.('주자' 참조)

태그업(Tagging Up) : 타구가 공중에 떠 있는 동안 주자가 누상에 발을 대고 있어야 하는 규칙. 공이 잡힌 후에야 발을 떼어 진루할 수 있다.

투구수(Pitch Count) : 한 경기에서 투수의 투구횟수. 현대야구에서 감독은 투수의 몸상태 여부를 떠나 한계투구수에 도달할 경우 교체하는 것이 일반적이다. 무리한 투구는 승리 가능성을 낮춘다.

파울볼(Foul Ball) : 야수가 잡기 전에 파울지역에 떨어진 타구.

패스트볼(Passed Ball) : 포수가 투구를 놓친 경우 기록원이 포수의 잘못으로 판단한 플레이.('공식기록원' 참조)

퍼펙트게임(Perfect Game) : 투수가 27명의 타자만을 상대하여 어떠한 종류의 진루도 허용하지 않은 경기.

페퍼(Pepper)[317] : 경기 전 훈련. 타자가 강한 땅볼을 치면 야수가 잡아 던지고 타자는 그 공을 받아 반복한다.

평균자책점(Earned Run Average / ERA) : 9회를 기준으로 환산하여 투수의 실점을 계산한 투구통계. 자책점은 안타, 포볼, 그리고 희생타 등으로 내준 점수이며, 비자책은 실책으로 진루한 주자가 홈을 밟는 경우이다.

폭투(Wild Pitch) : 포수가 잡지 못한 공에 대해 공식기록원이 투수의 책임이라 판정한 것.('공식기록원' 참조)

플래툰(Platoon) : 한 자리에 두 명의 선수를 두고 상대의 투수운영에 따라 선택기용하는 방식.

픽오프(Pickoff) : 투수나 포수가 베이스에서 떨어져 있는 주자를 태그아웃시킬 목적으로 베이스에 공을 던지는 것.

홈런(Home Run) : 타구가 외야 울타리를 넘어 타자가 모든 베이스를 돌아 득점을 올리는 것. 4루타, 호머, 테이터, 딩거, 빅 플라이라고도 부른다. 장내홈런은 외야수가 공을 던져 잡히기 전에 타자가 먼저 홈플레이트를 밟는 것이다.

회(Inning) : 경기에 참여한 두 구단이 각각의 공격기회에서 3개의 아웃을 기록한 경우. 원정구단이 먼저 초 공격에 임하고, 홈구단은 말 공격에 나선다.

희생타(Sacrifice) : 타구를 날린 타자는 아웃되지만 다른 주자는 진루하거나 득점을 올리는 것.

1루타(Base Hit) : 타자가 1루까지 갈 수 있도록 때린 타구.

2루타(Double) : 타자가 2루까지 갈 수 있도록 때린 타구. 구장규칙에 의한 2루타(Ground-Rule Double)는 바닥에 튄 공이 외야담장을 넘긴 경우(혹은 드문 경우지만 경기장 내 장애물에 맞은 경우)를 말하며, 타자는 2루까지 진루한다.

3루타(Triple) : 타자가 3루까지 갈 수 있도록 때린 타구.

옮긴이 주

1 · 뉴욕 니커보커스(New York Knickerbockers). 뉴욕의 옛 이름인 뉴 암스테르담을 세운 네덜란드 이민자들이 입던 반바지(니커보커) 형태의 유니폼을 착용하여 붙여진 이름으로, 1845년 창단되어 1870년대 초까지 존속한 초창기 야구단 중 하나이다. 이듬해 6월 19일 뉴저지에서 뉴욕 나인클럽과 최초로 공식경기를 펼쳤다. 현재는 NBA의 뉴욕 닉스(Knicks)가 같은 이름으로 활동하고 있다.

2 · 초창기 구단명에 '스타킹스'가 많은 이유는 선수들이 착용한 흰색의 비슷한 유니폼 때문에 스타킹색으로 구분하는 것이 가장 확실하고 편리한 방법이었기 때문이다. 훗날 스타킹스의 철자가 너무 길어 Sox(Socks)로 변경된다.

3 · 보수적인 내셔널리그에 반발하여 일요일 경기를 허용하고 입장료를 인하하였으며, 특히 주류판매를 허용하여 비어 앤드 위스키 리그(Beer & Whisky League)라 불렸다.

4 · 더비 카운티 FC(Derby County Football Club). 1884년 창단된 영국 프리미어리그 소속 축구단. 더비에 연고를 두고 있으며 리그 초기 창설구단 중 하나이다. 리그 우승경력 2회에, 2022년 현재 웨인 루니(Wayne Rooney)가 감독으로 재임 중이다.

5 · 흑인 분장을 한 백인의 동명(同名) 코미디쇼에서 유래하여 1876-1965년간 남부 11개주에서 시행된 짐 크로 법(Jim Crow Law)으로 흑인들의 격리가 의무화되었다. "분리되었지만 평등하다"라는 이름으로 시행되어 야구계에도 영향을 끼쳤다.

6 · 1890년 신인 시절 워낙 볼이 빨라 누군가 "마치 사이클론(Cyclone) 같다"고 표현하자 기자들에 의해 퍼져나갔다.

7 · 루이스 로저스 '피트' 브라우닝(Louis Rogers 'Pete' Browning, 1861-1905). 켄터키주 루이빌 태생. 외야수 출신으로 통산타율이 3할4푼1리에 홈런 46개를 기록했다.

8 · 43쪽 참조. 루이스 프란시스 소칼렉시스(Louis Francis Sockalexis, 1871-1913).

9 · 뉴욕으로 이전한 오리올스는 홈구장이 고지대(高地帶)에 있었고, 당시 구단주 조지프 고든과 같은 이름의 고든 하이랜더스 영국 보병연대에서 따와 뉴욕 하이랜더스로 구단명을 정했다. 하지만 영국에 적대적인 아일랜드계 이민자들의 반발로 뉴욕 양키하이랜더스를 거쳐 뉴욕 양키스로 명칭을 변경했다. 양키(Yankee)란 뉴욕을 건설한 네덜란드인들의 가장 흔한 이름인 Jan(얀)과 치즈를 의미하는 Kees에서 유래했다.

10 · 1876년 10월 13일 금요일에 태어나 1914년 만우절에 세상을 떴다.

11 · X자로 배치된 두 개의 야구방망이 중앙에 포수 마스크가 장식된 그의 묘비에는 "FATHER OF BASE BALL"이라는 문구가 쓰여 있다.

12 · 은퇴 후 마이너리그를 포함하여 여러 곳에서 선수 혹은 선수 겸 감독으로 뛰어난 활약을 보였다.

13 · 본명이 무려 나폴레옹(Napoleon)이다. 프랑스계로, 별명 역시 The Frenchman이었다. 선수시절 인기가 높아 클리블랜드 시절에는 구단 애칭이 냅스라 불릴 정도였다.

14 · 키스 앤소니 '토니' 그윈(Anthony Keith 'Tony' Gwynn, 1960-2014). 우익수 출신으로 통산타율 3할3푼8리, 3,141안타를 기록했다. 2007년 명예의 전당에 헌액되었다. 동생 크리스 역시 메이저리그 외야수 출신으로 1996년 토니와 함께 샌디에이고에서 선수생활을 하기도 했다. 아들 그윈 주니어는 현재 필리스에서 외야수로 뛰고 있다.

15 · 2021년 현재 이치로도 현역에서 은퇴했다.

16 · 존 프랭클린 '홈런' 베이커(John Franklin 'Home Run' Baker, 1886-1963). 애슬레틱스와 양키스에서 14년 가까이 뛰며 통산 타율 3할7리, 홈런 96개를 기록한 3루수 출신으로, 1955년 명예의 전당에 헌액되었다.

17 · 빅 식스(Big Six). 1905년 월드시리즈 당시 6일간 1, 3, 5차전에 선발 출전하여 필라델피아 애슬레틱스에게 완봉승을 거두며 팀을 우승으로 이끌자 붙여진 별명이다.

18 · 논란의 여지가 있다.

19 · Jewel Box. 1909-15년에 지어진, 현대의 구장처럼 복합시설을 배제한 야구장을 일컫는다. 명칭의 유래는 다른 시설 없이 순수하게 다이아몬드(내외야 모양)만을 품고 있는 구장이라는 의미가 아닌가 역자 개인적으로 추측해본다.

20 · 1914년 내셔널리그에서 7월 초까지 꼴찌에 머물던 브레이브스가 연승을 거듭하며 불과 두 달 만에 선두를 차지했다.

21 · 웨이버(Waiver, 방출) 공시. 해당 선수에 대한 권리포기. 구단이 선수와의 계약을 일방적으로 해제하는 것을 말한다.

22 · 40쪽 참조

23 · 2020년 12월 17일 니그로리그가 공식적으로 메이저리그 역사에 편입되었다.

24 · 시카고 웨일스(Chicago Whales, 88승 64패)

25 · 인디애나폴리스 후지어스(Indianapolis Hoosiers, 88승 65패)

26 · 1786년 뉴욕에서 결성되어 3년 후 태머니 결사회라는 이름으로 1967년까지 아일랜드계를 중심으로 활동한 민주당 정치조직. 부정부패와 폭력 등 마피아급으로 부정적인 인식이 강하다.

27 · 반독점법/셔먼법(Sherman Anti-Trust Act, 1890). 한국 공정거래법의 모태가 되는 법으로, 카르텔이나 트러스트 행위를 처벌하기 위해 제

정되었다. 하지만 야구는 주(州) 간 이뤄지는 상업행위가 아니라는 이유로 예외로 두었다.

28 • 메이저리그 역사상 최장기간 월드시리즈 우승 기록이 없었던 컵스는, 2016년 7차전 연장까지 가는 접전 끝에 클리블랜드 인디언스를 누르며 무려 71년 만의 월드시리즈 진출과 108년 만의 우승을 거둔다. 리글리 필드에서는 최초, 그리고 구단 역사상으로는 3번째 월드시리즈 우승이었다.

29 • 1861-1932. 당시 시카고 컵스 구단주. 스피어민트(Spearmint)껌으로 유명하다. 끼워넣기 물건이 오히려 본제품으로 바뀐 사례로, 본래 비누를 팔다가 베이킹파우더, 그리고 껌으로 업종을 변경했다.

30 • 2020년 12월 클리블랜드에서 인디언스라는 명칭을 변경한다고 발표했다. 1천여 개의 후보들 중 가디언스가 결정되어 2022년부터 사용예정이다.

31 • The Braves. 용감한 아메리칸원주민 전사(戰士)들을 의미한다.

32 • Moses J. 'Chief' Yellow Horse(1898-1964). 1921-22년간 피츠버그 파이러츠 소속으로 활약한 투수로, 통산 8승 4패, 3.93의 방어율을 기록했다.

33 • 체스터 굴드(Chester Gould, 1900-85). 1930년대 대공황시기 미국 시카고를 무대로 악당들을 소탕하는 강한 인상의 형사물이며, 1990년 영화화되었다. 옐로 포니는 아메리칸 원주민으로, 치안대를 조직하여 딕을 지원한다.

34 • Jim Thope(1887-1953), Rudy York(1913-70), Johnny Leonard Roosevelt 'Pepper' Martin(1904-65), Allie Raynolds(1917-94), Calvin Coolidge Julius Caesar Tuskahoma McLish(1925-2010).

35 • The Big Train. 월터 존슨의 별명 중 하나. 그의 강속구에서 기차 지나가는 소리가 나는 것 같다고 하여 붙여졌다.

36 • 로버트 깁슨(Robert Gibson, 1935-). 1959-75년간 카디널스에서만 뛰었고, 통산 251승에 삼진 3,117개를 기록했다. 1981년 명예의 전당에 헌액되었다.

37 • 시카고 컵스가 주로 시카고 북부의 고소득층 백인을 팬으로 보유한 반면, 화이트삭스는 남부의 흑인을 중심으로 하는 저소득층 팬이 많아 붙여진 별명이다.

38 • Pacific Coast League. 1903년 독립리그로 시작된 3대 마이너리그 중 하나로, 2개의 컨퍼런스에 산하 4개 디비전으로 운영하고 있다.

39 • 인센티브 지급조건에 다다르기 직전 선수기용을 막는다거나 빨래 비용까지 선수들에게 전가시킨다거나 하는 지저분한 행위들이 수년간 지속되었다.

40 • 41쪽 참조

41 • 1920년 9월, 재판장에서 나오는 조에게 그의 팬이자 10세 소년이었던 롤런드 개리가 '마음속으로' 외쳤다고 전해지는 말: "Just Say it ain't so, Joe. Say it ain't so!"

42 • 레이몬드 존슨 채프먼(Raymond Johnson Chapman, 1891-1920). 클리블랜드 인디언스 소속 유격수. 뉴욕 양키스와의 경기에서 5회 초 메이스의 공에 맞아 사망한다. 이후 헬멧착용을 의무화하자는 의견이 나왔지만 1971년에 와서야 실시되었다. 채프먼은 월터 존슨에게 2구 삼진을 당한 것으로 유명하다. 존슨의 공이 너무 빨라 2구 만에 심판에게 알아서 하라며 덕아웃으로 들어가버렸다.

43 • 레이 콜드웰을 비롯한 17명의 투수가 그 혜택을 받았다.

44 • 보스턴 시절인 1919년 시즌 29개로 자신은 물론 메이저리그 기록을 보유 중이었다. 참고로 1919년 홈런 2위는 레드삭스의 틸리 워커, 프랭크 베이커, 조지 시즐러 등의 10개, 그리고 1920년 2위는 역시 같은 팀인 양키스 조지 시즐러의 19개에 불과했다.

45 • Polo Grounds. 폴로경기용 구장으로 지어진 후 야구와 미식축구용으로 사용되었다. 양키스와 뉴욕 자이언츠의 홈구장으로 사용되었으며, 한때 우측 펜스까지 거리가 80미터도 되지 않은 때가 있었다.

46 • 말이 주춤이지 사실 이 해에 타율 3할1푼5리, 홈런 35개라는 만만찮은 기록을 남겼고, 당시 홈런 부문 1위인 세인트루이스 브라운스 소속 켄 윌리엄스(Ken Williams)의 39개에 불과 4개 뒤진 성적이었다. 다만 여타의 사건들로 출장은 110경기에 그쳤다.

47 • 그로버 알렉산더의 고의사구로 출루하여 카디널스에게 우승을 헌납한다.

48 • 입단 3년차였다.

49 • 통산 373승을 기록했다.

50 • 73쪽 참조

51 • 어반 제임스 쇼커(Urban James Shocker, 1890-1928). 통산 187승에 3.17의 방어율 기록. 양키스를 떠난 후 폐렴으로 사망했다.

52 • 1918년 언론에서 양키스 타선을 일컫는 말이었다.

53 • 조지프 이냐시우스 저지(Joseph Ignatius Judge, 1894-1963). 워싱턴 세너터스에서 주로 활약한 1루수로, 통산타율 2할9푼8리와 2,352개의 안타를 기록했다.

54 • 로버트 윌리엄 뮤젤(Robert William Muesel, 1896-1977). 양키스 외야수로 살인타선 중 한 명. 통산타율 3할9리를 기록했다.

55 • 웨이트 찰스 호이트(Waite Charles Hoyt, 1899-1984). 통산 237승에 3.59의 방어율을 기록했으며, 1969년 명예의 전당에 헌액되었다.

56 • 아메리칸리그에 국한된 기록이며, 내셔널리그까지 포함하면 3개 구단만이 기록을 넘어섰다. 그해 메이저리그 전체 구단별 평균 홈런수는 58개였다.

57 • Henry Chadwick(1824-1908) 야구의 아버지. 역사가, 스포츠(야구)기자. 7, 28-29쪽 참조. Grantland Rice(1880-1954) 스포츠기자. John Updike(1932-2009) 문학가, 문학평론가, 퓰리처상 수상자. Roger Angell(1920-) 스포츠평론가, 문학가.

58 • 링골드 윌머 라드너(Ringgold Wilmer Lardner, 1885-1933) 야구작가계의 거목. 소설가.

59 • 라드너에 대한 애들라인 버지니아 울프(Adeline Virginia Woolf, 1882-1941)의 평(評)

60 • 초기에는 타순을 중심으로 번호를 정하여 3번 타자였던 베이브 루스는 3번, 4번 타자였던 루 게릭은 4번, 이런 식이었다. 사실 클리블랜드 인디언스가 1916년 왼팔 소매에 번호를 최초로 달고 나오기는 했으나 죄수 같다는 선수들의 반발에 금세 사라졌다.

61 • 1920년 개국하여 1921년 8월 5일 피츠버그 파이러츠와 필라델피아 필리스전(파이러츠 8:5 승)을 최초로 중계했다.

62 • 1920년 8월 8MK라는 콜사인으로 설립된 뉴스라디오.

63 • Georgia Peach. 조지아주 출신인 타이 콥의 별명이다.

64 • 아메리칸리그 전 시즌(46개) 및 단일시즌 기록(9개)을 보유중이다. 참고로 메이저리그 전체 기록으로는 55개 및 12개이다.

65 • 규정타석을 적용하면 19년 연속이다.

66 · 윌리 하워드 메이즈 주니어(Willie Howard Mays, Jr, 1931-). 니그로리그와 메이저리그 모두에서 활약한 중견수로, 통산타율 3할2리에 홈런 660개, 3,283개의 안타를 기록하며 1979년 명예의 전당에 헌액되었다.
67 · 아메리칸리그에서 1915-21년 시즌 연속 8위를 기록했다. 당시 구단수는 양대리그 8개 구단씩 총 16개 구단이었다. 다시 말해 7년 연속 꼴찌였다. 1916년 시즌은 승률이 무려! 2할3푼5리였다.
68 · 맨해튼, 브롱스, 퀸즈, 브루클린, 스태튼 아일랜드 등 뉴욕시 내 5개 자치구 중 양키스는 브롱스를 연고로 한다. 반면 자이언츠는 맨해튼, 다저스는 당연히 브루클린이었다. 참고로 뉴욕시의 표기는 NY가 아닌 NYC이다.
69 · 코넬리어스 맥길리커디(Cornelius McGillicuddy, 1862-1956). 10년 정도 평범한 선수생활을 거쳐 피츠버그 파이어리츠에서 감독생활을 시작했다. 이후 필라델피아에서 1901년부터 50년까지 감독을 맡아 5번의 월드시리즈 우승을 차지하며 명예의 전당에 헌액되었다. 감독기간 총 3,731승을 거두며 4할8푼6리의 승률을 올렸다.
70 · 알로이시우스 해리 시몬스(Aloysius Harry Simmons, 1902-56). 외야수 출신으로 3할3푼4리의 통산타율을 기록했다. 고든 스탠리 '미키' 코크레인(Gordon Stanley 'Mickey' Cochrane, 1903-62). 포수 출신으로 3할2푼의 통산타율을 기록했다. 제임스 에머리 폭스(James Emory Foxx, 1907-67). 이름 때문에 더블 X라는 별명을 얻었다. 1루수 출신으로 3할2푼5리의 통산타율과 1.0 이상의 통산OPS를 기록했다. 로버트 모세스 '레프티' 그로브(Robert Moses 'Lefty' Grove, 1900-75). 투수 출신으로 통산 300승을 기록했다.
71 · 윌리엄 어거스터스 '거스' 그린리(William Augustus 'Gus' Greenlee, 1893-1952). 크로퍼드 자이언츠 구단주이자 사업가이다.
72 · Leon Day(1916-1995). 니그로와 멕시칸리그에서 투수로 활약했다. 통산 64승을 올리며 1995년 명예의 전당에 헌액되었다.
73 · ETO월드시리즈는 1942-45년간 유럽전역(유럽戰域, European Theater Operation)의 부대를 대상으로 한 월드시리즈로, 대부분 이른바 '선출'들이 활약했다. 레온은 1945년 9월, 프랑스와 독일에서 벌어진 월드시리즈에서 니그로와 마이너리그, 그리고 세미프로리그 선수들이 뒤섞인 OISE(Overseas Invasion Service Expedition) 소속으로 출전하여 메이저리그 선수들이 주축이었던 71보병사단을 누르고 우승했다.
74 · 7월 4일
75 · 홈에서의 충돌로 주심에게 항의하는 과정에서 다저스 덕아웃이 모두 퇴장당했다.
76 · 1896년 일리노이 태생으로 특히 미국 스포츠계에 공헌이 큰 언론인이다. 1955년 심장마비로 갑작스레 사망하자 메이저리그 올스타전 개막 당시 장례식을 치렀다. 이후 1962년 신설된 올스타전 MVP에게 그의 이름이 붙은 상을 수여하였는데, 현재는 테드 윌리엄스로 바뀌었다.
77 · 많은 일화가 있는데, 1937년 5월 5일 디마지오를 상대로 4개의 삼진을 공언한 그는 실제로 3삼진을 잡아내고 4번째 타석에서 포수플라이가 나오자 포수에게 잡지 말라고 소리친 후 다시 던져 기어이 삼진을 잡아냈다. 또한 은퇴 후 6년이 지나 38세이던 1947년, 세인트루이스 브라운스 경기 해설 중 "내가 던져도 너희들보다 낫겠다"며 실제로 화이트삭스와의 시즌 마지막 경기에 브라운스 투수로 나서 4이닝을 완봉으로 틀어막았다.
78 · 밀드레드 엘라 '베이브' 디드릭슨 자하리아스(Mildred Ella 'Babe' Didrikson Zaharias, 1911-56). 노르웨이 이민자 출신 가정에서 태어나 1932년 LA올림픽 창 던지기와 80미터 허들에서 세계기록을 수립했다. 육상, 미식축구, 스케이트, 요트, 테니스, 당구, 수영, 다이빙, 농구, 골프, 야구 등 모든 운동에 능했다. 프로통산 44승으로 LPGA 명예의 전당에 헌액되었고, 야구에서는 공을 던져 90미터를 넘기는가 하면 연습경기에서 조 디마지오에게 삼진을 안기기도 했다. 이름 Babe는 당연히 베이브 루스에서 따온 것이다. 여기에 음악과 의류 쪽에도 재주가 남달랐으니 신이 내린 축복이라 할 수 있었다.
79 · 로저스 혼스비가 언급한 말
80 · 제22대와 24대 대통령을 역임했던 그로버 클리블랜드의 딸(Babe가 아닌 Baby이다.)인 루스의 이름에서 따온 초코바. Curtiss Baby Ruth라는 내용의 광고판으로, 베이브 루스에도 빗댄 일종의 언어유희였다.
81 · 미국의 발전에 큰 기여를 한 대통령 4인의 얼굴을 새긴 사우스다코타 주의 러시모어산을 본 따 야구 역사에 업적을 남긴 4명의 인물을 말한다.
82 · Rajah. 산스크리트어로 왕을 의미하며, 인도 지역 힌두계 국가의 국왕을 일컫는다.
83 · 명심판 빌 클렘이 연속 볼판정에 불만을 품은 신인투수에게 한 말로, 혼스비의 뛰어난 선구안을 간접적으로 보여준다.
84 · 어니스트 '어니' 뱅크스(Ernest 'Ernie' Banks, 1931-2015). 시카고 컵스의 전설적인 유격수 겸 1루수. 시카고 컵스 최초의 흑인 선수이며 1977년 명예의 전당에 헌액되었다.
85 · 1867-1966년간 뉴욕에서 발간된 신문으로 New York World-Telegram and Sun으로 바뀌었다.
86 · 조지프 루이스 배로(Joseph Louis Barrow, 1914-81). 12년간 헤비급 챔피언으로서 25차 방어전에 성공(22KO)했다. 통산전적 66승 52KO 3패를 기록하며 권투 명예의 전당에 헌액되었다.
87 · 같은 독일계 출신인 루 게릭과 베이브 루스는 가족들의 일로 원만했던 관계가 틀어져 있었다. 이날 루 게릭의 등번호 4번은 메이저리그 최초로 영구결번되었다.
88 · 훌륭한 파편, 화려한 파편. 사방으로 뻗어가는 윌리엄스 타구를 표현한 것으로 보인다.
89 · 윌리엄 해럴드 테리(William Herold Terry, 1898-1989). 뉴욕 자이언츠에서만 1루수와 감독으로 활약했으며, 1930년 타율은 4할1리였다. 1954년 명예의 전당에 헌액되었다.
90 · 이후 디마지오는 58번째 경기부터 16경기 연속안타를 이어갔다. 가정(假定)이긴 하지만 만일 57번째 상대였던 클리블랜드 3루수 켄 켈트너의 기적 같은 호수비만 아니었다면 그의 연속안타기록은 73경기 혹은 그 이상이 되었을 수도 있다.
91 · The Yankee Clipper
92 · 윌리엄 헨리 킬러(William Henry Keeler, 1872-1923). 당시 볼티모어 오리올스 소속이었으며, 우익수로 활약하며 통산타율 3할4푼1리를 기록했다. 1939년 명예의 전당에 헌액되었다.
93 · 피터 에드워드 로즈 시니어(Peter Edward Rose Sr., 1941-). 당시 신시내티 레즈 소속이었다. 스위치히터로 통산타율 3할3리, 안타 4,256개를 비롯하여 15,089타석과 10,328아웃이라는 기념비적인 기

록을 남겼다.

94 • 1941년 12월 7일 일본군의 진주만 기습공격. 이 공격으로 미군은 사상자가 3,600여 명에 이르렀고, 20척에 가까운 군함이 침몰 및 파손, 그리고 300기가 넘는 전투기가 파손 및 손상되었다. 이 기습으로 미국은 2차대전에 본격 참전했는데, 정황상 참전의 빌미를 얻고자 일본군의 기습을 미리 인지하고도 방관했을 가능성도 제기된다.

95 • 미국인들의 사기진작 겸 진주만공습에 대한 보복차원에서 1942년 4월 18일 항모 호넷에서 두리틀 중령 휘하 80명으로 이뤄진 16대의 B-25B 폭격기가 일본 도쿄를 폭격했다.

96 • 메이저리그 생활 16년여간 5개 구단을 거치면서 통산타율 2할4푼3리에 안타 441개를 기록한 후보급 선수였다.

97 • 1941년부터 22년간 카디널스에서 외야수와 1루수로 활약하며 만년필로도 3할을 칠 거라는 찬사를 받았다. 1969년 명예의 전당에 헌액되었다.

98 • 웨슬리 브랜치 리키(Wesley Branch Rickey, 1881-1965). 평범한 선수와 감독생활을 거쳐 여러 구단에서 오래도록 단장생활을 거쳤다. 2군합동운영체인 팜 시스템과 스프링 캠프, 배팅케이지, 피칭머신 등 수많은 혁신적인 제도와 장치를 도입했다. 카디널스 로고까지 도안하고 재키 로빈슨을 비롯한 흑인 선수들에게 문호를 열었던 그는 1967년 명예의 전당에 헌액되었다.

99 • 당시 시즌 100패는 기본으로 찍었던 너덜해진 막장구단. 니그로리그 선수들의 영입계획이 알려지자 포드 프릭이 재제사업가이자 구단경영자인 윌리엄 콕스에게 넘겨버린다.

100 • 피터 제임스 그레이(Peter James Gray, 1915-2002). 메이저리그에서 1945년 한 시즌만 뛰었던 왼손잡이 좌익수로 2할1푼8리의 기록을 남기고 이후 마이너리그에서 주로 활동했다.

101 • 학교의 허락하에 15세 소년이 마운드에 서는가 하면 이미 은퇴한 선수가 다시 복귀하는 경우도 있었다.

102 • 새뮤얼 랄프 '서브웨이 샘' 나헴(Samuel Ralph 'Subway Sam' Nahem, 1915-2004). 메이저리그 통산 10승을 올린 투수이다. 1942년 입대한 후 2개 구단을 결성했다.

103 • 해리 윌리엄 워커(Harry William Walker, 1916-99). 세인트루이스 카디널스에서 주로 활약한 선수이자 감독 출신으로 통산타율 2할9푼5리를 기록한 중견수였다. Ewell Blackwell(1922-96). 신시내티 레즈에서 주로 활약한 투수이며, 통산 82승을 기록했다.

104 • 윌라드 제시 브라운(Willard Jessie Brown, 1915-96). 니그로와 메이저리그에서 뛰었던 외야수로 2006년 명예의 전당에 헌액되었다.

105 • 좌측부터 '벅' 오닐('Buck' O'Neil, 1루수), '요기' 베라(Yogi(요가수 행자) Berra, 포수, 1972년 명예의 전당 헌액), 로베르토 클레멘테(Roberto Clemente, 우익수, 1960년대 해병대 복무), 행크 그린버스, 조 디마지오, 모리스 리 '풋시' 브릿(Maurice Lee 'Footsie' Britt, 미식축구선수, 명예훈장 수훈), 재키 로빈슨, 밥 펠러(Bob Feller, 투수, 명예의 전당 헌액), 테드 윌리엄스(좌익수, 1966년 명예의 전당 헌액).

106 • 내셔널리그 1위 결정전으로, 정규리그 성적이 96승 58패로 동률이었다.

107 • 에노스 슬로터(Enos Slaughter, 1916-2002). 우익수 출신으로 1985년 명예의 전당에 헌액되었다. 재키 로빈슨의 발목을 스파이크로 짓이기는 등 극심한 인종차별로 유명하다.

108 • 존 마이클 페스키(John Michael Peskey, 1919-2012). 크로아티아계 미국인. 통산타율 3할7리를 기록했고, 유격수와 3루수를 보며 보스턴에서 주로 선수생활을 했으며, 감독 또한 역임했다.

109 • Red Sox Nation. 일간지《보스턴 글러브》의 네이던 콥 기자가 1986년 월드시리즈에서 팬들의 분열을 기사화하며 이름지었다.

110 • 조지프 헨리 모릿 '로켓' 리처드(Joseph Henri Maurice 'Rocket' Richard, 1921-2000). NHL 최초로 한 시즌 50골을 달성했고, 통산 544골을 기록한 우측공격수(Right Wing)이다.

111 • Teddy Ballgame

112 • Hugh Duffy(1866-1954). 외야수로 활약하며 1894년 4할4푼이라는 어마무시한 기록을 포함하여 통산 3할2푼6리를 기록했다. 시카고 화이트스타킹스(화이트삭스)를 비롯한 여러 구단에서 선수와 감독을 역임했고, 1945년 명예의 전당에 헌액되었다.

113 • 윌리엄 해럴드 테리(William Harold Terry, 1898-1989). 통산 2,193개의 안타와 3할4푼1리의 타율을 기록한 1루수. 뉴욕 자이언츠에서 선수와 감독으로 활약했고, 1954년 명예의 전당에 헌액되었다.

114 • 2-4대로 구성되는 비행편대에서 편대장의 호위 혹은 지시를 받아 임무를 수행하는 역할.

115 • 신인 때 홈런을 친 뒤 모자를 벗어 관중들의 환호에 답례하자 다음날 기자들이 '시건방진 신인'이라 표현했다. 이후 여러 사건을 거치면서 기자들과 견원지간이 되었고, 경기 중 절대 모자를 벗지 않았다. 이날도 홈런을 친 뒤 덕아웃으로 들어가 관중들의 환호에도 나오지 않았다. 1991년 테드 윌리엄스의 날 행사 때에야 비로소 관중들에게 모자를 벗어 답례했다.

116 • Here's to you, Mr. Robinson. The Groovers라는 가수의 이름만 같은 작품이 있다. 사이먼&가펑클의 Mrs. Robinson에서 따온 듯하다.

117 • 프레드 E. '딕시' 워커(Fred E. 'Dixie' Walker, 1910-82). 양키스에서 시작하여 5개 구단을 거치며 통산타율 3할6리를 기록한 외야수이다. 이 사건 이후 피츠버그 파이러츠로 트레이드되었다.

118 • Sporting News. 1886년 세인트루이스에서 주간지로 출발한 스포츠 방송사이다.

119 • 로렌스 유진 도비(Lawrence Eugene Doby, 1923-2003). 우익수 출신으로 2할8푼3리의 통산타율에 화이트삭스 감독을 역임했다.

120 • 신년제(Rosh Hashanah). 나팔절이라 불리며, 나팔을 불어 절기의 시작을 알렸는데, 이날은 노동이 금지된다. 속죄일(Yom Kippur) 국가적인 속죄일로 가장 엄숙한 날. 노동이 금지되고 율법이 정한 유일한 금식일이다.

121 • Detroit Free Press. 디트로이트 최대 일간지로, 1831년 창간되었다.

122 • 대전차포 부사관으로 제대 후 불과 이틀 뒤에 일본이 진주만을 공습하자 부사관으로 재입대했다. 이후 육군항공대 장교로 임관하여 중국-인도-버마전선에서 체력단련교관으로 메이저리그 선수 최장기간인 47개월을 근무하며 대위로 제대했다.

123 • 스테판 조지프 그로멕(Stephen Joseph Gromek, 1920-2002). 원래 내야수로 인디언스에 입단했다. 통산 123승, 삼진 904개, 방어율 3.41을 기록했다. 마이너리그에서 선수 겸 감독으로 활약한 후 은퇴하여 보험업계에서 근무했다. 폴란드계 미국인 명예의 전당에 올랐다.

124・빌 빅 자서전의 제목이다.
125・원 내의 인물들은 위로부터 다음과 같다. 조 디마지오, 디지 딘, '핵' 윌슨('Hack' Wilson, 1900-48, 외야수, 통산타율 3할7리, 1979년 명예의 전당 헌액), 밥 펠러, 테드 윌리엄스.
126・페이지는 같은 글에서 자신이 어느 마이너 구단과도 계약하지 않을 것임을 메이저리그 구단주들이 알고 있었음에도 불구하고 계약대상에서 배제시켰다고 섭섭함을 털어놓았다.
127・필립 프란시스 리주토(Philip Francis Rizzuto, 1917-2007). 양키스에서만 13년을 보낸 유격수로, 1994년 명예의 전당에 헌액되었다.
128・Roy Campanella(1921-93). 니그로리그를 거쳐 브루클린 다저스에서 만 10년을 포수로 뛰었다. 1969년 명예의 전당에 헌액되었다. 에드윈 도널드 '듀크' 스나이더(Edwin Donald 'Duke' Snider, 1926-2011). 중견수 출신으로 통산 2,116안타를 기록했고, 역시 1980년 명예의 전당에 헌액되었다.
129・살바토르 앤서니 매글리(Salvatore Anthony Maglie, 1917-92). 투수 출신으로 통산 119승을 기록했다.
130・몬포드 메릴 '몬티' 어빈(Monford Merrill 'Monte' Irvin, 1919-2016). 니그로리그를 거쳐 메이저리그에서 통산 2할9푼3리를 기록했다. 2차대전에 포병으로 참전했다.
131・석가모니 모친인 마야부인의 태몽에 나온 덕에 태국 등 동남아 불교국가에서 신성시되어 어떠한 일도 시키지 않았다. 쓸모없고 비용만 많이 들어 종종 왕들은 불편한 관계의 신하에게 선물하여 파산에 이르게 했다고 한다. 지금은 각 분야에서 비용만 들고 쓸모는 없는 것(야구장)이라는 의미로 쓰이고 있다.
132・2002년 한국시리즈 직후 삼성 김응룡 감독이 자신에게 패하며 시리즈 우승을 놓친 LG 김성근 감독에게 야신(野神)이라는 별명을 붙여주었던, 그런 느낌!?
133・랄프 맥퍼런 카이너(Ralph McPherran Kiner, 1922-2014). 좌익수 출신으로 통산타율은 2할7푼9리였으며, 1975년 명예의 전당에 헌액되었다.
134・해롤드 릴리스 '빙' 크로스비 주니어(Harold Lillis 'Bing' Crosby Jr., 1903-77). 5억 장의 앨범이 팔린 베스트셀러 가수이자 오스카상 수상 배우로, 파이러츠의 지분 25%를 보유중이었다.
135・그림 속 남녀는 사진기자들에게 둘러싸인 카이너와 엘리자베스 테일러이다.
136・에드워드 스테판 웨잇커스(Edward Stephen Waitkus, 1919-72). 1루수 출신으로 통산타율 2할8푼5리를 기록했다.
137・선수생활 초기 스포츠기자가 붙여준 것으로 알려진다.
138・<The Natural>. 1984년 제작된 주연 로버트 레드포드를 비롯하여 킴 베이싱어, 로버트 듀발, 글렌 클로즈 등 호화 배역진의 작품이다. 85년 아카데미시상에 여우조연상을 포함 4개 부문이 후보에 올랐으나 수상에는 실패했다.
139・브로드웨이는 브롱스가 아닌 맨해튼에 있다.
140・양키스 해설을 전담한 멜 앨런(Mel Allen)이 양키스의 플레이를 칭찬할 때 쓰던 말이다.
141・67년간 다저스의 해설을 맡은 빈 스컬리(Vin Scully)의 어록이다.
142・신시내티 레즈 최초의 전담해설가인 해리 하트만(Harry Hartman)이 1929년 사용하기 시작한 말이다.
143・43년간 디트로이트의 해설을 담당한 어니 하웰(Ernie Harwell)의 어록이다.
144・선수들에게 인자한 감독으로 철자와 억양을 무시하며 독특한 말솜씨를 자랑했던 그답게 Old Professor라 불렸다.
145・코니 맥 감독
146・피츠버그 파이러츠와 맞붙어 3승 3패 동률을 이룬 7차전에서 9회말 끝내기홈런을 내주며 9:10으로 패했다.
147・승률 2할5푼(1무)이었다. 63년부터 65년 경질될 때까지 승-패기록은 51-111, 53-109(1무), 31-64(1무)이며, 통산 1,905승 1,842패 19무로 승률 5할8리를 기록했다.
148・최초의 연고지 이전은 1902년 밀워키 브루어스가 브라운스로 개명하여 세인트루이스로 옮긴 것으로, 현재의 볼티모어 오리올스다. 이듬해인 1903년 또 다른 초창기 볼티모어 오리올스가 뉴욕 하이랜더스를 거쳐 1912년 양키스로 개명한다.
149・캔자스시티 애슬레틱스를 거쳐 1968년 현재의 오클랜드 애슬레틱스가 되었다. 캔자스시티는 1년간의 공백을 거쳐 1969년 로열스가 창단되었다.
150・워싱턴 세너터스의 홈구장이다.
151・앨버트 레오나르드 로젠(Albert Leonard Rosen, 1924-2015). 3루수로 인디언스에서만 뛰며 통산타율 2할8푼5리를 기록했다. 은퇴 후 양키스와 휴스턴 애스트로스, 그리고 자이언츠에서 구단주와 단장 등을 역임했다.
152・빅터 우드로 워츠(Victor Woodrow Wertz, 1925-83) 우익수 겸 1루수로 통산타율 2할7푼7리를 기록했다.
153・로베르토 엔리케 클레멘테 워커(Roberto Enrique Clemente Walker, 1934-72). 푸에르토리코 출신으로, 파이러츠에서만 18시즌을 뛰며 통산타율 3할1푼7리, 3천 안타를 기록했다. 1972년 마지막 날 비행기 추락으로 사망했다. 이후 지역사회에 공헌이 큰 메이저리그 선수에게 그의 이름을 딴 상이 주어지며, 푸에르토리코 리그 역시 그의 이름을 붙였다. 1973년 명예의 전당에 헌액되었다.
154・Kalamazoo Lassies. 미시간주 칼라마주를 연고로 1950년 창단했다.
155・Fort Wayne Daisies. 인디아나주 포트 웨인을 연고로 1945년 창단했다.
156・1954년 AAGPBL은 총 5개 구단으로 운영되었으며, 정규시즌 우승은 포트 웨인 데이지스가, 1-4위, 2-3위간 승자가 맞붙은 플레이오프 우승은 칼라마주 래씨즈가 차지했다.
157・니그로리그에서 활약한 3인의 여자선수로, 최초로 뛰었던 스톤은 통산타율 2할4푼3리를 기록했는데, 사첼 페이지로부터 안타를 뽑아내기도 했다. 모건은 여자리그에서 3할6푼8리를 기록한 강타자였고, 투수인 존슨은 니그로리그에서 33승 8패를 기록했는데, 무려 5종의 변화구를 구사했다.
158・윌리 메이스(자이언츠), 미키 맨틀(양키스), 듀크 스나이더(다저스)
159・고교시절 농구와 미식축구에서도 두각을 나타냈지만 집안내력과 미식축구선수 시절 입은 부상 여파로 잔부상과 특히 무릎부상을 달고 살았다. 참고로 부동의 중견수 디마지오가 은퇴하기 전까지 어깨가 강했던 그는 우익수를 보았다.
160・에드워드 찰스 '화이티' 포드(Edward Charles 'Whitey' Ford, 1928-). 양키스에서만 16년(참전기간 제외)을 뛴 투수로, 통산 236승을 올리며 명예의 전당에 헌액되었다. 한국전쟁 참전으로 2년의 공

160 · 백이 있다. 알프레드 마누엘 마틴 주니어(Alfred Manuel Martin Jr., 1928-89). 2루수 출신. 선수로 7개, 감독으로 6개 구단(양키스 3회 포함)을 경험했다. 엄청난 다혈질의 사고뭉치로, 4번째 양키스 감독 부임을 앞둔 89년 크리스마스 날 교통사고로 사망했다.

161 · 1940년 개장한 뉴욕의 코파카바나(Copacabana) 나이트클럽에서의 싸움사건이다. 이 사건으로 마틴은 캔자스시티 애슬레틱스로 방출되었고, 이후 4년간 5개 구단을 전전하다가 결국 은퇴했다.

162 · Yogi-ism(s). 촌철살인의 명언을 의미하는데, 중학교 2학년 정도의 학력밖에 없던 그는 문법을 파괴한 철학적인 화법으로 숱한 명언을 남겼다.

163 · Roy Campanella(1921-93). 니그로리그를 거쳐 다저스에서만 10년을 뛰었으며, 통산타율은 2할7푼6리이다. 메이저리그(1969년)와 멕시코 프로야구 명예의 전당에 헌액되었으며, 등번호 39번은 영구결번 처리되었다.

164 · 1914년 당시는 보스턴 브레이브스의 이름으로 우승했고, 1957년은 밀워키로 연고지 이전 후 첫 우승이었다.

165 · 1949년 양키스 우승 이후 양키스가 6회, 다저스와 자이언츠가 각 1회씩 차지했다.

166 · 1949-59, 1950-59, 1951-60 사이 모두 8명이다.

167 · 영화로도 유명한 벌지전투와 루덴도르프(레마겐) 철교전투에 참가하였고 여러 훈장도 수여받았다. 이랬던 그가 2차대전을 다룬 미드 <전투(Combat)> 시즌2 8편에 '독일군'으로 카메오 출연을 했다. 참고로 1999년부터 신설된 워렌 스판상이 당해 최고의 좌완투수에게 수여되고 있다.

168 · 메이저리그 전체 6위이며, 사이 영(511승)과 월터 존슨(417승)을 제외한 3위(공동)와의 승수 차는 불과 10승밖에 안 된다. 1920년 이후 라이브볼 시대로 한정 지으면 1위이다.

169 · 오레스티스 '미니' 미뇨소(Orestes 'Minnie' Minoso, 1925-2015). 쿠바 출신의 좌익수로, 니그로리그를 거쳐 메이저리그에서 활약하며 통산타율 2할9푼8리에 멕시코야구 명예의 전당에 헌액되었다. 메이저리그 연금정책의 잦은 규정변화로 50세와 54세 때 규정타석을 채우기 위해 타석에 서기도 했다.

170 · 아돌포 도미니고 데 구즈만 '돌프' 루케(Adolfo Dominigo De Guzman 'Dolf' Luque, 1890-1957). 쿠바 출신 투수로, 1914-35년간 메이저리그에서 통산 194승을 기록했다. 미구엘 앙헬 곤잘레스(Miguel Angel Gonzalez, 1890-1977). 쿠바 출신 포수로, 1912-32년간 메이저리그에서 뛰었고, 카디널스에서 코치와 감독을 역임했다.

171 · 일라이자 제리 '펌시' 그린(Elijah Jerry 'Pumpsie' Green, 1933-2019). 내야수 출신으로, 1963년까지 레드삭스와 메츠에서 뛰었다.

172 · 로베르토 프란시스코 아빌라 곤잘레스(Roberto Francisco Avila Gonzalez, 1924-2004). 2루와 3루를 보며 10년 이상 메이저리그에서 활약하며 통산타율 2할8푼1리를 기록했다. 멕시코야구 명예의 전당에 헌액되었다.

173 · 알메이다와 마르산스 모두 1939년 쿠바 야구 명예의 전당 최초의 10인에 포함되었다.

174 · 마틴 막달레노 디히고 야노스(Martin Magdaleno Dihgo Llanos, 1906-71). 쿠바 출신 투수이자 2루수로, 니그로리그와 쿠바, 멕시코, 베네수엘라리그에서 활약했다.

175 · 1950년대 항공운수산업은 제트여객기의 출현과 원형창문의 도입으로 속도와 안전성을 확보하자 발전하기 시작하여 보잉이 주도한 대형 여객기 덕에 객수까지 늘어나며 원거리 이동의 대중화로 접어드는 시기였다.

176 · 조지프 폴 디마지오(Joseph Paul DiMaggio, 1914-99). 캘리포니아 주 마르티네즈의 이탈리아 이민자 가정에서 태어났다. 어부가 되라고 한 아버지를 피해 여러 직업을 전전하다 야구에 입문했다. 2차대전 중에는 육군항공대에서 복무했다. 1955년 명예의 전당에 헌액되었다.

177 · 다저스와 자이언츠의 연고지 이전을 말한다.

178 · 1894년 기존의 5월 1일에서 9월 첫째주 월요일로 정해졌으며, 연방 공휴일이다.

179 · 노먼 달튼 캐시(Norman Dalton Cash, 1934). 화이트삭스와 타이거스에서 활약한 캐시는 아메리칸리그 좌타자 중 4번째로 많은 통산 377개의 홈런을 때려냈다.

180 · 심지어 로저 매리스의 홈런 역시 1961년 양키스 161경기 중 161번째 경기 만에 나왔다.

181 · 당시 맨틀은 양키스의 전설인 루스와 디마지오의 후계자이자 양키스의 상징이나 마찬가지였다. 반면 매리스는 인디언스와 애슬레틱스를 거쳐 1960년에야 양키스로 이적한 상태였고, 실력 있는 선수이긴 했지만 맨틀에 비할 바는 아니었다.

182 · 미키 맨틀이 매리스를 회상하며 밝힌 말이다.

183 · 로저스 혼스비가 1962년 3월 22일 스프링 캠프 기자회견 당시 매리스를 지목하며 밝힌 내용이다.

184 · Hugh Duffy(1866-1954). 외야수 출신으로, 통산타율은 3할2푼6리. 1894년 홈런 18개, 타율 4할4푼 등으로 타격 3관왕에 올랐다. 4개 구단에서 감독을 역임했다.

185 · 제임스 프란시스 '퍼드' 갤빈(James Francis 'Pud' Galvin, 1856-1902). 1875-92년간 6개 구단에서 활약했다. 1965년 명예의 전당에 헌액되었다.

186 · 모리스 모닝 윌스(Maurice Morning Wills, 1932-). 유격수 출신으로 통산안타 2,134개, 도루 586개를 기록했으며, 메이저리그 최초로 시즌 도루 100개를 넘겼다. 시애틀에서 잠시 감독을 역임했고, 1997년 삼성에서 주루코치로 영입하기도 했다.

187 · 데드볼 시대 이후 최대 삼진기록이며, 1973년 놀런 라이언이 1개 차이로 기록을 깼다.

188 · 도널드 스콧 드라이스데일(Donald Scott Drysdale, 1936-1993). 1956-69년간 다저스에서만 몸 담그며 통산 209승, 삼진 2,486개를 기록했다. 1984년 명예의 전당에 헌액되었다.

189 · 제임스 폴 데이비드 버닝(James Paul David Bunning, 1931-2017). 통산 224승에 2,855개의 삼진을 기록했다. 각 1회의 퍼펙트게임과 노히터를 기록했고, 1996년 명예의 전당에 헌액되었다. 12년간 켄터키주 상원의원을 지냈다.

190 · 후안 안토니오 마리찰 산체스(Juan Antonio Marichal Sanchez, 1937-). 도미니카공화국 출신으로, 통산 243승, 방어율 2.89, 삼진 2,303개를 기록했다. 1983년 명예의 전당에 헌액되었다.

191 · 얼리 윈 주니어(Early Wynn Jr., 1920-99). 통산삼진 2,334개와 2차 대전에 참전했다. 1972년 명예의 전당에 헌액되었다.

192 · 루이스 클락 브록(Louis Clark Brock, 1939-2020). 좌익수 출신으

로, 통산안타 3,023개, 도루 938개를 기록하며 메이저리그 최초 900도루 돌파와 함께 1985년 명예의 전당에 헌액되었다.

193 • 호세 델 라 카리다드 멘데스(Jose de la Caridad Mendez, 1887-1928). 검은 다이아몬드로 알려진 쿠바 야구계의 전설로, 시즌 중에는 니그로리그에서, 겨울에는 쿠바리그에서 뛰며 쿠바와 미국(2006년) 야구 명예의 전당에 헌액되었다. 모나크스 감독 시절 선수 겸 감독으로도 활약했다.

194 • 연금법 개정으로 연금수령에 3이닝이 모자라자 구단에서 그에게 기회를 제공했다. 보스턴 레드삭스를 상대로 선발등판하여 1회 2루타 하나만을 내주었다. 이닝 중간에는 불펜의 흔들의자에 앉아 간호사가 제공하는 커피 서비스를 받았다.

195 • 2차대전 이후 총 59개 리그 438개 구단이 1963년 현재구조로 개편되며 15개 리그가 살아남았는데, 당시 존재했던 클래스 A-D리그는 각기 더블/트리플A-루키리그로 통합되었다.

196 • 브룩스 칼버트 로빈슨 주니어(Brooks Calbert Robinson Jr., 1937-). 볼티모어 오리올스에서 23년간 활약한 3루수로, 통산안타 2,848개로 1983년 명예의 전당에 헌액되었다. Frank Robinson(1935-2019). 외야수 출신으로, 통산타율 2할9푼4리, 안타 2,943개이며, 4개 구단에서 감독을 역임했다. 1982년 명예의 전당에 헌액되었다.

197 • Oriole(s). 찌르레기, 꾀꼬리를 의미하며, 볼티모어가 최대도시로 있는 매릴랜드주의 생징새이다.

198 • 신시내티 레즈는 1890년부터 내셔널리그, 볼티모어 오리올스는 1901년부터 아메리칸리그에 속해 있었다.

199 • 1957년 수비력을 중심으로 포지션별 선수를 선정하며 시작되었고, 타자는 1980년부터 역시 포지션별로 실버 슬러거(Silver Slugger)상을 수여하고 있다. KBO의 골든글러브(Golden Gloves)는 원년부터 시작되어 초기를 제외하고는 공격력에 중점을 두어 선정하고 있으며, 일본은 1972년부터 다이아몬드 글러브라는 이름을 거쳐 역시 골든글러브라는 명칭으로 수여하고 있다.

200 • 일종의 환각제인 LSD가 금지되자 이해 여름에 샌프란시스코에 히피들이 모여들면서 열린 각종 축제와 무료급식, 숙박 등을 말한다. 추위가 찾아오자 해산했지만 이후 우드스탁 페스티벌에 영향을 끼쳤다.

201 • 윌리 와티슨 호튼(Willie Wattison Horton, 1942-). 좌익수와 지명타자로 활약하며 주로 디트로이트에서 뛰었다.

202 • 칼 마이클 야스트렘스키(Carl Michael Yastrzemski, 1939-). 화이티 포드, 스탠 뮤지얼과 함께 폴란드계 미국인으로, 좌익수와 1루수를 보며 보스턴에서만 뛰었다. 통산안타 3,419개에 1989년 명예의 전당에 헌액되었다. 손자 마이크가 2019년부터 샌프란시스코 자이언츠에서 뛰고 있다.

203 • 2:0으로 앞선 5회초 2점홈런을 때려내며 쐐기를 박았다. 결국 카디널스가 7:2로 승리했다.

204 • 데니스 데일 맥레인(Dennis Denny McLain, 1944-). 디트로이트에서 주로 활약했다. 통산 131승을 올렸으나 도박과 총기소지 등으로 이른 나이에 은퇴했다.

205 • 마이클 스티븐 롤리치(Michael Stephen Lolich, 1940-). 크로아티아계 미국인으로, 통산 217승과 2,832개의 삼진을 기록했다.

206 • 앨버트 윌리엄 '앨' 칼라인(Albert William 'Al' Kaline, 1934-2020). 별명이 미스터 타이거이다. 우익수로 타이거스에서만 뛰었다. 1980년 명예의 전당에 헌액되었다.

207 • 미국 국가 <The Star Spangled Banner> 중.

208 • 휘트니 휴스턴과 레이디 가가는 각각 1991년과 2016년 슈퍼볼 개막 전에 국가를 불렀다. NFL 양대 컨퍼런스 수위팀끼리 우승을 겨루는 단판승부로, 대개 매년 2월 첫 일요일에 개최되는 슈퍼볼(Super Bowl)은 '슈퍼볼 선데이'라 불리며, 추수감사절 이후 가장 음식이 많이 팔리는 날이기도 하다. 비공식적인 국경일로도 불리는데, 역대 대통령이 참석하기도 하고, 국가제창 마지막을 최신예 전투기 축하비행으로 수를 놓는 등 야구의 인기를 따라잡기 위한 NFL의 노력이 현재 야구를 누르고 미국 최고의 인기스포츠로 자리잡게 하는 원동력이 되었다.

209 • 마빈 줄리안 밀러(Marvin Julian Miller, 1917-2012). 미국 야구계에서 베이브 루스급의 대접을 받는 인물이다. 뉴욕 태생으로, 노동 관련 업무에 종사하다가 메이저리그 노조위원장을 맡아 선수들의 권리증진에 일대 혁신을 가져왔다. 2020년 명예의 전당에 헌액되었다.

210 • Mason-Dixon Line. 미 북동부해안 지역의 펜실베이니아와 매릴랜드주를 중심으로 좌우 웨스트버지니아와 델라웨어주까지 이어진 경계선을 말한다.

211 • 메츠의 Met는 Metropolitan의 약자로, 1962년 창단 이후 동·서부 디비전체제로 바뀌기 전인 68년까지 7년간 10구단체제에서의 순위는 10-10-10-10-9-10-9였다.

212 • 1961년 건립되어 잠시 양키스를 거쳐 메츠가 2008년까지 사용한 홈구장. NFL 자이언츠와 제츠의 홈구장이기도 했다.

213 • 조지 토마스 시버(George Thomas Seaver, 1944-). 메츠와 레즈를 포함하여 4개 구단에서 활약하며 통산 311승에 2.86의 방어율, 그리고 3,640개의 삼진을 기록했다. 1992년 명예의 전당에 올랐다.

214 • 커티스 찰스 플러드(Curtis Charles Flood, 1938-1997). 중견수 출신으로 통산타율 2할9푼3리에 85홈런을 기록하였고, 7연속 골드글러브 수상과 올스타에 3번 선정되었다. 은퇴 후 스페인 마요르카의 한 리조트에서 바를 운영한 뒤 오클랜드 해설자로 복귀하여 이후 야구행정가의 길을 걸었다.

215 • 신시내티 레즈 감독 스파키 앤더슨이 1970년 월드시리즈에서 1승 4패로 패한 뒤 시리즈 MVP인 볼티모어 3루수 브룩스 로빈슨을 가리키며 한 말이다.

216 • 에드윈 리 '에디' 매슈스(Edwin Lee 'Eddie' Mathews, 1931-2001). 애틀랜타 브레이브스에서 주로 뛰었으며 감독도 역임했다. 3루수 출신으로, 통산안타 2,315개로 1978년 명예의 전당에 헌액되었다. 참고로 위 6인은 동시대를 풍미한 위대한 팀 동료들로, 각각 양키스와 브레이브스, 그리고 자이언츠이다.

217 • 윌리 리 맥코비(Willie Lee Mccovey, 1938-2018). 주로 자이언츠에서 1루수로 활약했다. 통산타율 2할7푼에 2,211안타를 기록하였으며 1986년 명예의 전당에 헌액되었다.

218 • 오 사다하루(王貞治, 1940-). 중국인(대만) 아버지와 일본인 어머니 사이에서 태어나 1루수로 자이언츠에서만 뛰며 통산타율 3할1리, 안타 2,786개, 타점 2,170점을 기록한 일본야구의 상징과도 같은 존재이다. 자이언츠와 호크스에서 감독을 역임했다. 출생지는 도쿄이나 국적은 대만이며, 장훈과 함께 O-H포로도 유명하다. 일본야구 명예

의 전당에 헌액되었다.
219 • 나가시마 시게오(長嶋茂雄, 1936-). 3루수로 자이언츠에서만 뛰며 통산타율 3할5리, 안타 2,471개, 홈런 444개를 기록한 자이언츠의 상징 중 한 명이다. 자이언츠에서 감독을 역임했고, 일본야구 명예의 전당에 헌액되었다.
220 • 풍선껌 영업사원이던 제이콥 워렌 보우만이 1927년 차린 회사로, 풍선껌과 야구 및 미식축구, 농구 등 스포츠카드 사업으로 유명하다. 1956년 사업권을 경쟁사 탑스에게 넘겼다. 현재는 업계의 독점지위를 유지하며 탑스 보우만이라는 이름으로 출시되고 있다.
221 • 윌리엄 스탠리 매저로스키(William Stanley Mazeroski, 1936-). 뛰어난 수비력을 지닌 2루수로, 파이러츠에서만 뛰며 통산안타 2,016개를 기록했다. 2001년 명예의 전당에 헌액되었고, 폴란드계 미국인이다.
222 • 피츠버그 파이러츠를 같은 해적의 의미인 버커니어(Buccuneer)의 앞을 따와 벅스(해적들, BUCS)라는 별명으로 부른다.
223 • 1971년 9월 1일 열린 필라델피아 필리스와의 경기를 말한다. 아프리카계 및 라틴계 미국인으로만 구성하여 경기를 치렀는데, 당시 감독인 대니 머토는 어떠한 정치적 의도도, 발언도 없었고 그저 정상적인 선수운영이었다.
224 • 독 필립 엘리스 주니어(Dock Phillip Ellis, Jr., 1945-2008). 통산 138승에 1,136개의 삼진을 기록했다. 1970년 6월 12일 샌디에이고 파드레스를 상대로 노히터를 달성했다. 경기 당일 LA의 친구집에서 2-3회 가량 환각작용이 강한 마약인 LSD를 복용하고 샌디에이고로 향했다고 주장했는데, 당시 기자들은 이를 믿지 않았다.
225 • 레지널드 마르테네즈 잭슨(Reginald Martinez Jackson, 1946-). 우익수 출신으로 통산 2,584안타를 기록하며 1993년 명예의 전당에 헌액되었다.
226 • 스티븐 노먼 칼턴(Steven Norman Carlton, 1944-). 통산 329승과 4,136개의 삼진을 잡아냈다. 명예의 전당에 헌액되었다.
227 • 파이러츠에서만 활약했고, 좌익수와 1루수를 겸임한 명예의 전당 헌액자 윌리 스타겔(Wilver Dornell Stargell, 1940-2001)이 한 말인데 샌디 코팩스에게도 같은 말을 한 것으로 알려져 있다. 참고로 스타젤은 평생 3번의 MVP를 수상했는데 모두 1979년도 한해에 받은 것으로 정규시즌, 리그 챔피언십, 월드시리즈 MVP였다.
228 • 린 놀런 라이언 주니어(Lynn Nolan Ryan Jr., 1947-). 27년여간 메츠와 엔젤스, 애스트로스, 그리고 레인저스 등에서 골고루 활약했다. 161km에 달하는 강속구로 유명하며, 통산 324승과 5,714개의 삼진을 잡아냈다. 1999년 명예의 전당에 헌액되었다.
229 • 야구의 독점시대를 끝낸 농구와 미식축구를 말한다.
230 • 메기사냥꾼(Catfish Hunter, James Augustus Hunter, 1946-99). 애슬레틱스와 양키스에서 활약한 투수로, 통산 224승, 삼진 2,012개를 기록했다. 명예의 전당에 헌액되었다.
231 • 브레이브스 전속 해설가 마일로 해밀턴의 중계내용이다.
232 • 당시 상대구단인 다저스 해설가 빈 스컬리의 중계내용으로, 106쪽 '다저스 경기시간입니다!' 대사의 주인공이다.
233 • 거대한 붉은 기관총(Big Red Machine). 언론기사로부터 유래한 1970-79년 신시내티 레즈의 별칭. 특히 102승을 올린 1970년의 레즈를 일컫는다.

234 • 1976년 양키스를 전승으로 완파하며 약속을 지켰다.
235 • 조니 리 벤치(Johnny Lee Bench, 1947-). 포수 출신으로 레즈에서만 뛰었다. 통산 2,048개의 안타를 기록했다. 조 레오나드 모건(Joe Leonard Morgan, 1943-). 2루수 출신으로, 통산안타 2,517개, 도루 689개를 기록했다. 아타나시오 '토니' 페레스 리갈(Atanasio 'Tony' Pérez Rigal, 1942-). 쿠바계 미국인으로, 1, 3루를 보았으며, 통산 2,732개의 안타를 기록했다. 레즈와 말린스에서 감독을 역임했다.
236 • 칼튼 어니스트 피스크(Carlton Earnest Fisk, 1947-). 레드삭스와 화이트삭스에서 뛰었으며, 통산 2,356안타를 기록했다. 2000년 명예의 전당에 헌액되었다.
237 • 보스턴은 1918년 마지막 월드시리즈 우승 이후 46년과 67년, 그리고 75년까지 3번의 월드시리즈에 올라 모두 접전 끝에 3승 4패로 패했다.
238 • 1, 2, 3루수와 좌, 우익수를 보았다.
239 • 전력질주 혹은 과감한 플레이를 뜻하는 '허슬(Hustle)'에, '찰리(Charlie)'는 바보나 백인을 의미하는데 정확한 의도는 알 수 없다. 무관하지만 화이티 포드의 미들네임이 찰스(Charles)이다.
240 • 카디널드 투수 대럴드 노울스(Darold Knowls)에게 질문한 레지 잭슨의 자기과시(Hot Dog) 성향에 대한 답변이다.
241 • 등번호 1번(마틴 감독)과 44번(잭슨)의 결전은 심지어 카메라에 잡힌 채 2분 가까이 생중계되고 있었다.
242 • 4회 2점, 5회 2점, 8회 1점 모두 초구를 넘기며 홈런으로만 5타점을 챙겼다.
243 • 서먼 리 먼슨(Thurman Lee Munson, 1947-79). 양키스에서만 뛰었으며 통산타율 2할9푼2리를 기록한 잘 나가던 포수였으나 비행연습 도중 추락하여 이른 나이에 사망했다. 미스터 10월이란 원래 자신만 만했던 잭슨이 시리즈에서 2차전까지 부진하자 비꼬아 부른 것이었다.
244 • 배트걸이가 검정색이었던 것 같다.
245 • 미국 어린이 프로그램인 세서미 스트리트 주인공 중 하나로, 249cm의 큰 키를 가진 카나리아 종류의 새이다. 1969년에 처음 등장했다.
246 • Rolling Stone. 1967년 샌프란시스코에서 창간된 음악 중심의 대중문화 월간지이다.
247 • 1970-79년 기준으로 레즈가 4회, 오리올즈와 애슬레틱스, 양키스, 그리고 다저스가 각 3회, 파이러츠가 2회이며, 1971-80년 기준으로 애슬레틱스와 레즈, 다저스, 그리고 양키스가 각 3회, 파이러츠와 오리올스가 2회씩 올랐다.
248 • 1979년 발표된 그룹 시스터 슬레지(Sister Sledge)의 곡으로, 이 곡이 수록된 앨범명이기도 하다.
249 • 할인이벤트로 관중들이 가져온 음반들이다.
250 • 다니엘 조지프 '러스티' 스탑(Daniel Joseph 'Rusty' Staub, 1944-2018). 우익수와 1루수, 지명타자 등으로 활약하며 통산 2,716안타를 기록했다. 상대팀이던 타이거즈에서 뛰던 당시 사건을 기억하며 남긴 말이다. 캐나다야구 명예의 전당에 헌액되었다.
251 • 타이거즈 감독 스파키 앤더슨(151쪽 참조)이 맥주와 마리화나 등에 흥분하여 난동을 부린 젊은이들을 두고 《시카고 트리뷴》지와 인터뷰한 내용이다.

252・앨버트 조안 벨(Albert Jojuan Belle, 1966-). 좌익수 출신으로, 통산타율 2할9푼5리, 홈런 381개를 기록했다.

253・알렉산더 엠마누엘 로드리게스(Alexander Emmanuel Rodriguez, 1975-). 도미니카공화국 출신으로, 유격수와 3루수를 맡았으며 'A-로드'라는 별명으로 유명하다. 통산안타 3,115개, 696개의 홈런, 특히 최연소 600홈런을 기록했다. 약물파동으로 명예의 전당 헌액은 힘들어 보인다.

254・실제 메이저리그 선수들을 대상으로 가상의 리그를 만들어 경기를 운영하는 게임이다. 뉴욕 공립도서관에는 잭 케루액이 개인적으로 운영한 가상리그에 대한 자료가 보관되어 있다.

255・개발자들이 뉴욕의 식당 라 로티세리 프랑세즈(La Rotisserie Francaise)에서 식사도 하고 최초로 경기를 펼쳤다. 자료수집은 USA 투데이 결과표에 크게 의존했다.

256・1989년 개발자들이 전미 주요 12개 지역신문사를 통해 시작하여 1990년부터 전국 신문사들을 통해 운영되었다.

257・조지 윌리엄 제임스(George William James, 1949-). 야구통계학 및 역사학자. 1977년 자신이 개발한 분석체계를 담은 야구개요서를 직접 출간한 것을 시작으로, 다각도로 분석이 가능한 그의 야구통계와 역사연구자료는 구단의 승패와 선수분석 등에 큰 공헌을 했다.

258・1980년 로얄스를 상대로 4승 2패를 기록했다.

259・1980-89년을 기준으로 로얄스는 80년과 85년(우승), 브루어스는 82년, 그리고 파드레스는 84년에 올랐다.

260・리키 넬슨 헨리 헨더슨(Rickey Nelson Henley Henderson, 1958-). 특이하게 좌투우타로, 통산안타 3,055개, 도루 1,406개, 홈런 297개를 기록했으며, 24년간 12번 팀을 옮겼다. 2009년 명예의 전당에 헌액되었다.

261・게일로드 잭슨 페리(Gaylord Jackson Perry, 1938-). 통산 314승과 3,534개의 삼진을 기록했다. 최초로 양대리그에서 사이영상을 수상했으며, 부정투구 의혹이 강하게 받고 있다. 1991년 명예의 전당에 헌액되었다.

262・조지 리 '스파키' 앤더슨(George Lee 'Sparky' Anderson, 1934-2010). 평범한 선수생활을 거쳐 레즈와 타이거스에서만 감독으로서 3회(1975, 76년 레즈, 84년 타이거스)의 월드시리즈 우승을 포함하여 통산 2,194승을 거두었다. 2000년 명예의 전당에 헌액되었다.

263・라파엘 팔메이로 코랄레스(Rafael Palmeiro Corrales, 1964-). 쿠바 출신의 1루수로 통산 569개의 홈런과 3,020개의 안타, 2할8푼8리의 그리고 타율을 기록했다. 메이저리그 사상 4번째로 기록한 3천안타 500홈런의 뛰어난 성적에도 불구하고 스테로이드 의혹으로 명예의 전당에 들지 못했다. 아들 역시 야구선수이며, 2018년에는 아들과 함께 독립구단과 계약하여 3할1리의 성적을 올리기도 했다.

264・캘빈 에드윈 립켄 주니어(Calvin Edwin Ripken Jr., 1960-). 2,632 경기 연속출장으로 루 게릭의 기록을 넘어 '철의 사나이'라 불렸으며, 유격수와 3루수로 오리올스에서만 21년간 활약했다. 통산 3,184개의 안타와 431홈런을 기록했고, 19년간 올스타에 선정되었다. 2007년 명예의 전당에 헌액되었다.

265・에디 클레런스 머리(Eddie Clarence Murray, 1956-). 1루수와 지명타자로 활약하며 통산 3,255개의 안타와 504홈런을 기록했다. 2003년 명예의 전당에 헌액되었다.

266・윌리엄 로저 클레멘스(William Roger Clemens, 1962-). 통산 354승, 삼진 4,672개를 기록했다. 역대 최다인 사이영상을 7회나 수상했다. 거친 성격과 스테로이드 복용의혹으로 유명하다.

267・도널드 하워드 서튼(Donald Howard Sutton, 1945-). 통산 324승, 삼진 3,574개를 기록했다. 1998년 명예의 전당에 헌액되었다.

268・필립 헨리 니크로(Philip Henry Niekro, 1939-2020). 통산 318승, 삼진 3,342개를 기록했는데, 이 중 121승은 40세 이후 거둔 성적이다. 역시 투수였던 동생 조와 도합 539승을 올렸다. 1997년 명예의 전당에 헌액되었다.

269・통산 355승, 삼진 3,371개를 기록했다. 1992-95년 연속 사이영상 수상과, 유일하게 17년 연속 15승 이상을 거두었다. 2014년 명예의 전당에 헌액되었다.

270・명예의 전당 심사는 은퇴 후 5년이 지나야 자격이 생기며, 헌액기준 득표율은 75%이며, 5% 미만이면 재심사자격을 박탈당한다.

271・오스본 얼 스미스(Osborne Earl Smith, 1954-). 통산 2,460개의 안타와, 한때 메이저리그 기록이었던 1,590개의 더블플레이, 그리고 13년 연속 골드글러브를 수상했다. 2002년 명예의 전당에 헌액되었다. 앨런 스튜어트 트래멀(Alan Stuart Trammell, 1958-). 폴란드계 미국인으로, 타이거스에서 20년을 뛰고 감독도 역임했다. 통산 2,365안타와 감독으로는 4할이 못미치는 승률을 기록했다. 2018년 명예의 전당에 헌액되었다.

272・루이스 로드맨 휘태커 주니어(Louis Rodman Whitaker Jr., 1957-). 타이거스에서만 20년 가까이 뛰며 통산 2,369개의 안타를 기록했다.

273・키스톤 콤비(Keystone Combination). 다이아몬드의 중앙부인 2루를 쐐기돌(keystone)이라 불러 유격수와 2루수의 조화를 일컫는 말이 되었다.

274・이와 함께 1995년부터 와일드카드를 포함한 4개 구단이 겨루는 리그별 디비전시리즈(5전3선승제)가 추가되었다.

275・구단별 연봉총액의 상한선을 말하는 것으로, 구단주들은 선수들의 높은 연봉으로 적자를 보고 있다고 주장하던 터였다. NBA에서 적용 중이다.

276・샐러리캡을 도입하지 않는 대신 보완책으로 사치세를 도입했다.

277・Tabernac! 프랑스계 캐나다 지역에서 사용하는 저주 섞인 욕설. 몬트리올 엑스포스의 이전(移轉)으로 현재는 NHL 몬트리올 캐내디언스만 남아 있다. 마스코트인 유피!(Youppi!)가 망연자실한 표정으로 앉아 있다.

278・18th & Vine Heritage District. 같은 건물에 야구와 재즈박물관이 들어가 있다.

279・野茂英雄(1968-). 1990년 일본 프로야구에 데뷔하여 78승을 거두고 메이저리그에 진출한 뒤 양대리그에서 노히터를 기록하고 통산 123승을 거두었다. 일본야구 명예의 전당에 헌액되었다.

280・村上雅則(1944-). 일본 프로야구에서 103승, 메이저리그에서 5승을 거두었다. 동양인 최초로 메이저리그 데뷔와 승리투수가 되었다.

281・윌리엄 라마 빈 3세(William Lamar Beane III, 1962-). 평균 이하의 메이저리그 선수생활을 거쳐 스카우터로 구단경영에 발을 들였다. 세이버메트릭스를 근간으로 선수에 대한 새로운 가치판단을 실제 경영에 적용하여 저비용으로 효율성을 살렸다. 이를 담은 책『머니볼』이

282・리차드 린 '샌디' 앨더슨(Richard Lynn 'Sandy' Alderson, 1947-). 애슬레틱스를 사들인 장인어른 덕에 구단경영에 참여하며 마이너리그 체계를 재정비했다. 이후 단장과 메이저리그 사무국을 거쳐, 파드레스와 메츠 단장을 역임했다. 현재는 애슬레틱스 고문으로 있다.

283・105쪽 참조

284・스티븐 루이스 달코스키 주니어(Steven Louis Dalkowski Jr., 1939-2020). 시속 180km, 최소 170km는 넘었다는 메이저리그 스타들도 인정한 전설의 좌완투수이다. 하지만 제구가 엉망이라 스프링 캠프와 시범경기를 끝으로 메이저리그에서는 공 한 번 못 뿌린 채 부상으로 경력을 접어야 했다. 노년에는 치매에 걸려 1960년대 중반 이후는 거의 기억하지 못했다고 한다.

285・마크 데이비드 맥과이어(Mark David McGuire, 1963-). 통산 583홈런을 기록한 1루수 출신으로, 1987년 당시 신인 최다인 49홈런을 기록했다(2017년 갱신).

286・브래디 케빈 앤더슨(Brady Kevin Anderson, 1964-). 외야수 출신으로, 14년간 통산 210개의 홈런을 기록했다. 1992년 53개의 도루를 기록하며 메이저리그 최초 (별도)시즌 50홈런과 50도루를 달성했다. 2013년 볼티모어 사무국 부사장으로 승진했다.

287・조지 케네스 그리피 주니어(George Kenneth Griffey Jr., 1969-). 중견수 출신으로 통산 2,781개의 안타와 630홈런을 기록했다. 아버지(1950-)도 통산 2할9푼6리에 2,143안타를 기록한 걸출한 선수였다. 함께 생활한 매리너스에서는 1990년 백투백홈런을 기록하기도 했다. 2016년 명예의 전당에 헌액되었다.

288・새뮤얼 켈빈 퍼랠타 소사(Samuel Kelvin Peralta Sosa, 1968-). 도미니카공화국 출신으로, 우익수로 뛰며 통산 2,408개 안타와 609홈런을 기록했다. 하지만 코르크배트 사건과 수많은 인성논란 등으로 위상이 추락했다.

289・프레스톤 루돌프 요크(Preston Rudolph York, 1913-70). 통산 2할7푼5리를 기록한 1루수 출신으로, 레드삭스 감독을 역임했다. 체로키족 후손이다.

290・배리 라마 본즈(Barry Lamar Bonds, 1964-). 좌익수 출신으로, 통산타율 2할9푼8리, 안타 2,935개를 기록했다. 홈런 외에도 메이저리그 통산 및 단일시즌 포볼 기록을 보유하고 있으며, 통산도루 514개, 골드글러브 8회 등 공수 양면에서 뛰어난 기록을 남겼다.

291・박찬호가 10월 6일 종전 한 시즌 최다 홈런기록인 맥과이어의 70홈런을 넘어서는 71호와 72호를 연달아 허용하며 또 한 번 전설을 쓸 뻔했다.

292・2007년 메인주 민주당 소속 상원의원 조지 J. 미첼이 20개월간의 조사 끝에 펴낸 409쪽짜리 보고서이다.

293・호세 안토니오 바티스타 산토스(Jose Antonio Bautista Santos, 1980-). 도미니카공화국 출신 3루수 겸 외야수이다. 2010년 이후 거포대열에 합류했고, 소위 '빠던'으로 유명하다.

294・크리스토퍼 린 데이비스(Christopher Lyn Davis, 1986-). 현역 1루수로, 암페타민 복용사실이 드러나 부진을 겪고 있으며, 2019년 개막 이후 54타수 무안타 기록을 세웠다.

295・지안카를로 크루즈 마이클 스탠튼(Giancarlo Cruz Michael Stanton, 1989-). 외야수로 활약 중이며, 2022년 현재 통산 358홈런을 기록중이다.

296・제임스 앨런 바우튼(James Alan Bouton, 1939-). 짐 바우튼이라 불리며, 본인의 저서『볼 포』에 나온 내용이다. 135쪽 참조

297・메이저리그 6대 총재인 피터 위버로스가 1985년 LA 소재의 로욜라 메리마운트 대학교 졸업식에서 밝힌 내용이다.

298・프랭크 에드워드 토마스 주니어(Frank Edward Thomas Jr., 1968-) 1루수와 지명타자로 활약하며 통산타율 3할1리와 안타 2,468개를 기록했다. 2014년 명예의 전당에 헌액되었다. 제임스 하워드 토미(James Howard Thome, 1970-). 1-3루수와 지명타자로 활약하며 통산안타 2,328개를 기록했고, 리그 최고인 13개의 끝내기 홈런 기록을 보유하고 있다. 2018년 명예의 전당에 헌액되었다.

299・2004년 6월 21일 세인트루이스와의 경기에서 6회 솔로홈런을 터뜨리며 통산 20번째 500홈런 고지에 올랐다. 동료들의 축하를 받은 그는 경기장에서 이를 지켜본 아버지에게 달려가 포옹을 하였고, 이날 선발출장한 봉중근(신시내티 레즈)은 6이닝을 완봉으로 막으며 메이저리그 첫 선발승을 거두었다.

300・랜들 데이비드 존슨(Randall David 'Randy' Johnson, 1963-). 큰 키와 강속구가 유명하며, 통산 303승을 기록했다. 9·11 당시 김병현이 다이아몬드백스에서 함께 뛰며 월드시리즈에서 우승했다. 2015년 명예의 전당에 헌액되었다.

301・페드로 하이메 마르티네즈(Pedro Jaime Martinez, 1971-). 도미니카공화국 출신으로 형 라몬, 동생 헤수스와 함께 3형제 투수로 유명하다. 2015년 명예의 전당에 헌액되었다.

302・레드삭스의 경우 1903년 아메리칸스라는 이름으로, 그리고 2004년과 2007년 우승했다. 자이언츠는 뉴욕 시절인 1905년과 2010년 각각 정상에 섰다.

303・에파 루이즈 맨리(Effa Louise Manley, 1897-1981). 남편 에이브는 브루클린 이글스와 뉴어크 다저스를 사들여 뉴어크 이글스를 창단했다. 흑인에게 문호를 개방한 다저스 단장 리키에 열광하는 팬들을 비판했는데, 목적이 인권보다 이윤 때문이라 생각했기 때문이다. 또한 니그로리그 해체 발언을 한 재키에게 초심을 잃지 말 것을 강조했다.

304・鈴木一朗(1973-). 일본프로야구를 거쳐 2001년 메이저리그에 데뷔했다. 일본에서 통산 3할5푼3리, 529타점, 메이저리그에서 우익수를 보며 3할1푼1리와 3,089안타, 117홈런, 509도루를 기록했다. 데뷔 첫해 신인왕과 MVP, 그리고 리그에서 타율과 최다안타, 도루부문 1위를 기록했다. 2019년 은퇴 당시 최장수 현역선수였으며, 현재는 매리너스 회장 보좌역으로 있다.

305・Mariano Rivera(1969-). 파나마 출신 미국인으로, 마무리로 양키스에서만 통산 82승, 652세이브, 삼진 1,173개를 기록했다. 2019년 첫 투표에서 100% 득표로 명예의 전당에 헌액되었다.

306・데릭 샌더슨 지터(Derek Sanderson Jeter, 1974-). 의사인 흑인아버지와 백인어머니 사이에서 태어나 유격수로 양키스에서만 활약했다. 2001년 월드시리즈 4차전에서 김병현에게 연장 끝내기홈런을 빼앗았다. 현재는 마이애미 말린스의 40% 지분으로 총괄경영을 맡고 있다.

307・호세 미구엘 카브레라 토레스(Jose Miguel Cabrera Torres, 1983-). 베네수엘라 출신 1루수로 2022년 현재 통산타율 3할1푼, 안타 3,022개, 홈런 505개, 타점 1,819점을 기록중이다.

308・필립 그레고리 험버(Philip Gregory Humber, 1982-). 평범하다 못해 그다지 두각을 나타내지 못한 투수였으나 화이트삭스 시절 시애틀을 상대로 뜬금 없는 퍼펙트게임을 기록했다. 하지만 이후 부진을 계속하다 마이너를 거쳐 기아 타이거스로 이적했으나 1년을 채우지 못하고 방출되었다.
309・매튜 토마스 케인(Matthew Thomas Cain, 1984-).
310・펠릭스 에이브러햄 에르난데스(Felix Abraham Hernandes, 1986-).
311・호세 알베르토 푸홀스 알칸타라(Jose Alberto Pujols Alcantara, 1980-).
312・그레고리 앨런 '그렉' 매덕스(Gregory Alan 'Greg' Maddux, 1966-). 1986년 그 해 마지막 선발출장경기에서 형 마이크 매덕스와 최초의 신인형제간 투수대결을 펼쳐 승리했다.
313・윌리엄 로저 클레멘스(William Roger Clemens, 1962-).
314・데이비드 아메리코 오티즈 아리아스(David Americo Ortiz Arias, 1975-).
315・아메리칸리그(일본 퍼시픽리그)와 달리 내셔널리그(일본 센트럴리그)에서는 지명타자제도를 운영하지 않아 투수도 타석에 선다.
316・2022년부터 내셔널리그도 지명타자제도를 도입하기로 결정했다.
317・한국에서는 토스배팅이라고도 부른다.

옮긴이의 말

어린 시절 또래들이 그랬듯 신문지로 만든 글러브로 공놀이를 하기 시작했다. 그러다가 기념일을 맞아 배트나 글러브를 선물로 받거나 용돈을 모아 사게 되면 신줏단지 모시듯 신경 썼다. 가끔씩 골목길과 운동장에서 베이스 대용으로 쓰다 보면 금방 헐거워졌지만 말이다.

채널 2번의 AFKN과 해외스포츠 단신으로 메이저리그 소식을 접할 수 있었지만 그래도 우리의 영웅은 고교야구 형님들이었다. 김건우와 박노준에 열광하여 선린상고의 팬이 되었지만 경북고 류중일과 군산상고 조계현 등 학교와 시기를 떠나 십수 개의 야구명문고들이 펼치는 명승부에 들뜬 시대였다.

여기에 1982년 흙먼지가 없는 녹색 그라운드의 잠실야구장에서 펼쳐진 세계야구선수권대회에서 김재박과 한대화의 활약으로 일본을 물리치고 거둔 우승은 일본의 수준을 떠나 우리 어린이들에게 한국야구의 자긍심을 심어주는 훌륭한 마취제이기도 했다.

고교야구의 인기를 이어받아 출범한 프로야구 시대를 맞아 경제가 성장하고 아파트 중심의 주거환경으로 바뀌어갔다. 이제 신문지 글러브와 골목야구의 추억과는 결별하게 되었다. 연고지 서울의 MBC청룡 어린이회원으로서 매일 벌어지는 승패에 그날 기분이 좌우되는 야구의 즐거운 침투가 본격화되었다. 에이스 하기룡과 잠수함 이길환, 베트콩 김인식의 허슬플레이, 강견 신언호, 그리고 개막전 만루홈런 이종도와 4할타율의 감독 백인천까지 아이들 사이에서는 야구카드 수집과 기사 스크랩 등이 인기를 끌었다. 그때의 어린이는 그보다 더 큰 아이를 키우는 아빠가 되었고, 야구 사랑은 LG트윈스로 이어져 40년째 계속되고 있다.

이렇듯 한국야구는 어느 정도 익숙해졌지만 메이저리그는 여전히 낯선 곳이었다. 빅맥과 소사의 홈런경쟁을 시작으로 박찬호, 김병현의 진출과 케이블TV, 인터넷시대가 열리자 선수들도 국민들도, 그리고 그 '아빠'도 서서히 야구의 고향으로 관심을 돌리기 시작했다.

　메이저리그는 팀에 대한 애정보다 우리 선수들에 대한 관심은 물론 한 차원 높은 리그 실력과 이국적인 경기장 분위기에서 KBO에 머무른 눈을 즐겁게 해주었다. 한국도, 일본과 미국도 거기에 올림픽과 WBC까지 즐길거리는 넘쳤지만 이쯤 되면 지식에 대한 갈증이 몰려왔다. 그리고 때마침 우연히, 아니 필연적으로 인연을 맺은 책이 바로 이것이다.

　메이저리그와 미국 역사에 대한 식견이 부족하다 보니 번역 작업 중에 보충자료가 필요하였고, 그중 필요한 부분을 역자주로 추가하여 독자들이 혹시라도 궁금한 대목이 있으면 살펴볼 수 있도록 이해를 도왔다.

　부족함이 많아 내 컴퓨터에 평생토록 갇혀 있을 뻔한 작품을 세상에 나오도록 도와주신 궁리출판사 식구들께 진심으로 감사 인사를 드린다. 또한 미국식 표현을 알기 쉽게 풀어준 미주리댁 모니카에게 고마운 인사를 전한다.

　이 책은 작년 거짓말처럼 우리 곁을 떠나신 장인어른께 바친다. 최고의 학부와 기업에서 수십 년간 해외를 누비셨고, 근래까지 손에서 영어책을 놓지 않으셨다. 이 책을 깜짝선물로 받으셨다면 그저 조용히 미소지으셨을 것이다.

　공상과학영화에서나 보곤 했던 2022년이다. 올해만큼은 나가서 싸우고 이기기를, 그리하여 유광 점퍼를 입고 잠실벌에서 28년 만에 LG트윈스의 우승 헹가래를 보며 뜨거운 가슴으로 감격의 눈물을 흘리는 가을이 되기를 '제발' 기대해본다. 선수들은 시계가 탐이 나겠지만.

찾아보기

ㄱ

가르시아파라, 노마(Garciaparra, Nomar) 83
개프니, 제임스(Gaffney, James) 41
갤빈, 퍼드(Galvin, Pud) 123
게릭, 루(Gehrig, Lou) 62, 64, 70, 74, 75, 81, 82, 135
게링거, 찰리(Gehringer, Charlie) 75
곤살레스, 미겔 앙헬(González, Miguel Angel) 118
골드스미스, 프레드(Goldsmith, Fred) 13
공(balls) 57, 58, 86
굴드, 체스터(Gould, Chester) 43
그레이, 피트(Gray, Pete) 90
그로멕, 스티브(Gromek, Steve) 98
그로브, 레프티(Grove, Lefty) 51, 68, 74
그리자드, 루이스(Grizzard, Lewis) 140
그리피, 켄, 주니어(Griffey, Ken, Jr.) 158, 161
그리피스 스타디움(Griffith Stadium) 109
그린, 펌시(Green, Pumpsie) 118
그린리 필드(Greenlee Field) 71
그린리, 거스(Greenlee, Gus) 70, 71
그린버그, 행크(Greenberg, Hank) 72, 90, 97, 134
그윈, 토니 시니어(Gwynn, Tony, Sr.) 33, 83, 153
글러브(glove) 18, 19
글렌, 존(Glenn, John) 93
깁슨, 밥(Gibson, Bob) 45, 125, 129, 130, 139
깁슨, 조시(Gibson, Josh) 70, 93

ㄴ

나가시마 시게오 135
나를 야구경기에 데려가줘요(Take Me Out to the Ball Game) 39
나헴, 샘(Nahem, Sam) 90
내셔널리그(National League) 16-18, 21, 22, 24
너빈, 프랭크(Navin, Frank) 72
노모 히데오 154
노스웨스턴리그(Northwestern League) 16, 18
뉴어크 리틀스타스(Newark Little Stars) 21
뉴어크 이글스(Newark Eagles) 163
뉴욕 고담스(New York Gothams) 17
뉴욕 메츠(New York Mets) 62, 104, 107, 115, 117, 124, 126, 127, 132, 134, 139
뉴욕 뮤추얼스(New York Mutuals) 16
뉴욕 양키스(New York Yankees) 24, 25, 42, 43, 46, 57, 58-59, 62, 64-66, 68, 69, 76, 80, 81, 82, 88, 96, 102, 106, 107, 108, 111, 112, 114, 116, 121, 124, 125. 142, 159, 162, 163, 164
뉴욕 자이언츠(New York Giants) 17, 26, 27, 35, 36, 38, 39, 47, 69, 99, 102, 106, 110, 112, 116
뉴욕 하이랜더스(New York Highlanders) 24, 25
니그로리그(Negro League) 36, 48, 54, 60-61, 70-71, 93, 97, 106, 126, 163
니크로, 필(Niekro, Phil) 151

ㄷ

달코스키, 스티브(Dalkowski, Steve) 157
대니얼스, 대니얼 M. (Daniels, Daniel M.) 80
더블데이 필드(Doubleday Field) 47
더로셔, 리오(Durocher, Leo) 54, 72, 94, 110
더블데이, 애브너(Doubleday, Abner) 7-8, 12, 29, 42, 47, 108
더피, 휴(Duffy, Hugh) 22, 93, 123
데드볼 시대(Dead Ball Era) 32, 33, 43, 56, 57, 123
데이, 리언(Day, Leon) 70, 90
데이비스, 크리스(Davis, Chris) 160
데이턴 마코스(Dayton Marcos) 60
도루 39, 150, 155
도비, 래리(Doby, Larry) 96, 97, 98, 99, 110, 163
도크, 빌(Doak, Bill) 19
드라이스데일, 돈(Drysdale, Don) 125
디히고, 마틴(Dihigo, Martín) 118, 119
디마지오, 조(Dimaggio, Joe) 70, 83, 102, 107, 112, 121, 146
디트로이트 스타스(Detroit Stars) 60
디트로이트 타이거스(Detroit Tigers) 25, 31, 32, 45, 67, 70, 72, 90, 97, 129, 130, 143, 151, 152
딘, 제이 해나 '디지'(Dean, Jay Hanna 'Dizzy') 70, 72, 73
딘, 폴(Dean, Paul) 72

ㄹ

라드너, 링(Lardner, Ring) 65
라이언, 놀런(Ryan, Nolan) 132, 138, 146, 150, 155
레너드, 벅(Leonard, Buck) 70
레너드, 허버트 '더치'(Leonard, Hubert 'Dutch') 39
레드 서클스(Red Circles) 90
레이놀즈, 앨리(Reynolds, Allie) 43
로드리게스, 앨릭스(Rodríguez, Alex) 146, 151, 160
로빈슨, 브룩스(Robinson, Brooks) 128
로빈슨, 재키(Robinson, Jackie) 51, 74, 89, 91, 92, 94-96, 97, 99, 101, 102, 115, 116, 126, 134, 138, 139
로빈슨, 프랭크(Robinson, Frank) 128, 139
로스슈타인, 아널드(Rothstein, Arnold) 52, 53
로스앤젤레스 닛폰스(Los Angeles Nippons) 74
로스앤젤레스 다저스(Los Angeles Dodgers) 17, 120-21, 125, 128, 142, 154, 159
로이드, 존 헨리 '팝'(Lloyd, John Henry 'Pop') 61
로젠, 앨(Rosen, Al) 110
로즈, 피트(Rose, Pete) 83, 125, 140, 151, 150, 151
롤리크, 미키(Lolich, Mickey) 130
루스, 베이브(Ruth, Babe) 7, 34, 39, 42, 46, 48, 50, 54, 57, 58-59, 61, 62, 64, 67, 68, 69, 70, 72, 75-77, 81, 99, 104, 109, 122, 123, 140, 141, 142
루스벨트, 프랭클린 델러노(Roosevelt, Franklin Delano) 84
루이빌 그레이스(Louisville Grays) 16
루이빌 슬러거(Louisville Slugger) 23
루이빌 클리퍼스(Louisville Clippers) 127
루케, 아돌포(Luque, Adolfo) 118
리글리 필드(Wrigley Field) 38, 41, 76, 77, 85, 90, 99, 154, 166
리글리, 윌리엄(Wrigley, William, Jr.) 41
리베라, 마리아노(Rivera, Mariano) 164
리수토, 필(Rizzuto, Phil) 102
리스, 피 위(Reese, Pee Wee) 94, 102, 117
리처드슨, 하디(Richardson, Hardy) 47
리키, 브랜치(Rickey, Branch) 89, 91, 94, 96,

101, 104
립켄, 칼, 주니어(Ripken, Cal, Jr.) 151, 152

ㅁ
마르산스, 아르만도(Marsans, Armando) 119
마르티네스, 페드로(Martínez, Pedro) 161
마리찰, 후안(Juan Marichal) 125
마틴, 빌리(Martin, Billy) 114, 142
매글리, 살 '더 바버'(Maglie, Sal 'The Barber') 102
매덕스, 그레그(Maddux, Greg) 161, 165
매슈스, 에디(Mathews, Eddie) 108
매슈슨, 크리스티(Mathewson, Christy) 35, 36, 48, 63, 124
매저로스키, 빌(Mazeroski, Bill) 136
매팅리, 돈(Mattingly, Don) 159
맥, 코니(Mack, Connie) 39, 44, 68, 75, 103, 138
맥과이어, 마크(McGuire, Mark) 158-59, 160
맥그로, 존(McGraw, John) 36, 69, 103, 139
맥레인, 데니(McLain, Denny) 130
맨리, 에파(Manley, Effa) 163
맨틀, 미키(Mantle, Mickey) 102, 107, 109, 112-18, 122, 124, 135, 136, 149
맬러머드, 버나드(Malamud, Bernard) 105
머리, 에디(Murray, Eddie) 151
머리, 존 조지프 '레드'(Murray, John Joseph 'Red') 39
먼로, 매릴린(Monroe, Marilyn) 83
먼슨, 서먼(Munson, Thurman) 142
멀카히, 휴(Mulcahy, Hugh) 82
매리스, 로저(Maris, Roger) 122, 123, 159
메이스, 윌리(Mays, Willie) 67, 68, 97, 99, 102, 106, 110, 112-13, 138, 151
메이스, 칼(Mays, Carl) 56
멘데스, 호세(Méndez, José) 126
멤피스 레드삭스(Memphis Red Sox) 127
명예의 전당(National Baseball Hall of Fame) 9, 21, 29, 35, 42, 47, 78, 80, 93, 119, 136, 163
모건, 조(Morgan, Joe) 140
모건, 코니(Morgan, Connie) 111
몬트리올 로열스(Montreal Royals) 91, 92, 94
몬트리올 엑스포스(Montreal Expos) 132, 153
무라카미 마사노리(村上雅則) 154
뮤젤, 밥(Meusel, Bob) 64
뮤지얼, 스탠(Musial, Stan) 83, 88, 125, 151
미네소타 트윈스(Minesota Twins) 124, 132
미뇨소, 미니(Minnie Miñoso) 118
미줄라 팀버잭스(Missoula Timberjacks) 127
미첼 보고서(Mitchell Report) 160-61

밀러, 마빈(Miller, Marvin) 131, 134, 147
밀스, 에이브러햄 G.(Mills, Abraham G.) 16, 18, 28
밀워키 브레이브스(Milwaukee Braves) 17, 108, 116, 132
밀워키 브루어스(Milwaukee Brewers) 25, 150

ㅂ
박찬호 159
배로, 에드(Barrow, Ed) 59
백비, 짐(Bagby, Jim, Sr.) 57
뱅크스, 어니(Banks, Ernie) 41, 97, 133
버그, 모리스 J.(Berg, Morris J.) 87
버닝, 짐(Bunning, Jim) 125
버밍햄 블랙 배런스(Birmingham Black Barons) 127
베얀, 에스테반(Bellán, Estevan) 119
벤더, '치프'(Bender, 'Chief') 39, 40, 43, 73
벤치, 조니(Bench, Johnny) 140
벨, 앨버트(Belle, Albert) 146
벨, 제임스 토머스 '쿨 파파'(Bell, James Thomas 'Cool Papa') 61
보너, 제임스(Bonner, James) 51, 74
보스턴 레드삭스(Boston Red Sox) 7, 25, 39, 41, 42, 43, 44, 48, 56, 57, 58, 59, 87, 92, 93, 118, 129, 141, 159, 162, 163
보스턴 레드스타킹스(Boston Red Stockings) 16, 17
보스턴 브레이브스(Boston Braves) 17, 18, 39, 42, 43, 47, 98
보턴, 짐(Bouton, Jim) 135
본즈, 배리(Bonds, Barry) 160
『볼 포(Ball Four)』 135
볼티모어 오리올스(Baltimore Orioles) 24, 25, 69, 108, 128, 132, 136, 144
부드로, 루(Boudreau, Lou) 98
브라운, 윌러드(Brown, Willard) 90
브러시, 존(Brush, John) 27
브렛, 조지(Brett, George) 33, 83, 151
브록, 루(Brock, Lou) 125, 155
브루클린 그레이스(Brooklyn Grays) 17
브루클린 다저스(Brooklyn Dodgers) 17, 51, 56, 71, 74, 80, 82, 89, 91, 92, 94-96, 99, 102, 106, 112, 116
브루클린 스타스(Brooklyn Stars) 13
브루클린 익셀시오스(Brooklyn Excelsiors) 13
브리그스, 윌리엄(Briggs, William) 70
블랙삭스 스캔들(Black Sox scandal) 52-56, 59, 76
블랙웰, 유얼(Blackwell, Ewell) 90
블루스 파크(Blues Park) 153

빅, 빌(Veeck, Bill) 54, 89, 98, 99
빈, 빌리(Bean, Billy) 156

ㅅ
사와무라 에이지(沢村栄治) 75
샌디에이고 파드리스(San Diego Padres) 132, 150, 151
샌프란시스코 자이언츠(San Francisco Giants) 17, 120-21, 162
생, 월터 헨리 '왈리'(Schang, Walter Henry 'Wally') 44
샤먼, 빌(Sharman, Bill) 71
샤이브, 벤(Shibe, Ben) 103
섀퍼, 윌리엄 허먼 '저머니'(Schaefer, William Herman 'Germany') 39
세이버메트릭스(sabermetrics) 149, 156
세인트루이스 브라운스타킹스(St. Louis Brown Stockings) 17, 18
세인트루이스 브라운스(St. Louis Browns) 25, 41, 88, 90, 96, 99, 108, 159
세인트루이스 자이언츠(St. Louis Browns) 60
세인트루이스 카디널스(St. Louis Cardinals) 17, 63, 72, 88, 92, 96, 97. 125, 129, 130, 134, 139, 158, 163
세인트루이스 퍼펙토스(St. Louis Perfectos) 17
설리, 텍스(Shirley, Tex) 159
셰커드, 지미(Jimmy Sheckard) 159
소사, 새미(Sosa, Sammy) 159, 160
소프, 짐(Thorpe, Jim) 43
쇼어, 어니(Shore, Ernie) 46, 47
슈로더, 도티(Schroeder, Dottie) 88
스나이더, 듀크(Snider, Duke) 102, 112, 116
스미스, 엘머(Smith, Elmer) 57
스즈키 이치로 33, 83, 164
스타절, 윌리 '팝스'(Stargell, Willie 'Pops') 144
스탠키, 에디(Stanky, Eddie) 94, 102
스탠턴, 지언카를로(Stanton, Giancarlo) 160
스텀프, 앨(Stump, Al) 67
스테로이드(steroid) 123, 151, 160-62
스텡글, 찰스 딜런 '케이시'(Stengel, Charles Dillon 'Casey') 107, 117, 126
스토넘, 호러스(Stoneham, Horace) 120
스톤, 토니(Stone, Toni) 111
스티븐스, 존 폴(Stevens, John Paul) 77
스티언스, 터키(Stearnes, Turkey) 70
스판, 워런 (Spahn, Warren) 116-17, 123
스폴딩 스포츠 용품(Spalding Sports goods) 18, 58
스폴딩, 앨버트 G.(Spalding, Albert G.) 16, 18, 19, 28, 38, 42
스핏볼(spitball) 56

슬로터, 이노스(Slaughter, Enos) 92
시 스타디움(Shea Stadium) 126
시러큐스 스타스(Syracuse Stars) 21
시먼스, 앨(Simmons, Al) 68
시버, 톰(Seaver, Tom) 132
시애니스, 빌리(Sianis, Billy) 31, 90
시애틀 매리너스(Seattle Mariners) 30
시애틀 파일럿츠(Seattle Pilots) 132, 135
시카고 아메리칸 자이언츠(Chicago American Giants) 36, 60
시카고 웨일스(Chicago Whales) 41
시카고 자이언츠(Chicago Giants) 60
시카고 컵스(Chicago Cubs) 7, 17, 30-31, 41, 56, 72, 76-77, 88, 90, 97, 104, 115, 132, 133, 166
시카고 화이트삭스(Chicago White Stockings) 16, 17, 18, 21, 25, 31, 36, 38, 47, 52-56, 99, 144-45, 163
시콧, 에디(Cicotte, Eddie) 52
신시내티 레즈(Cincinnati Red Stockings) 14, 15, 16, 17, 35, 52, 62, 80, 119, 134, 140, 141, 143

ㅇ

아메리칸 어소시에이션(American Association) 16, 18, 21, 24
아메리칸리그(American League) 21, 24-26
아바나 베이스볼 클럽(Habana Baseball Club) 119
알렉산더, 그로버 클리블랜드(Alexander, Grover Cleveland) 42, 47, 49, 63, 73
알메이다, 라파엘(Almeida, Rafael) 119
애덤스, 찰스 벤저민 '베이브'(Adams, Charles Benjamin 'Babe') 32
애슈퍼드, 에밋(Ashford, Emmett) 157
애틀랜타 브레이브스(Atlanta Braves) 17, 23, 132
앤더슨, 브래디(Anderson, Brady) 158
앤더슨, 스파키(Anderson, Sparky) 151
앨더슨, 샌디(Alderson, Sandy) 156
앨런, 리(Allen, Lee) 27
야구 카드(baseball cards) 34
야스트렘스키, 칼(Yastrzemski, Carl) 129, 141
양키 스타디움(Yankee Stadium) 59, 77
어빈, 몬티(Irvin, Monte) 102, 163
업다이크, 존(Updike, John) 65, 93
에런, 헨리 '행크'(Aaron, Henry 'Hank') 97, 108, 116, 132, 135, 140, 151, 160
에르난데스, 펠릭스(Hernández, Félix) 165
에버스, 존(조니) 조지프(Evers, John(Johnny) Joseph) 30

에인절, 로저(Angell, Roger) 65
엘리스, 독(Ellis, Dock) 137
엘즈버리, 저코비(Ellsbury, Jacoby) 43
오 사다하루 135
오닐, 벅(O'Neil, Buck) 153
오르티스, 다비드(Ortiz, David) 165
오맬리, 피터(O'Malley, Peter) 124
오언스, 클래런스 버나드 'Brick'(Owens, Clarence Bernard 'Brick') 46
오클랜드 애슬레틱스(Oakland Athletics) 156
오트, 멜(Ott, Mel) 99, 139
올로클린, 프랜시스(O'Laughlin, Francis H, 'Silk') 37, 49
올스타 게임(All-Star Game) 72, 137, 141, 156
와그너, 호너스(Wagner, Honus) 26, 32, 34, 61, 69
요크, 루디(York, Rudy) 43, 159
우드, 하워드 엘즈워스 '스모키 조'(Wood, Howard Ellsworth 'Smokey Joe') 22
워델, 조지 에드워드 '루브'(Waddell, George Edward 'Rube') 26, 27, 36
워드, 아치(Ward, Arch) 72
워싱턴 내셔널스(Washington Nationals) 103, 153
워싱턴 세너터스(Washington Senators) 39, 40, 45, 46, 62, 64, 93, 124, 138
워커, 딕시(Walker, Dixie) 94
워커, 래리(Walker, Larry) 83
워커, 모지스 플리트우드(Walker, Moses Fleetwood) 21
워커, 해리 '더 햇'(Walker, Harry '더 햇') 90, 92
워홉, 잭(Warhop, Jack) 42
웨이너, 로이드 '리틀 포이즌' 65
웨이너, 폴 '빅 포이즌' 65
웨잇커스, 에디(Waitkus, Eddie) 104
위그먼 필드(Weeghman Field) 41
윈, 얼리(Wynn, Early) 125
윈필드, 데이브(Winfield, Dave) 151
윌리엄스, 클로드 프레스턴 '레프티'(Williams, Claude Preston 'Lefty') 53
윌리엄스, 테드(Williams, Ted) 33, 83, 93, 123, 157
윌스, 모리(Wills, Maury) 124, 155
윌슨, 존 오언 '치프'(Wilson, John Owen 'Chief') 33
윌킨슨, J, L.(Wilkinson, J. L.) 126
유니버설 야구협회(The Universal Baseball Association, Inc.) 149
유버로스, 피터(Ueberroth, Peter) 161
이스턴 컬러드리그(Eastern Colored League) 60

인디애나폴리스 클라운스(Indianapolis Clowns) 111, 126
인종차별 21, 43, 54, 67, 94, 99, 101, 106, 119, 128, 140, 163
인터내셔널리그(International League) 21
일본 야구 51, 74-75, 91, 135, 154, 164

ㅈ

자하리아스, 베이브 디드릭슨(Zaharias, Babe Didrikson) 73
잭슨, 레지(Jackson, Reggie) 137, 142
잭슨, 조지프(Jackson, Joseph 'Shoeless Joe') 48, 55, 59, 67
저지, 조(Judge, Joe) 64
제러, 버니스(Gera, Bernice) 157
제임스, 빌(James, Bill) 149
존, 토미(John, Tommy) 139
존슨, 데이비(Johnson, Davey) 148
존슨, 랜디(Johnson, Randy) 161
존슨, 메이미 '피넛'(Johnson, Mamie 'Peanut') 111
존슨, 월터(Johnson, Walter) 33, 40, 42, 44-45, 62, 98, 125, 139, 150
지터, 데릭(Jeter, Derek) 164

ㅊ

찰스턴, 오스카(Charleston, Oscar) 61
채드윅, 헨리(Chadwick, Henry) 13, 28, 29, 65
채프먼, 레이(Chapman, Ray) 56
채프먼, 벤(Chapman, Ben) 94
챈스, 프랭크 리로이(Chance, Frank Leroy) 30
체스브로, 잭(Chesbro, Jack) 33

ㅋ

카브레라, 미겔(Cabrera, Miguel) 164
카스트로, 피델(Castro, Fidel) 118
카이너, 랠프(Kiner, Ralph) 104
카토, 옥테이비어스 V.(Catto, Octavius V.) 13
카트라이트, 알렉산더(Cartwright, Alexander) 9, 10, 108
칸세코, 호세(Canseco, José) 151
캄파넬라, 로이(Campanella, Roy) 102, 116
칼라인, 앨(Kaline, Al) 130, 151
칼턴, 스티브(Carlton, Steve) 138, 150
캐루, 로드(Carew, Rod) 83
캐시, 놈(Cash, Norm) 124
캔자스시티 로열스(Kansas City Royals) 132, 150
캔자스시티 모나크스(Kansas City Monarchs) 60, 61, 85, 89, 126, 133, 153
캔자스시티 시티 애슬레틱스(Kansas City

Athletics) 25, 108, 126, 132
캘러머주 래시스(Kalamazoo Lassies) 111
캘리포니아 에인절스(California Angels) 124, 127, 138
캠든 야즈(Camden Yards) 154, 156
커밍스, 윌리엄 아서 '캔디'(Cummings, William Arthur 'Candy') 13
케인, 맷(Cain, Matt) 165
켈리, 마이클 조지프 '킹'(Kelly, Michael Joseph 'King') 19
켈리, 진(Kelly, Gene) 39
코르테시오, 리아(Cortesio, Ria) 157
코미스키 파크(Comiskey Park) 36, 144
코미스키, 찰스(Comiskey, Charles) 52
코크런, 미키(Cochrane, Mickey) 51, 68, 74
코팩스, 샌디(Koufax, Sandy) 27, 124, 125
콕스, 빌(Cox, Bill) 89
크레인, 샘(Crane, Sam) 47
콜드웰, 레이(Caldwell, Ray) 50
콜린스, 에디(Collins, Eddie Jr.) 47
콥, 타이(Cobb, Ty) 31, 32, 42, 45, 48, 55, 61, 63, 67, 77, 79, 93, 123, 125, 146, 150, 155
쿠반 스타스(Cuban Stars) 60, 119
쿠반 자이언츠(Cuban Giants) 36
쿠버, 로버트(Coover, Robert) 149
쿠퍼스타운(Cooperstown) 7, 9, 21, 29, 42, 47, 78
쿤, 보이(Bowie Kuhn) 134, 138
크로스비, 빙(Crosby, Bing) 104
크로퍼드, 샘(Crawford, Sam) 45
클라크, 스티븐 칼턴(Clark, Stephen Calton) 78
클라크, 프레드(Clarke, Fred) 32
클레멘테, 로베르토(Clemente, Roberto) 111, 136
클레멘스, 로저(Clemens, Roger) 151, 160, 161, 165
클렘, 빌(Klem, Bill) 37
클리블랜드 냅스(Cleveland Naps) 25, 32, 39, 43
클리블랜드 브롱코스(Cleveland Broncos) 25
클리블랜드 블루버즈(Cleveland Bluebirds) 25
클리블랜드 스파이더스(Cleveland Spiders) 43
클리블랜드 인디언스(Cleveland Indians) 25, 43, 45, 56, 96, 97, 98, 99, 101, 110, 118, 166
클리블랜드, 그로버(Cleveland, Grover) 77
키푸르, 욤(Kippur, Yom) 125
킬러, 위 일리(Keeler, Wee Willie) 83

ㅌ

타티스, 페르난도(Fernando Tatís) 159
테리, 빌(Terry Bill) 83, 93
텍사스 레인저스(Texas Rangers) 127, 139, 156
토머스, 프랭크(Thomas, Frank) 161
토미, 짐(Thome, Jim) 161
톰슨, 행크(Thompson, Hank) 96
트래멜, 앨런(Trammell, Alan) 152
트레이노, 파이(Traynor, Pie) 65

ㅍ

파울러, 버드(Fowler, Bud) 21
파워스, 존(Powers, John) 40
팔메이로, 라파엘(Palmeiro, Rafael) 151, 160
패터슨, 레드(Patterson, Red) 109
패튼, 조지(Patton, George) 90
퍼펙트 게임(perfect games) 26, 46, 165
페더럴리그(Federal League) 39, 40-41, 54
페레스, 토니(Tony Pérez) 140
페리, 게일로드(Perry, Gaylord) 150, 151
페스키, 조니(Pesky, Johnny) 92
페이지, 리로이 '사첼'(Paige, Leroy 'Satchel') 70, 73, 93, 98, 100-101, 126, 136
펜웨이 파크(Fenway Park) 38, 154, 165
펠러, 밥(Feller, Bob) 98, 114
펠리시아노, 호세(Feliciano, José) 131
포드, 화이티(Ford, Whitey) 114, 141
포브스 필드(Forbes Field) 32, 33, 71
포스, 레이(Ray Fosse) 141
포스터, 루브(Foster, Rube) 35, 36, 48, 60, 61
포스터, 조지(Foster, George) 143
포스테마, 팸(Postema, Pam) 157
포지, 컴벌랜드(Posey, Cumberland) 71
포트 웨인 데이지스(Fort Wayne Daisies) 111
폭스, 지미(Foxx, Jimmie) 68, 75, 103
폴로 그라운즈(Polo Grounds) 26, 59, 99, 126
푸홀스, 알버트(Pujols, Albert) 165
풀러턴, 휴(Fullerton, Hugh) 53
프라이드, 찰리(Pride, Charley) 127
프리시, 프랭키(Frisch, Frankie) 72
프릭, 포드(Frick, Ford) 89, 96, 122
플랭크, 에디(Plank, Eddie) 39, 40
플러드, 커트(Flood, Curt) 19, 134, 138, 147
피니, 엘리휴(Phinney Elihu) 7-8, 47
피드리치, 마크(Fidrych, Mark) 143
피스크, 칼턴(Fisk, Carlton) 141
피츠버그 크로퍼즈(Pittsburgh Crawfords) 61, 70, 71
피츠버그 파이러츠(Pittsburgh Pirates) 17, 32, 33, 65, 80, 97, 104, 111, 136, 137, 144
필라델피아 애슬레틱스(Philadelphia Athletics) 16, 25, 27, 32, 35, 41, 44, 68-69, 72, 89, 103, 108
필라델피아 올림픽스(Philadelphia Olympics) 13
필라델피아 쿠반 X-자이언츠(Philadelphia Cuban X-Giants) 36
필라델피아 필리스(Philadelphia Phillies) 17, 42, 54, 82, 94, 134, 138, 150

ㅎ

하웰, 어니(Harwell, Ernie) 131
하이젠베르크, 베르너(Heisenberg, Werner) 87
하트퍼드 다크블루스(Hartford Dark Blues) 16
허긴스, 밀러(Huggins, Miller) 59
헌터, 캣피시(Hunter, Catfish) 139
헌터, 허브(Hunter, Herb) 51, 74
헐버트, 윌리엄(Hulbert, William) 16, 18
험버, 필립(Humber, Philip) 165
헨더슨, 리키(Henderson, Rickey) 150, 165
헬턴, 토드(Helton, Todd) 83
호이트, 웨이트(Hoyt, Waite) 64
호튼, 윌리(Horton, Willie) 129
혼스비, 로저스(Hornsby, Rogers) 22, 55, 63, 79
홈런(home runs) 44, 59, 64, 68, 76, 99, 109, 122-23, 135, 140, 158-160
홈스태드 그레이스(Homestead Grays) 61, 70, 71
화이트, 조지 프레더릭 '데크'(White, George Frederick 'Deke') 47
후버, 허버트(Hoover, Herbert) 69
휘태커, 루(Whitaker, Lou) 152
휘트, 잭(Wheat, Zack) 43
휴스턴, 콜트 .45s(Houston Colt.45s) 124
휴스턴, 휘트니(Houston, Whitney) 131
힉스, 냇(Hicks, Nat) 13
힐먼, 해리(Heilmann, Harry) 47

**만화로 보는
야구 이야기**

1판 1쇄 펴냄 2022년 7월 20일
1판 2쇄 펴냄 2023년 8월 30일

글쓴이 앨릭스 어빈
그린이 톰 코커, C. P. 스미스
옮긴이 신기수

주간 김현숙 | **편집** 김주희, 이나연
디자인 이현정, 전미혜
영업·제작 백국현 | **관리** 오유나

펴낸곳 궁리출판 | **펴낸이** 이갑수

등록 1999년 3월 29일 제300-2004-162호
주소 10881 경기도 파주시 회동길 325-12
전화 031-955-9818 | **팩스** 031-955-9848
홈페이지 www.kungree.com
전자우편 kungree@kungree.com
페이스북 /kungreepress | **트위터** @kungreepress
인스타그램 /kungree_press

ⓒ 궁리출판, 2022.

ISBN 978-89-5820-776-4   07900

책값은 뒤표지에 있습니다.
파본은 구입하신 서점에서 바꾸어 드립니다.